Propaganda Technique in World War I

当 代 世 界 学 术 名 著

世界大战中的
宣传技巧

[美] 哈罗德·D·拉斯韦尔（Harold D. Lasswell）／著
张 洁 田 青／译
展 江／校

中国人民大学出版社
·北京·

“当代世界学术名著”
出版说明

中华民族历来有海纳百川的宽阔胸怀，她在创造灿烂文明的同时，不断吸纳整个人类文明的精华，滋养、壮大和发展自己。当前，全球化使得人类文明之间的相互交流和影响进一步加强，互动效应更为明显。以世界眼光和开放的视野，引介世界各国的优秀哲学社会科学的前沿成果，服务于我国的社会主义现代化建设，服务于我国的科教兴国战略，是新中国出版工作的优良传统，也是中国当代出版工作者的重要使命。

中国人民大学出版社历来注重对国外哲学社会科学成果的译介工作，所出版的“经济科学译丛”、“工商管理经典译丛”等系列译丛受到社会广泛欢迎。这些译丛侧重于西方经典性教材；同时，我们又推出了这套“当代世界学术名著”系列，旨在迻译国外当代学术名著。所谓“当代”，一般指近几十年发表的著作；所谓“名著”，是指这些著作在该领域产生巨大影响并被各类文献反复引用，成为研究者的必读著作。我们希望经过不断的筛选和积累，使这套丛书成为当代的“汉译世界学术名著丛书”，成为读书人的精神殿堂。

由于本套丛书所选著作距今时日较短，未经历史的充分淘洗，加之判断标准见仁见智，以及选择视野的局限，这项工作肯定难以尽如人意。我们期待着海内外学界积极参与推荐，并对我们的工作提出宝贵的意见和建议。我们深信，经过学界同仁和出版者的共同努力，这套丛书必将日臻完善。

中国人民大学出版社

译者序
美国传播学的开山之作

传播学是20世纪20年代到40年代在美国形成的，大名鼎鼎的拉斯韦尔和他那本著名的《世界大战中的宣传技巧》，分别被奉为传播学的“四大奠基人”之一和其中最早的传播学专著。然而令中国传播学界多少有些尴尬的是，尽管“四大奠基人”名声赫赫，他们的传播学著作却一本也没有被翻译过［前些年商务印书馆和浙江教育出版社分别推出过拉斯韦尔的政治学著作《政治学：谁得到什么？什么时候和如何得到?》和勒温（即卢因）的心理学著作《拓扑心理学》］。相信本书的出版是弥补这一缺憾的开端。

《世界大战中的宣传技巧》
——一名24岁青年的博士论文

（一）拉斯韦尔其人其学

哈罗德·德怀特·拉斯韦尔（Harold Dwight Lasswell）

1902年2月13日生于伊利诺伊州的唐奈森。他属于那种早慧的天才人物，16岁进入以社会学的“芝加哥学派”等闻名的芝加哥大学学习之前，已经受到马克思和弗洛伊德的影响，并曾与名教授约翰·杜威进行了持续一个下午的交谈。1918年进入大学后，“芝加哥学派”领军人物罗伯特·帕克、象征互动论的发明者乔治·赫伯特·米德、实用主义哲学家杜威和制度经济学家索尔斯坦·维布伦等人的思想都深深地吸引了他。1920年获得哲学学士学位后，他继续留在芝加哥大学政治学系攻读博士学位，《世界大战中的宣传技巧》就是他在1926年24岁时写出的博士论文，1927年成书出版。

拉斯韦尔还是美国行为主义政治学创始人之一。1922—1938年在芝加哥大学教授政治学。1939年在纽约社会研究新学院执教。1952年任耶鲁大学法学院法学教授。1954年受聘任行为科学高级研究中心研究员。1955年当选美国政治学会会长。1978年12月18日逝世。终身未婚。

拉斯韦尔主要政治学著作有：《世界政治与个人不安全》（*World Politics and Personal Insecurity*，1935）、《政治学：谁得到什么？什么时候和如何得到？》（*Politics: Who Gets What, When, How*，1936）、《政治面对经济》（*Politics Faces Economics*，1946）、《权力与人格》（*Power and Personality*，1948）、《权力与社会：政治研究框架》（*Power and Society: A Framework for Political Inquiry*，与卡普兰·亚伯拉罕合著，1950）以及与丹尼尔·勒纳合著的《政策科学：范围与方法的近期发展》（*The Policy Sciences: Recent Developments in Scope and Method*，1951）、《政治科学的未来》（*The Future of Political Science*，1963）等几十部。

在传播学领域，除了《世界大战中的宣传技巧》一书外，拉斯韦尔还编著有：《宣传与独裁》（*Propaganda and Dictatorship*，1936）《世界革命宣传：芝加哥研究》（*World Revolutionary Propaganda: A Chicago Study*，与D. 布卢门斯托克合作，1939）、《宣传、传播与公众舆论》（*Propaganda, Communication and Public Opinion*，1946）、《世界传播的未来：生活的质量与方式》（*The Future of World Communication: Quality and Style of Life*，1972）和《世界历史上的宣传与传播》（*Propaganda and Communication in World History*，与勒纳和H. 斯佩尔合作，3卷本，1979—1980）等。他在1948年发表的论文《传播在社会中的结构与功能》中，总结了社会传播的三项基本功能（环境监测、社会协调、文化传承）并考察了传播的基本过程，将其解析为以下五个主要环节或要素：

Who 谁	What 什么	Which channel 渠道	To Whom 向谁	What effect 什么效果

拉斯韦尔的思想兼收并蓄，涉及范围遍及社会科学各领域，以至于不受任何学科的束缚。美国学术团体理事会这样评论他："社会科学的大师，每一门社会科学学科的先锋；全身心地致力于打破社会研究之间的人为障碍，并且致力于使社会研究彼此理解；政治学、心理学和社会学之间的学科空隙的填补人"①，"这样一个跨学科的心灵不能忽略像传播那样的基本的人类过程"②，尽管他不认为自己是一个传播学学者。

（二）《世界大战中的宣传技巧》的诞生

值得一提的是，拉斯韦尔选择世界大战中的宣传内容分析作为自己的博士论文题目与他的导师查尔斯·E·梅里亚姆（Charles E. Merriam）有很大的关系。梅里亚姆是20世纪二三十年代美国政治学的一个重要人物，他提倡研究政治学的一种行为主义科学方法，主张政治学家应该研究政治行为，而不是政治思想。他还将定量分析引入政治行为的研究。而且梅里亚姆在第一次世界大战期间，曾在意大利为美国宣传机构公共信息委员会工作，他十分关注解释政治行为时士气、宣传等的重要性。考虑到他的导师的这些学术兴趣，拉斯韦尔的论文题目"似乎是对于要研究的问题的一个逻辑选择了"③。从此，拉斯韦尔开始了对于宣传和传播问题长达一生的关注。

为了及早准备博士论文，拉斯韦尔在1923年到欧洲进行了实际考察，于1923、1924和1925年夏季在伦敦大学、日内瓦大学、巴黎大学和柏林大学从事研究，访问了一些与宣传及大战有关的学者和政府官员，并查阅了大量文献资料。从研究方法来看，这一研究是定性的，建立在内容分析的基础上，他分析了第一次世界大战中德国人、英国人、法国人和美国人所采用的各种宣传技巧。他的论文代表了一种严谨的学术态度：主要概念的定义，宣传策略的分类，限制或促进诸如

---

① ［美］E. M. 罗杰斯：《传播学史——一种传记式的方法》，殷晓蓉译，211页，上海，上海译文出版社，2002。

② 同上书，212页。

③ 同上书，219页。

此类的宣传策略效果的阐述。拉斯韦尔表示，“着重研究宣传‘技巧’，在某种程度上是对国际态度研究中人们长期偏爱‘思辨’方法的一种反拨”[《世界大战中的宣传技巧》，“导言”，2页（中文版页码，下同）]。然而，这“并不是一次‘离开理论去度假’，而是探寻正确理论的一次操练”（《世界大战中的宣传技巧》，“导言”，3页）。

尽管拉斯韦尔表面上不动声色，但是调查研究的结果还是令他对人类第一场世界大战战争宣传的广度感到讶异，他写道：“国际战争宣传在上一次战争中扩大到了如此令人震惊的范围，是因为战争蔓延到了如此广阔的地区，它使得动员人民成为必要。没有哪个政府奢望赢得战争，除非有团结一致的国家作后盾；没有哪个政府能够享有一个团结一致的后盾，除非它能控制国民的头脑。”（《世界大战中的宣传技巧》，22页）

此外不得不提及的是，拉斯韦尔不但兼具政治学、社会学、心理学、生理学等多学科的背景和兴趣，而且大量使用德文、法文资料，驾驭这种高难度的题材又是那么举重若轻，其文笔又是那么老道（当然有些晦涩），一个24岁的学人有这样的学识学养和科研能力，不禁令人赞叹。

（三）《世界大战中的宣传技巧》的主题和框架

受米德对自我分析的启发，拉斯韦尔认识到强调宣传者及其受众的身份是十分重要的。因而他将宣传活动的参与者区分为四个主要群体，他们是每一个国家的发言人都会提及或直接讲到的，即：“我们”国内的受众、“我们的敌人”、“我们的（或他们的）盟友”和“中立者”（《世界大战中的宣传技巧》，“导言”，4页）。

《世界大战中的宣传技巧》在分析宣传技巧之前，首先考察了宣传的组织问题，即各交战国如何解决外交部、军方和政治领导者之间关于宣传策略的组织上的争斗。拉斯韦尔认为，有效的宣传必须在各个层面进行整合，他并没有将宣传视为“一些外交事务，或者对政治实体的入侵，而是当作政治体系的一个专属的方面”。他的学生莫里斯·加诺维茨宣称，这项研究的历史重要性在于这是第一次将对“工具的管理”纳入主流政治学①。

---

① Quoted in Brett Gary, *The Nervous Liberals*, *Propaganda Anxieties from World War I to the Cold War*, New York: Columbia University Press, 1999, p61.

拉斯韦尔将研究的重点放在第一次世界大战中的宣传信息所使用的符号上，包括交战双方所使用的报纸、宣传手册、传单、书籍、海报、电影、图片等等。他对战时宣传的研究既关注宣传过程，也致力于探索一个对内容分析有用的分类体系，即如何激起人们对敌人的仇恨，如何维系与盟国以及中立国的友谊，如何瓦解敌方斗志。拉斯韦尔认为宣传的目的和最显著的作用就是这四个方面。

与同时代的许多人不同，拉斯韦尔对于战争期间各交战方所进行的广泛宣传运动的研究主要是从技巧的角度着手的，并没有对其进行伦理或道德方面的评判，这就奠定了与当时欧洲和美国社会学、政治学等社会科学一脉相承的传播学经验学派的研究立场——从经验事实出发，采取价值中立态度，运用经验材料来对社会现象或社会行为进行实证考察（在以后的研究中，拉斯韦尔将转而采用定量方法）。具体而言，他想知道在第一次世界大战中，哪些宣传技巧奏效了，哪些失败了，限制或促进宣传技巧有效性的条件有哪些。总之，他想“发展出一个关于国际战争宣传如何能够成功实施的精确理论”（《世界大战中的宣传技巧》，24 页）。

拉斯韦尔对宣传的这种中立态度从他在书中给宣传下的早期定义就可以看得出来：“它仅仅指通过重要的符号，或者更具体但是不那么准确地说，就是通过故事、谣言、报道、图片以及社会传播的其他形式，来控制意见。”（《世界大战中的宣传技巧》，22 页）在他看来，宣传本身无所谓好坏，对于它的判定依赖于一个人的观点，取决于宣传信息是货真价实的还是弄虚作假的。

拉斯韦尔反对无限制地夸大宣传作用的做法，他指出：“人们谈起宣传的时候，常常把它当作一种神奇的力量，似乎它可以不受时间、地点及身份条件的制约。《宣传技巧》一书强有力地反驳了这一观点，而且我的反驳是有充分根据的。”（《世界大战中的宣传技巧》，“导言”，5 页）他说，宣传尽管重要，但它的适用范围毕竟有限。宣传并不意味着通过改变诸如香烟的供应或者食物的化学成分这样的客观条件来控制人们的精神状态，而是通过直接操纵社会建议来控制意见和态度。尽管如此，他最终得出的结论仍然是宣传具有强大的效果：“但是，即使在考虑了这些限制因素并彻底去除了所有过高的估计之后，事实仍然是：宣传是现代社会最强有力的工具之一。宣传取得现在这样显著的地位是对改变了社会本质的环境变化综合体的回应。”（《世界大战中的宣传技巧》，176 页）“宣传是对现代社会的广阔性、理性和随意性的本能反应。它是新的社会发动机……宣传的运作机制就是揭示社会行为的秘密原动力，就是将我们盛行的有关主权、民主、诚实和个人意见神圣性的学说置于最尖锐的批评之下。”（《世界大战中的宣传技巧》，177 页）

说到这里，不能不提当时美国知识分子中民主理想主义与现实主义的一场争论。以哲学家约翰·杜威为代表的理想主义认为人们有能力做出明智的决定，只要他们能接触到充分的材料，而专家或精英的任务就是提供这些材料。以沃尔特·李普曼为代表的现实主义则认为人们是非理性的，因此专家们应该广泛传递他们的专业知识，以便提供公众舆论，发挥美国民主制度所扮演的拯救者的作用。拉斯韦尔承认，杜威给他的影响比任何思想家都大，尤其是在“科学是民主的工具”这一思想上①。但是在宣传与民主的关系问题上，拉斯韦尔的思想显然更接近于李普曼。他认为：“民主全能的思想似乎越来越荒谬”，“科学的、以大众说服为基础的政治比 19 世纪以公众为中心的政治更加现实”②。

总之，拉斯韦尔把宣传视为集中体现现代政治的现代战争中不可分割的组成部分之一。“过去的这次大战的历史表明，现代战争必须在三个战线展开：军事战线、经济战线和宣传战线。经济封锁扼制敌人，宣传迷惑敌人，军事力量给予敌人最后一击。”（《世界大战中的宣传技巧》，173 页）

（四）从宣传分析到传播研究

在《传播学史》一书中，罗杰斯对于传统的传播学“四大奠基人”的说法提出了质疑，他认为传播学真正的奠基人只有一个，那就是威尔伯·施拉姆，而拉斯韦尔等人只能算是传播学的先驱。③ 无论是奠基人还是先驱者，拉斯韦尔对于传播学的巨大贡献都是毋庸置疑的。单是他那个著名的“五 W”传播模式就足以让他名垂史册了。就其战时宣传分析而言，拉斯韦尔对传播学的贡献主要体现在以下两个方面：

首先，“他开创了内容分析方法，实际上发明了定性和定量测度传播信息的方法论”④。

---

① Quoted in Brett Gary, *The Nervous Liberals*, *Propaganda Anxieties from World War I to the Cold War*, New York: Columbia University Press, 1999, p55.

② Ibid, p62.

③ 参见［美］E. M. 罗杰斯：《传播学史——一种传记式的方法》，殷晓蓉译，3～5 页。

④ 同上书，243 页。

内容分析是通过将信息内容分类以便测度某些变量的途径对传播信息进行研究。它“从密码学、图书馆藏书的主题分类、圣经的语词索引，以及法律惯例的标准指南那里学习它的方法”①。

其次，“他关于政治传播和战时宣传的研究代表着一种重要的早期传播学类型”②。

人们最初对于大众传播效果的思想正是来自对宣传所做的各种分析，20 世纪二三十年代有关大众传播具有强大效果的“魔弹论”、“皮下注射论”很大程度上是受一战中宣传的明显效果的影响。传播学理论中至少有两个重要领域是根植于早期的宣传研究的，其中一个是态度改变，什么是改变人们态度最有效的方法？宣传研究对这个问题提供了一个初步的解答。第二个领域是有关大众传播普遍效果的理论，即大众传播对个人或社会产生了什么样的效果，这些效果是如何发生的。③ 后来由于“宣传”一词有了否定的含义而不太常用，宣传分析逐渐被纳入了传播研究的一般体系之中。也就是说，在拉斯韦尔那里被称为宣传的许多东西今天也会被称为大众传播。“第二次世界大战、宣传分析的量化、拉斯韦尔在美国国会图书馆的项目，这三者共同代表着一个转折点。最终，‘宣传分析’这个承载着价值的术语让位于‘传播研究’。”④

从《世界大战中的宣传技巧》可以看出，早期的拉斯韦尔更加专注于发展一个宣传研究的理论框架，而尚没有显示出对公共政策本身的兴趣。1939 年二战爆发为拉斯韦尔将其科学方法运用到政策领域提供了新的机会，他开始将其宣传研究转向以国家安全为取向。产生这一动机有多方面的原因，包括美国国内对法西斯主义、纳粹主义和其他极权主义反民主宣传不断增长的恐惧，以及他的学术生涯的暂时中断（1938 年他离开芝加哥大学）等等。

二战开始后，拉斯韦尔等人接受洛克菲勒基金会的资助，在美国国会图书馆开始了一个战时传播项目，其主要任务是对同盟国和轴心国的宣传信息进行内容分析。此外，他还为美国司法部培训内容分析人员，并担任美国政府审判宣传者的专家证人，其内容分析的结果作

---

① ［美］E. M. 罗杰斯：《传播学史——一种传记式的方法》，殷晓蓉译，223 页。

② 同上书，243 页。

③ 参见［美］沃纳·J·赛佛林、小詹姆斯·坦卡德：《传播理论：起源、方法与应用》，106 页，北京，华夏出版社，2000。

④ ［美］E. M. 罗杰斯：《传播学史——一种传记式的方法》，殷晓蓉译，237 页。

为证据的可接受性被美国最高级法院认可。正如伊锡尔·德索拉·普尔所指出的那样："战时传播项目远非只是一个研究项目；它在本质方面是一种情报努力的组成部分……作为一种情报活动，它不是特别成功。它之运作超出了这一行业的领地，它对内容分析方法的贡献远远超出了它对于当时敌方的实际理解的贡献。"①

"宣传的世纪"：战争、意识形态和商业

德国约翰·古登堡大学的于尔根·韦尔克教授在1998年写道："当20世纪快要走到尽头时将它称为宣传的世纪几乎是并不夸张的。"②自第一次世界大战掀起前所未见的宣传巨浪开始，在这个革命、战争和商业化的世纪，热战、冷战、意识形态战和商战此起彼伏，宣传借助迅速壮大的大众传媒，向各种社会制度下的民众滚滚涌来，成为一种国际现象。

（一）20世纪西方人眼中的宣传

"宣传"一词在中国古已有之，它的运用与军事和战争活动关系密切。《三国志》中多次出现："延熙五年还朝，因至汉中，见大司马蒋琬，宣传诏旨，加拜镇南大将军。"（《三国志·蜀志·马忠传》）"先主亦以为奇，数令羕宣传军事，……"（《三国志·蜀志·彭羕传》）"今城中强弱相陵，心皆不定，以为宜令新降为内所识信者宣传明教……"（《三国志·蜀志·贾逵传》）。在上述语句中，"宣传"的含义为宣布和互相传布，可见在公元3世纪时我国学者已将它定义为与传播相近的词汇。

在西方，宣传的对应语是propaganda，它源于罗马教皇格雷戈里十五世于1622年创办的"信仰宣传圣教会"（Sacra Congregatio de Propaganda Fide），该机构的宗旨是维护天主教的统治地位，对抗方兴未艾的宗教改革运动。据西方学者研究，在1913年版的《不列颠百科全书》中，尚未出现propaganda这一词条。直到1914年第一次世界大战爆发前，Propaganda这个拉丁文词汇并不是一个大众用语。

---

① ［美］E. M. 罗杰斯：《传播学史——一种传记式的方法》，殷晓蓉译，235页。

② Jurgen Wilke（ed.），*Propaganda in the 20th Century：Contribution to Its History*，New Jersey：Hampton Press，1998，p. 1.

Propaganda 源自拉丁文“to sow”，最初是一个中性的词，意思是“散布或宣传一个思想”，但在第一次世界大战以后，它往往被赋予一种否定性的含义，宣传信息被认为是“不诚实、操纵性的和洗脑子的”①。这与一战中宣传的大规模运用和显而易见的成功有很大的关系。它使得人们对于现代传播技术与公众控制之间的关系有了新的认识，在此之前，竞争的双方从来没有如此依赖于宣传运动，人们也从来没有如此意识到政府对他们的控制程度。

第一次世界大战是宣传研究的一个分水岭。大战期间，propaganda 一词的流行和战时宣传的种种实践引起了欧美不同领域学者的强烈关注。1918 年初，英国成立隶属于政府新闻部门的战时机构“对敌宣传司”（Department of Enemy Propaganda），由报业巨头北岩勋爵主管。这是 Propaganda 一词首次出现在政府机构名称中。北岩策划和指挥了卓有成效的对德国宣传战。而在东方，列宁以报刊为社会主义革命的宣传员、鼓动员和组织者，成功地夺取了国家政权。

战争结束以后，英国和美国的记者、作家、历史学家、哲学家、政治和社会评论家等开始从各个角度回顾和反思这场史无前例的宣传运动。一些参与战时宣传的新闻记者著文揭露战时宣传中歪曲事实、夸大敌方暴行等内幕，并对自己丧失新闻道德的行为表示忏悔。从此，西方公众对宣传一词开始有了坏语感。

例如，一战中美国宣传机构——公共信息委员会的负责人克里尔出版了《我们如何为美国做广告》，夸大其词地宣扬了该委员会的成果，更增加了人们对于宣传的恐惧。大多数人倾向于把宣传视为新兴的对于美国的强大威胁，认为它在俘获人们的思想和心灵（通常出于邪恶目的）方面具有无穷的力量，它对于传统的民主理论也提出了挑战。总而言之，“宣传成为战后醒悟时期的一个替罪羊”②。

西方人从此普遍认为，以控制人的心灵为目的的宣传对于战争成败和社会稳定具有举足轻重的影响，因而对于可能与专制相联系的宣传产生了一种恐惧心理。尽管与他人的行动主义或激进主义视角不同，拉斯韦尔抱持马克斯·韦伯式的“价值无涉”态度，从社会科学角度研究宣传问题，但是在美国人对于宣传极端恐惧的那个年代仍被视为异端。1927 年他的博士论文刊行于世时，一位评论家称其为“一本马

① ［美］E. M. 罗杰斯：《传播学史——一种传记式的方法》，殷晓蓉译，219 页。

② 同上书，220 页。

基雅维利式的教科书（即教唆权术的书），应当马上予以销毁”①。

20世纪30年代初，希特勒执掌德国国家政权伊始，即成立了戈培尔主管的德国“人民教育与宣传部”（简称宣传部）。该部下设广播、报刊、电影、文献资料、戏剧、音乐、美术等分支机构，在长达10余年的纳粹统治时期全面控制了德国人民的精神生活，并为希特勒的侵略扩张鸣锣开道。希特勒和戈培尔的行径，不仅让英美等国公众感到极度恐惧，也使他们加深了对Propaganda的憎恶。

第二次世界大战期间，在美国和英国也设有政府的宣传机构。而在一般英美人眼中，信息的自由流通是西方社会存在的一个基础，信息的垄断（尤其是官方的垄断）则与此背道而驰。因此，即便是在战时，开展宣传虽属必要，但毕竟是一种“邪恶”。

在今天相当多的西方人眼中，宣传常常与党派私利、偏见等相联系。当一个人被称为宣传家（propagandist）时，他是很难获得公众信任的。因此，“宣传”一词被弃之不用，而代之以“公关”、“促销”、“广告”等字眼。在美国，新闻界推崇的客观性（objectivity）要求新闻媒介：（1）将事实和观点分开；（2）报道新闻不带感情色彩；（3）公正平衡。这样可以使双方均有机会使用向受众提供充分信息的方式进行答复。美国新闻界认为，客观性与宣传是格格不入的。

（二）宣传在苏联和中国

20世纪伟大的政治宣传家列宁从办报入手创建了布尔什维克党，他组织的卓越的宣传活动，为建立世界上第一个社会主义国家立下了殊功。在苏联，宣传被细分为宣传和鼓动。两者的区别在于：宣传表示广泛的传播，需要深入而有详细讲解的思想、理论和学说，它“以形成一定的世界观为目的”②，它更多地诉诸理智；鼓动是“通过演讲和各种群众性报道手段传播一种思想，以影响群众的认识、情绪和社会积极性”③，鼓动的目的不是对鼓动的学说进行系统的叙述，“鼓动比任何事情都密切地与现实群众运动相联系”④，它诉诸感情。

---

① ［美］沃纳·J·赛佛林、小詹姆斯·坦卡德：《传播理论：起源、方法与应用》，106页。

② ［苏］A. M. 普罗霍罗夫：《苏联百科词典》，1464页，北京，中国大百科全书出版社，1986。

③ 同上书，469页。

④ ［苏］谢列兹涅夫《心理战——战争与意识形态斗争》，28页，长春，吉林人民出版社，1991。

从苏联的实践来看，宣传鼓动工作在苏共中央宣传部的直接领导下，为维护国家政权的稳定和抵御外敌入侵作出了突出贡献。同时我们应当看到，苏联的宣传体制是一种高度集中统一而缺乏活力的体制，宣传工作在和平建设时期暴露出种种弊端。这主要表现在：宣传鼓动强调意识形态至上，对马克思主义实行僵化和教条式的理解；宣传鼓动没有将党、国家和人民的根本利益结合起来，甚至成为鼓吹个人崇拜、推行霸权主义的工具；宣传鼓动全面取代新闻媒介的新闻信息传播，以至于出现"《真理报》上无真理，《消息报》上无消息"的政治笑话。

中国有很长一段时期的宣传体制和新闻体制，是沿袭战争时期和苏联20世纪50年代宣传与新闻传播模式的产物。其优点和弊端与苏联时期极为相像。这种体制下的新闻传播模式的共同点是："单一党报体系，高度集权调控，突出宣传功能，经费和发行国家包干。这种体制在战争年代尚可，到了建设时期则弊端四起。"①

有鉴于此，从党和国家领导人到宣传和新闻工作者，都提出了改进宣传和新闻工作的要求。江泽民提出，为避免宣传流为不看对象、不讲效果的空洞说教，适应形势的需要，宣传必须提高艺术性。江泽民说："当然，强调讲政治，并不意味着简单地重复一些政治口号，搞一些空洞的东西。要讲究宣传艺术，增强吸引力、感召力和说服力，把报纸办得生动活泼，喜闻乐见。"②

（三）中国语境：宣传与新闻

如前所述，拉斯韦尔在1926年对宣传下的定义是："它仅仅指通过重要的符号，或者更具体但不那么准确地说，就是通过故事、谣言、报道、图片以及社会传播的其他形式，来控制意见。"1934年，他将宣传定义修正为："宣传，从最广泛的含义来说，就是以操纵表述来影响人们行动的技巧。"③ 拉斯韦尔认为，广告和公告都属于宣传范畴。

在以上两个定义中，第一个定义将宣传归结为一种以符号来控制意见的特殊传播活动；第二个定义则将宣传归结为一种影响人们行动

---

① 童兵：《主体与喉舌——共和国新闻传播轨迹审视》，197页，郑州，河南人民出版社，1994。

② 江泽民1996年1月2日在接见解放军报社师以上干部时的讲话。

③ ［美］沃纳·J·赛弗林、小詹姆斯·坦卡德：《传播学的起源、研究与应用》，103页，福州，福建人民出版社，1985。

的技巧。

拉斯韦尔的影响是深远的。《不列颠百科全书》对宣传下的定义是："宣传是一种借助于符号（文字、手势、旗帜、纪念碑、音乐、服饰、徽章、发型、硬币图案、邮票等等）以求操纵他人信仰、态度或行为的或多或少系统的活动。"① 美国学者伦纳德·杜布的定义是："控制人们并将他们引向其价值值得怀疑的目标的企图。"②（1948）梅尔文·L·德弗勒和埃弗雷特·E·丹尼斯的定义是："以改变受众的信仰、态度和行为为目的的大众传播内容（不论是新闻报道、广告、戏剧还是别的形式）。"③（1981）

在传播学东渐的今天，中国学者对宣传的理解与国外同行趋于一致。《中国大百科全书·新闻出版》卷的定义是："运用各种符号传播一定的观念以影响人们的思想和行动的社会行为。"

这样，我们首先可以看到宣传与新闻的联系：

第一，两者都属于传播的范畴。传播过程可以简化为：A 向 B 传递信息 X，即：

$$A \xrightarrow{X} B$$

第二，现代宣传主要通过新闻媒介来进行。宣传是一种传播活动，可以通过任何传媒进行。新闻事业出现以后，报刊、广播、电视成为宣传者使用的基本工具，当然，现代宣传并不排斥古已有之的各种简单媒介。

第三，新闻事业脱胎于宣传活动。新闻事业充其量只有三四百年的历史，而早期的报刊均是特定的政治或宗教集团的宣传工具。从世界范围看，报纸从"观点纸"向"新闻纸"的转变仍然是一个尚未完全终结的过程。

最后，正像拉斯韦尔所说："毫无疑问，新闻工作者所具有的品质是最适合宣传工作的。"（《世界大战中的宣传技巧》，36 页）

另一方面，经过这么多年的研究和实践，人们逐渐发现，宣传与新闻无论是在内容、方法，还是在目标上，都是有若干不同点的：

---

① Encyclopedia Britannica，Chicago：Encyclopedia Britannica Inc.，1983，v. 15，p36.

② Quoted in Jurgen Wilke (ed.)，*Propaganda in the 20th Century*：*Contribution to Its History*，New Jersey：Hampton Press，1998，ix.

③ ［美］梅尔文·L·德弗勒、埃弗雷特·E·丹尼斯：《大众传播通论》，536 页，北京，华夏出版社，1989。

第一，宣传重符号，新闻重信息。符号是对于特定的反应者而言具有特殊意义的信号（刺激物）。符号被认为具有神秘、不可思议的魔力，"这种魔力的最大秘诀，在于唤起人们的刻板印象。恰似狗对铃声作出条件反射那样，在刻板印象面前，人们不约而同地作出一致的反应"①。一个特定的群体对某个符号可能附加特殊的意义：对于纳粹分子来说，卍是种族优越感和德国强大的象征。十字对基督徒、新月对穆斯林，都是具有特殊意义的符号。为了获得最大的宣传效果，符号内容在基调上应当是积极的。宣传者在选择符号时应做到少而精。只要充满激情，一个简洁的口号、图案往往胜于千言万语。"伟大的卫国战争"、"改革开放"、"一国两制"等口号产生了不可估量的感召力。在现代商业社会中，设计一个个性鲜明、易识易记的标志符号，是成功的企业宣传的首要条件之一。而新闻传播追求的是尽可能大的信息量。

第二，宣传重重复，新闻重新意。宣传受预设、恒定目标的导引，需要以相同的内容对宣传客体进行反复的灌输。而新闻传播期待的是"朝朝新世界"，忌讳老生常谈。

第三，宣传重观点，新闻重事实。宣传所传播的总是某种观念，它通常表现为一定的理论、纲领、方针、道德主张等等，即使传播某些事实，这些事实也是为上述观念服务的。而新闻传播须臾离不开具体的、不以人的意志为转移的事实。

第四，宣传重时宜，新闻重时效。为了获得更好的效益，宣传者总是选择适当的时机发布某些信息，宣传过程中常伴随着"旧闻"和"不闻"。而时效是新闻的生命。

第五，宣传重操纵，新闻重沟通。宣传的本质在于其功利性，旨在对宣传客体进行操纵和控制。新闻传播则以环境变化的最新信息来沟通整个社会。

第六，宣传有重点，新闻讲平衡。一定社会的统治者必然是社会主导价值观的宣传者，其宣传活动总是具有强烈的倾向性的。而新闻传播则注重以全面、详实的最新事实来勾勒世界的完整画面。

在建设社会主义政治文明和发展社会主义市场经济的过程中，区分宣传和新闻是具有特殊意义的。例如，新闻与广告宣传应有严格界限，以防止广告商和私利集团不法牟取利益。当然，宣传与新闻的分

---

① ［日］竹内郁郎编：《大众传播社会学》，179页，上海，复旦大学出版社，1989。

野是相对的。法国学者雅克·埃吕尔认为："产生同样效果的各种现代传播形式都是宣传，即便其基本理论是完全不同的。"① 有学界和业界人士说，在新闻传播者中，善于将自己的观点和倾向性隐含在精心选择的新闻事实里，这样的人被认为是高明的宣传家。此观点若拉斯韦尔九泉有知，是否会同意呢？

展江　田青

① Quoted in Ted J. Smith III (ed.), *Propaganda: A Pluralistic Perspective*, New York: Praeger, 1989, p38.

目　录

导　言*

哈罗德·D·拉斯韦尔（HAROLD D. LASSWELL）
杰克逊·A·吉登斯（JACKSON A. GIDDENS）

1

与许多博士论文相同，本书只是一个宏大研究设想的最微不足道的副产品，因为最初的研究计划实在是太宏大了，它本来会使获得博士学位成为一种终身工作。最初的研究计划旨在为研究“国际态度”（international attitudes）设计一个理论主旨（theoretical scheme），并且为寻找可能的理论假说及相关数据查阅文献资料。这个理论框架自始至终也没有得到详细的运用，但它却在后来的研究中成为一个重要的选题标准。例如，早期的国际态度研究使人们注意各级“强度”（intensity）水平的个体与集体的角色，虽然后来用以探究人格、政治以及社会中的“无意识”或“基本冲动”（fundamental impulse）

---

* 第一部分主要由哈罗德·D·拉斯韦尔撰写，第二部分由杰克逊·A·吉登斯完成。本书页下脚注皆为译者注，以下不再一一注明。

的角色的研究方法有了长足的进步，但是前者仍然是一个诱人的研究领域。

使用隐喻（metaphors），尤其是使用那种从物理学中推知的隐喻是不能圆满解释强度这一概念的。在描述政治过程的“资源”成分方面，“质能”方程（“mass-energy” equation）的确是可靠的工具，因此，在把强度界定在反对对立面的持续性的范围内，国际冲突的强度
X 是可以测量的。在互相敌对的阵营内，被动员的资源（resources mobilized）可以用参战人员的数目，物资供应的重量，人均消耗的机械能、电磁能、核能以及其他各种物理能量来描述。然而，强度概念包含行为倾向（predisposition to act），并且不是仅仅用“被动员的资源”就能测量的。作为预测将来行为的依据，访谈情形中吐露的“言论”或许比在以往冲突中消耗掉的资源更为充分。数目较少、资源较次的一方也有可能胜过敌人。

选择宣传为研究课题，源于对战争或和平的非象征性事件（non-symbolic events）中被象征性事件（symbolic events）占据的场所进行检验这样一种愿望。如果我们把主观事件视为象征事件，那么公开“行为”的以及“资源”变化的领域则是非象征事件。从符号操纵的意义上来说，包含在一系列传播活动中的行为是非象征性的，并且符号是物理事件（即肌肉运动、声音等等）。然而，符号却被认为是格外令人满意的情绪和形象的指标；总之，是象征的指标。

我们对于象征的推论绝不仅限于对符号（signs）的解释，或是那些专门用作传播媒介的物理事件。当我们审视碑铭（the inscriptions）这种古战场上留存下来的符号时，阅读它们也许已经是不可能了，但是从那些残破的盾牌、刀剑以及其他物品的种类和分布上，我们不难推断出谁感知出他自己与何人不共戴天。非常明显，我们“内在”的
XI 观察对我们探索外部世界的工作既有益也有害。我们在反复思量后发现，在评价关于我们所处的这个环境中别处的象征流（symbol stream）的假说时，我们特别依赖于内在的象征流。

着重研究宣传“技巧”，在某种程度上是对国际态度研究中人们长期偏爱“思辨”（contemplative）方法的一种反拨。前面提及的那个我不断加以修正的理论框架似乎会产生一个没完没了的清单，这个清单上罗列着潜在的重要因素和几乎无穷的假想的相倚因素。在现存研究领域内的每一次认真研究都会使生物学的、心理学的以及文化学的变量迅速增加；而此时此刻，政治科学家们，尤其是芝加哥大学的政治

科学家们，正在为多学科研究兴趣而激动不已。转而使用“控制”研究方法的主要好处是显而易见的：它通过为调查提供标准来限制研究的范围。

战时宣传是一个既植根于政治科学，同时又在广阔的“国际态度”研究中占有一席之地的问题。研究者很可能被淹没在一定数量的经验性细节中，但是这种情况也带来让人们思考如何把理论建构与现实环境有效联系起来的机会。在优雅如 A. N. 怀特海（A. N. Whitehead）者所描述的普遍存在的多种多样的事件形态与从亚里士多德（Aristotle）经由马基雅维利（Machiavelli）和霍布斯（Hobbes）到马克思（Marx）那里扩展出来的政治理论传统以及在当代十分显要的社会心理学—生物学理论之间，存在着巨大的鸿沟，有什么样的中间性通则范畴（categories of intermediate generality）能够贯通这道鸿沟呢？对第一次世界大战期间战时宣传的研究，并不是一次“离开理论去度假”，而是探寻正确理论的一次操练。

当时我最感兴趣的是去发明“范畴”，它们徘徊在某种环境的“政 XII
治”特征附近，并能够与发生政治现象的全部互动领域中的大大小小“心理的”和“文化的”要素相联系。与技巧相关产生两个主要问题：第一个是如何为宣传“内容”分类；第二个是如何概括在组织和实施宣传作业时所运用的“程序”。

战时宣传的其他几个方面同样都是这个整体的有效组成部分，尤其是关于政策的宣传效果考量和宣传对集体态度的影响。然而，当时对这两个问题都无法进行详细研究。例如，对结果的测量还很不成熟，档案尚未解密。

也许应该明确指出，《世界大战中的宣传技巧》一书中所用的“建议”（suggestion）一词并没有多少概念上的重要性。选择这个词只是因为它具有“主观的”内涵，而与它现今在精神病学、心理学或社会心理学领域中的任何特殊理论含义无关。使用“建议”这一术语的困难在于，当论及传播者的“意图”和受众的“反应”时，它带有多余且模糊的内涵。随着传播理论术语（例如象征、符号、讯息）逐渐为人们所接受，以及注意力的有效性（availability）和方向性（orientation）之间的区别更加清晰，我在后来的出版物中弃用了这个词。

然而，我的工作没有被加进任何完善的建议理论这一事实，并不
意味着我没有全面的心理文化理论，或者没有受其影响。相反，我对 XIII
国际态度的分析（部分与我后来的《世界政治与个人不安全》、《权力

与社会》等著述相联合）产生了一个初步的理论系统。然而，我采用了一个策略，把这套系统的潜力作为扩展我对政治学具体结构体验的手段。在我建立并探究缺乏一般性，而与具体的时间、地点要素紧密相连的分类体系时，我允许基本的差别存在于背景中。

背景中的基本差别指的是对身份、价值需求、预期，以及行为领域的"运作"和资源影响力的不同"观点"。受乔治·赫伯特·米德(George Herbert Mead)① 对自我分析的启发，我们知道强调宣传者及其受众的身份是十分重要的。一种便利的分类标准把宣传活动的参与者区分为4个主要群体，他们是每一个民族国家的发言人都会提及或直接讲到的："我们"国内的受众、"我们的敌人"、"我们的（或他们的）盟友"和"中立者"。

对一个或一组具体的宣传陈述的分类不仅是对身份符号的一种考量，而且还是以一种有利或不利的方法来展现自己或他人符号的模式。按照后来统一的标准，符号是根据一般"价值"被"纵容"或"剥夺"的。价值的分类状况并没有明确罗列在《宣传技巧》一书中，"价值"（如"权力"或"敬意"）和"制度"（如特殊化的"观点"和运用在塑造与分享一套特定价值体系中的"做法"）之间的区别也没有被明白地表述出来。然而，相应的区分是国际态度研究中最早的要点。因为我的很多课业是经济学方面的，我知道经典的"价值"理论学家和经济学中"制度学派"之间富有成果的张力。可是我至今也不愿投身于一个综合的正式体系，在这个体系中，财富的塑造和分享都将被置于权力、敬意和其他社会价值制度区域的背景中。准确地说，《宣传技巧》一书是让现象自我表白的努力，是试图影响需要得到解释的概念模型所最终采纳的形式的努力。

对于隐藏在宣传者—受众分析背后的自我理论，我给出了参考资料。另一个背景中的差别存在于"价值需求"和"预期"之间，而"预期"这一术语与过去、现在或将来事件的实质性参考资料有关。例如，"胜利幻想"主要讨论了预期；"战争目标"、"罪行"和"恶魔崇拜"(santanism) 主要讨论了"价值需求"，其中"罪行"和"恶魔崇拜"含有道德的或宗教的内涵，并包含许多后来被称为"公正"或负责任的行为的要求。

---

① 乔治·赫伯特·米德（1863—1931），美国社会学家、哲学家。他的"象征互动论"强调人际传播在人格发展中的作用，其理论体现在他身后出版的《心灵、自我与社会》一书中。

我对战时宣传的研究，既关注宣传过程，也同样致力于发现一个对于内容分析有用的分类体系。与宣传过程研究一同发展起来的开创性论点，强调在现有趋势的框架内运作的绝对重要性。人们谈起宣传的时候，常常把它当作一种神奇的力量，似乎它可以不受时间、地点及身份条件的制约。《宣传技巧》一书强有力地反驳了这一观点，而且 XV
我的反驳是有充分根据的。我们知道宣传者是在某个具体环境中社会化的，该环境的具体特征将限定宣传者潜在的观点、想象和行为。而宣传者试图影响的受众，是那些在相似环境中社会化的人。宣传者至多会稍做选择，他事先辨别人们潜在的不满或渴望，然后寻找消解不满或满足渴望的方法，以便达成他的既定目标。然而，可供使用的动员集体行动的方式必然依赖于言辞以及与言辞等效的东西，而这些言辞的重要性已经被政治领域中现存的接受模式（predispositional patterns）所限定。不仅如此，现存的流行模式本身还会限定人们的活动范围。这些模式包括价值结构（value structures，根据权力、财富和其他评价标准判断谁是精英、次精英或老百姓）、神话（myths，学说、公式、流行的原则）、技术（techniques，影响行为和资源环境的可行性常规的传布）和文化素材（culture materials，环境中的原材料、经过加工的材料）。

在这些调节因素的迷宫中工作，宣传者必须依靠自己的判断来组织、加工、散布自己独具特色的成果，这些成果是一系列旨在影响受众注意力方向的符号。换句话来说，宣传活动起始于或者利用了社会中潜在的环境体系，这个体系的特殊功能是散布和接收（或者是扣留和拒绝）信息。1914 到 1918 年间的潜在环境体系并不包括今日社会中最突出的特征：广播和电视网要么还没出现，要么就还没有用于宣传 XVI
活动。一个“论坛”（传播中具体化的潜在环境）的重要性在于它引起迅速的且同时的集体行为的潜力。原则上，地球上的每一个人（或几乎每一个人），可以同时经历同一个事件，这意味着大家同时行动的可能性。

神经学家和生理学家告诉我们，“人类残暴的大脑”是由一个巨大的新皮层组成的，它与早期的大脑结构、脊髓和酶腺系统不能协调一致，因此故障频出，导致身心失调、行为紊乱。生活中的象征要素在大脑皮层—下皮层系统的帮助下成比例增长。添加在这些人体器官内部结构之上的，是新型的全球大众传播系统。如果大脑皮层—象征模式中充满波动、混乱和冲突，那么情况会因不同文化、不同阶级、不同兴趣、不同个性以及谈到各自价值—机制时处在不同危机水平的人们之间的传播活动的突然激化而恶化。

宣传者自身也会利用机会专门化和增加。他们会在允许他们从事私营企业的地方进军商业领域，会在任何可能的地方把政治分歧复杂化。符号专家是依赖于发现潜在反应的促进者。因此，他们是行动及潜在冲突的制造者，这种情况会对世界上可靠的公共秩序的发展产生或好或坏的影响，而这个世界最明显的特征就是缺乏可靠的公共秩序。

XVII 人们会学会与自己的大脑皮层共同生活吗？人们会学会与他的传播系统共同生活吗？人类似乎总是依赖于麻醉药来安抚（同时也恶化）他的内心世界，而且传统上讲，人类总是依赖教条主义和乡土观念来阻止变化的发生或调整变化的速度和方向。在当今科技环境下，远古的策略显得陈腐不堪，而且地球上人类的基本问题能否被解决也还绝无定论。第一次世界大战是不稳定的征兆，并且从那以后就一直在积攒不稳定，而宣传者则忙于强调每一个集体行动的潜力，不管它是破坏性的还是建设性的。

2

在《世界大战中的宣传技巧》完成后的几十年间，对政策形成过程以及政策在专业宣传机构内执行的过程进行学术研究，已变得越来越容易了；同样，对宣传机构间的相互作用和那些卷入更广阔的战时决策环境中的首要政策机构进行学术研究，也不像从前那样困难了。我并不打算给所有涉及到的问题提供一个系统的贡献，但是至少应该对显示出来的点滴进步给予奖励，不懈的研究已经逐渐改进了它对第一次世界大战中包含的各种关系，以及一般意义上的战争，尤其是联合战争中的行为的认识。

如果能够简要地概括出一个政治决策过程的一般模式，那么就能够进行集中讨论。必须牢记，作为学者和科学家手中“功能”工具的
XVIII “决策过程”与特定历史环境中的“常规”使用趋势之间存在根本区别。德意志帝国“皇帝”是传统参与决策过程的主要政治实体，他的办公室则被视为权威和控制的机构。然而当我们检验皇帝对于一系列重要决策的实际作用时，我们既有可能证实也可能否定这种流行印象。

这便是区别功能和传统印象所蕴涵的意义：经过证明，它们或许吻合或许不一致。

关于决策过程的模型指涉的是“结局性”事件，它存在于“结局前”事件和“结局后”事件的连续链条之间。这个过程的“参与者”包括那些采取行动主动影响结果的人，还包括那些与主动参与者相比算是被动回应者的人。参与者的“观点”包括以任何方式影响权力过程的各种主观性（符号）。“竞技场”则指的是发生互动的背景环境。例如，同拿破仑战争时期的竞技场相比，第一次世界大战的竞技场就更明显地具有全球性质。“基础资料”（base values）指的是竞技参与者可在任何特定时刻支配的资源，因此它们包括目标寻求的偏好倾向和能够影响结果的有用资源。“策略”指的是使用资源（基础资料）影响结果的技巧。说到“结果”，如前所述，指的是参与者们经历的胜利、终止或失败。

把模型中的“结果”要素扩展到涵盖 7 个功能差别是有益的，这 7 个功能差别是：情报（intelligence），或是关于计划和事件的外来或内部信 XIX
息；推展（promotion），或是争取政策支持的动员；命令（prescription），或是一般目标的具体化和方法的运用；启动（invocation），或是对命令的临时运用以使环境固化；运用（application），或是最后的执行；终结（termination），或是命令的结局；评价（appraisal），或是对过往和现在成败的评估。[1]

很明显，宣传活动是推销活动。一个宣传结构的内部决策过程能够被检测，从而显示出每一种功能是如何完成的，并解释事情发生的原因和结果。在更大范围内的国家决策过程中，战时宣传机构是“执行”功能的组成部分，因为它们在国家命令和所有影响命令或其他任何决策结果的宣传活动框架内运作。一个特定的宣传活动也可被视为盟国之间决策结果的组成部分（有些能够反过来影响盟国的决策）。

在第一次世界大战后，不能马上通过研究来调查的一个主要问题是战争期间宣传考虑在制定重要政策中的影响。同样的，因为无法评估宣传考虑在政策制定中的影响，那么调查它的必然结果——政治决策者怎样控制宣传过程，也就无法实现了。这两个问题对于一个全面的宣传理论的发展是至关重要的，因为它们构成了政治传播过程中的 XX
一个要点，而这个要点与《世界大战中的宣传技巧》一书分析框架中展示的所有其他主要要素都是相互关联的。

另一个检验这种相互关联性的方法是考察战争目标的定义。战争目标是主宰战争策略和确认胜利目标的政治目的。战争目标同时决定了政策制定者与宣传者之间关系的性质，它们在决定宣传者在何种程度上介入政策制定，以及政策制定者在何种程度上介入宣传活动中发挥着极为重要的影响。政策制定者的目的是确保宣传活动准确地反映国家的战争目标，并且支持这一目的取得的成果。宣传者的目的则是确保战争目标并保证他们的宣传活动取得最佳效果。

从另一种意义上来说，如何协调政策制定者与宣传者之间的关系，确保双方立场和需要的一致性，其实是一个组织上的问题。尽管《宣传技巧》一书研究了宣传活动中的多种组织问题，但是它主要处理了部门内部问题（中央集权化和避免集权化、司令部和战场）和横向协调问题（盟国之间的联络、立法机关之间的关系），而很少涉及到以决策为中心的纵向关系问题。政策制定者与宣传者之间的关系没能被更
XXI 加彻底地研究，既是缺乏资料的结果，同时也因为该书对战争目标的定义只是认识概念中的一个角度——即宣传内容能够被描述的那个角度。实际上，战争目标与宣传过程之间的关系远比它们在内容分类中的关系复杂得多，然而，它们作为政策也就是政治和宣传之间的功能上以及逻辑上的联结点的作用仍然需要进一步的阐述。

在《宣传技巧》一书中，战争目标被简单地视为几种宣传内容中的一种：其他主要的类别是战争罪行、恶魔崇拜和胜利幻想。但是，强调战争目标是主题中的一个类别掩盖了它实际上贯穿所有类别的事实，因为每一个类别中的内容选择都取决于来自一系列战争目标的政治方针。这种情况虽然不会影响分类的正确性，也并不表示对造成这种分类的心理机制的怀疑，但是在认为各种类型的宣传是大众情绪自然而然的产物，而不是政府决策的有意识的结果的含义下，它的确会局限《宣传技巧》一书的视野。尽管政府选择的范围确实受到宣传活动的“手段”和“条件”的限制，做出政策判断的行动范围也还是存在的。而且，尽管处于战争的国家很可能不可避免地使用战争罪行、胜利幻想及恶魔崇拜等概念，但是各个国家如何使用以及在何种程度上使用这些主题一定会有本质上的区别，那么每个国家战争目标的本质也一定各不相同。

XXII 与其协约国（Allies）① 盟友相比，美国在 1918 年的经历是最能说

① 指第一次世界大战中以英国、法国和俄国为首的一方，1916 年 4 月起美国加入协约国，对以德国和奥匈帝国为首的同盟国作战。

明问题的。在对战争罪行的宣传中，其他协约国成员不加区分地指控整个日耳曼民族是挑起战争的元凶，而美国则把谴责的范围限制在德国军方的领导人，把广大的德国平民排除在外。在维持对胜利幻想的宣传中，协约国其他成员都或多或少地把彻底战胜德国作为自己必须实现的目标，而美国打算赢得的，如果说不是一个没有胜利者的和平的话，那么也一定是在仁慈胜利后的温和的和平。在关于恶魔崇拜的宣传中，协约国其他成员的态度可以用一句话来形容，那就是“绞死德皇”（Hang the Kaiser），而美国的宣传则明显地把德皇本人和皇帝制度排除在攻击目标之外。协约国成员在以上各种宣传活动中的差异，并不是由宣传“手段”和宣传“条件”造成的，最主要的原因在于美国与其协约国盟友的战争目标不同。

对可供宣传者选择的范围考察越详细，就越能清楚地阐述政策在宣传内容选择过程中的作用。例如，在战争罪行宣传活动中，可能有罪的主体范围是很宽泛的：一个政党、一个个体、一个阶级、一个民族、一个地区、一名精英分子、一种制度、一场社会运动、一种意识形态、一种政治体系，或者以上要素的任何组合。宣传者选择内容的标准能显著缩小选择的范围，但是仍可能有相当多的备选项留下来，因此，宣传者需要政策制定者告诉他，在众多的备选项中哪一项是承担战争罪行最适当及最有效的。这种业务上的指导使得宣传活动中那些甚至与政治无关的内容、指示物或推论，也需要政治指导。 XXIII

在这种情况下，战争目标的分类本身就具有某种更丰富的含义。它在内容和意义上都具有最高的政治性，正是这一点使它区别于其他分类。因此，它成为最容易吸引政策制定者关注的地方，这也就使它成了提供给宣传者最少操纵余地的地方。政策制定者给予战争目标的宣传政策指导是最为直接、持久和清楚的，并且，这种指导在作为“手段”和“条件”方面会更加严格。政策制定者在进行这些指导时的动机——确保宣传与政策相一致——是能对宣传活动内部过程产生额外好处的动因。因为，战争目标的结构一旦被上级政治权威清楚地界定，那么，宣传者就能根据推论来处理与其他类别相关的政策问题了，这样一来，上级政治权威就不用对这些问题进行同样多的政策指导了。

此外，仅仅指出战争目标是把宣传过程与其他所有组成战争行为的活动相联结的纽带是不够的，详细说明在战争的其他方面战争目标的表述如何与对战争目标的宣传相联系，也是十分必要的。非常明显，

XXIV 战争目标并不是单单为或是主要为宣传者的便利或指导而设计的概念。战争目标是政治目标和外交目标的母体，正是它把一个战时国家的宣传策略与其他各种策略——军事的、经济的及其他的——交织在一起。它们不仅仅是对战后目标的厘清，也不仅仅是为了谋取战时同情而对事件和符号进行的灵巧选择。它们既是对一个政治领域的界定，同样也是对组织策略和政治策略的选择，同时还是对敌友及中间分子的认定，这种认定不仅发生在国家间，而且适用于一国之内所有的团体之间。战争目标不仅建立并维持了国家间的联合；更重要的是，它们利用跨国界的共同利益创造了国家下级组织的联合——无论是结盟、中立或敌对。从某种意义上来讲，宣传是组织策略通过符号交流达成的延伸和详尽阐述。换句话说，正确理解宣传中的组织问题超出了应用在宣传机构中旨在形成政治传播的形式和机制。这同样包含政府为了使各个团体乃至个人以某种方式组织和联系起来，所做的权限范围之外的努力，而这种方式将使宣传活动在整个社会系统或某个特定系统中取得最大限度的效果。与其他任何一种宣传内容相比，对战争目标的宣传是惟一能够促成跨国政治行为的催化剂。

战争目标作为一套主题，作为对所有主题的指导，以及作为一套策略的内涵是极其丰富的。当把战争目标传播给宣传的主要受众——本国的受众、敌国的受众、中立国的受众和盟国的受众——中的问题
XXV 与这些内涵加在一起时，所有这些考虑将是非常复杂的。根据宣传活动所针对的受众的不同，战争目标宣传的特点和效果是截然不同的。尽管前面已经提到所有的战争目标宣传都是非常复杂的，但是相对而言，对本国、敌国和中立国进行战争目标宣传要比与盟国协调各自对战争目标的宣传容易一些。

对本国受众进行战争目标宣传，虽然容易导致周期性的政治危机，但是很少会受到来自受众内部持续的或是大量的挑战。与此相似，中立观点也很少会成为战争目标宣传管理中的重要因素。此外，尽管战争目标在理论上对于敌对双方具有至高无上的重要性，但是20世纪战争完全的意识形态本质使得战争目标更像是一种仪式上的象征符号，而不再是一种外交上的议程。交战国的战争目标所具有的协商功能，从原来各政权间的对话变成了互相颠覆。结果，对敌国进行的战争宣传不再是争取它们和解的手段，甚至也不是为了摧毁它们，而是为了巩固和维持与盟国团结的手段。

事实上，战争目标宣传最重要的指示物是一个国家的盟国，因为

只有当一个国家努力协调自己与盟国的宣传活动时，达成一致意见的要素才能注入宣传过程中。在对中立者的宣传活动中，只要它是单边的，那么双方能够取得一致意见的要素是非常少见的，在对敌国的宣传中则根本就不会有。然而，盟国间任何协调对敌或对中立国宣传的努力要求所有的参加者取得一致意见。因此，一个联盟需要在政策上 XXVI
保持一致就成为一个不言而喻的命题，而且很可能是联合战争不可避免的伴生物。

对联盟的成员来说，怀着截然不同的目的，但是在如何使用不同的宣传活动——如战争罪行、恶魔崇拜或者胜利幻想——上达成一致，或者协调在这方面的不同意见，并不是非常困难的。尽管每一类宣传内容都暗含了一个国家在战争目标上的立场，但是在这些内容之上出现主要政策分歧的几率却出奇地低，这很可能是因为它们通常通过强调一些非常不同的，但是更加生动的符号来隐藏在大众理解之外。要协调同盟成员在战争目标宣传上的不同政策或者消除它们在这方面的分歧却困难得多。这种困难的程度可以从以下事实中略知一二，那就是在第一次世界大战中，盟国间协调宣传活动的努力失败得如此彻底，以至于在第二次世界大战中，根本就没有人再做这方面的任何努力了。尽管有人会说，认为第二次世界大战中对战争目标的宣传具有重要意义是不正确的，因为1943年初采纳无条件投降（unconditional surrender）政策[①]，实际上已经使在接下来的战争中协调盟国间的宣传毫无意义了。

然而，即便是失败的经历也足以证明，有多少宣传和外交过程融入了盟国试图在宣传上合作的努力，同时也能说明把那个重叠区域作为分析的重点是多么有助益。因为，如果战争目标的主题是最重要的宣传内容，而盟国是最重要的宣传对象，那么对盟国战争目标宣传的 XXVII
比较研究就必定成为联合战争的政策、政治及宣传活动的分析中心。在对宣传活动的研究中，关于冲突传播的比较研究方法为人们打开了广阔的理论视角（即使当比较的对象是联盟内部或外部相互竞争的宣传活动时，提供给人们的理论视角仍然会比以往更宽阔），并且“运作”取向非常理想，以至于可以作为通向相关研究领域的一座桥梁。

这样强烈地强调战争目标，并不只是为了分析上的原因，同时是因为第一次世界大战中的宣传是典型的战争目标宣传。与其他类型的

① 美国总统罗斯福和英国首相丘吉尔1943年在卡萨布兰卡会议上提出。

内容相比，第一次世界大战中属于战争目标这一类的内容远远多于现代历史上其他主要冲突中的同类内容。事实上，自从《世界大战中的宣传技巧》一书出版以来，相关的历史研究成果都没有关注宣传方面的问题，而是对强大政权间相互竞争的战争目标进行了大量政治上和外交上的研究。文献资料中在这方面最突出的作品通常冠以这样的题目：维克托·S·马马捷夫(Victor S. Mamatey)：《美国与中欧东部：威尔逊外交及宣传研究》(*The United States and East Central Europe*：*A Study in Wilsonian Diplomacy and Propaganda*，普林斯顿，普林斯顿大学出版社，1957)；乔治·F·凯南(George F. Kennan)①：《1917—1920年的苏美关系》(*Soviet-American Relations*，两卷本，普林斯顿，普林斯顿大学出版社，1956—1958)；弗里茨·费希尔（Fritz Fisher)：《德国在第一次世界大战中的目标》(*Germany's Aims in the First World War*，纽约，W. W. 诺顿出版社，1967)。更加概要的论述可以在小N·戈登·莱文（N. Gordon Levin，Jr.）的《伍德罗·威尔逊与世界政治：美国对战争和革命的反应》(*Woodrow Wilson and World Politics*：*America's Response to War and Revolution*，纽约，牛津大学
XXVIII 出版社，1968）和阿诺·J·迈耶（Arno J. Mayer）的《新外交的政治根源，1917—1918》(*Political Origins of the New Diplomacy, 1917—1918*，纽黑文，耶鲁大学出版社，1958）中找到。

在过去15年中，随着档案材料的日益公开，人们对于第一次世界大战的研究兴趣有所回升，但是对宣传活动进行历史研究的作品或许还不如人们在《宣传技巧》一书问世时预期的多。对第一次世界大战中宣传活动的后续研究主要发表于20世纪30年代，当时正值历史修正派（revisionalism）浪潮席卷欧美学术作品的时期。因此，除了少数例外，大多数研究具有视野狭小和研究方法保守的特点，并且带有第一次世界大战的残余和第二次世界大战即将降临的印记，而且它们大多缺乏详细的史料，在研究方法的精密性上落后于同时代的传播学研究。它们最典型的做法就是用主要精力来对付宣传活动的内容和效果，同时对宣传机构的组织和运作只进行次要强调。这些研究还过度强调了要把德国和美国作为宣传对象。然而，这些研究中似乎没有任何一

① 乔治·F·凯南（1904— ），美国外交官、学者。1947年在《外交》季刊上以X署名发表《苏联行为的根源》一文，主张以“遏制”政策阻止苏联扩张主义，对美国外交政策甚有影响。

种对《宣传技巧》一书中提出的理论框架，甚至任何一项单独命题，作出过重大修改。

在专门研究美国受众的著作中，H. C. 彼得森（H. C. Peterson）的《战争宣传：1914—1917 年反对美国中立地位的斗争》（*Propaganda for War*：*The Campaign against American Neutrality*，1914—1917，诺曼，俄克拉何马大学出版社，1939），詹姆斯·杜安·斯夸尔斯（James Duane Squires）的《1914—1917 年的英国国内宣传和在美宣传》（*British Propaganda at Home and in The United States*：*From* 1914 *to* 1917，坎布里奇，哈佛大学出版社，1935）和艾伯特·R·布坎南（Albert R. Buchanan）的博士论文《欧洲的宣传和美国公众舆论》（"European Propaganda and American Public Opinion"，斯坦福大学，1935）论述了英国和德国为了争取美国公众舆论所做的宣传竞争，而弗雷德·A·松德尔曼（Fred A. Sonderman）的博士论文《威尔逊政府眼中的德国形象》（"The Wilson Administration's Image of Germany"，耶鲁大学，1953）则论述了影响英德宣传竞争的重要态度条件。由詹姆斯·R·莫克（James R. Mock）和锡德里克·拉森（Cedric Larson）合著的《赢得战争的语言：1917—1919 年公共信息委员会的故事》（*Words That Won the War*：*The Story of the Committee on Public Information*，1917—1919，新泽西州普林斯顿：普林斯顿大学出版社，1939），主要描述了美国政府在美国成为交战国之后对国内进行的宣传。接下来的补充研究是沃尔顿·E·比恩（Walton E. Bean）的博士论文《乔治·克里尔和他的批评者：公共信息委员会所受抨击研究》（"George Creel and His Critics：A Study of the Attacks on the Committee on Public Information"，伯克利：加利福尼亚大学，1941），它考察了克里尔（Creel）① 在对国内进行战争宣传时产生的几个比较大的论争。以美国为研究中心的最好的研究中，戴维·韦恩·赫斯特（David Wayne Hirst）的博士论文是其中之一，它的题目是《1914—1917 年德国在美国的宣传》（"German Propaganda in the United States，1914—1917"，博士论文，西北大学，1962）。 XXIX

在调查德国受众的研究中，埃尔温·魏斯（Erwin Weiss）的《第

① 即乔治·克里尔（1876—1953），美国报人。1899 年起先后任职于堪萨斯《独立报》、《丹佛邮报》和《落基山新闻》，1917 年到 1919 年任公共信息委员会主席。著有：《威尔逊与争端》（1916）、《我们如何为美国做广告》（1920）和《自由之钟汤姆·潘恩》（1931）。

一次世界大战中协约国的反德宣传》(*Die Propaganda der Vereinigten Staaten gegen Deutschland im Ersten Weltkrieg*,埃森,埃斯纳出版社,1943)和戈特哈德·肖尔茨(Gotthard Scholz)的博士论文《国家的战时信息与宣传:美国公共信息委员会(1917—1919)》("Staatliche Information und Propaganda im Krieg: Das U. S. Committee on Public Information, 1917—1919",海德尔堡大学,1967)是仅有的大量引用美国档案资料写成的德文作品,研究了美国针对德国的宣传。格奥尔格·胡贝尔(Georg Huber)的著作《世界大战中的法国反德宣传(1914—1918)》(*Die französische Propaganda im Weltkrieg gegen Deutschland*, 1914 *bis* 1918,慕尼黑,F. A. 普法伊费尔博士出版社,1928)对早期论述相同主题的论文集进行了补充,这个论文集是由汉西(Hansi)[约翰·雅各布·华尔兹(Johann Jakob Waltz)]和E. 托内拉(E. Tonnelat)[①]主编的。另有三部著作研究了协约国的对德宣传,它们是:威廉·恩斯特(Wilhelm Ernst)的《世界大战中通过瑞士领土进行的反德宣传,尤其是在巴伐利亚的宣传》(*Die anti-deutsche Propaganda durch das Schweizer Gebiet im Weltkrieg*, *speziell die Propaganda in Bayern*,慕尼黑,1933),汉斯·蒂梅(Hans Thimme)的《不用武器的世界大战:西方列强反德宣传的效用及其防范》(*Weltkerrieg ohne Waffen*: *Die Propaganda der Westmachte gegen Deutschland*, *ihre Wirkung und ihre Abwehr*,斯图加特和柏林,科塔出版社,1932),和乔治·G·布伦茨(George G. Bruntz)的《协约国的宣传与1918年德意志帝国的解体》(*Allied Propaganda and the Collapse of the German Empire in* 1918,斯坦福:斯坦福大学出版社,1938)。

XXX

还有两项值得一提的分析性研究:阿瑟·庞森比(Arthur Ponsonby)[②]的《战时谎言》(*Falsehood in War-time*,纽约,达顿出版公司,1928)和詹姆斯·M·里德(James M. Read)的《暴行宣传(1914—1919)》(*Atrocity Propaganda*, 1914—1919,纽黑文,耶鲁大学出版社,1941)。

尽管以上各种研究都没有阐明政策与宣传之间的相互关系,但是《世界大战中的宣传技巧》还是暗含了这样一种假定,即政策制定者在

---

① 正文各章节中拼为E. Tonnelet。

② 阿瑟·庞森比(1871—1946),英国政治家、著作家、和平主义者。任下院自由党议员(1908—1918),下院工党议员(1922—1930),运输大臣(1929—1931)。

他们的政治决策中受到来自宣传上的考虑及公众舆论的重要影响，并且深深卷入控制宣传的管理活动中。根据近来正在进行的关于美国在第一次世界大战期间进行海外宣传时的决策研究，我们能够发现这种假定是非常正确的。[2]而且，这项研究表明，人们已经强烈意识到了宣传的重要性，并且公众舆论的影响力已经遍及美国政府最高层。这项研究还允许人们作出这样的假设，即这种情况同样存在于其他参战国的政府中。

证明政策与宣传之间存在这种亲密关系，正是负责官方宣传的临时战时机构——公共信息委员会（the Committee on Public Infor-ma- XXXI
tion）——在准备宣传册时采取的步骤。这个委员会既提出建议也接受建议，这些建议主要针对什么样的主题适合用小册子的形式作宣传活动，这些建议中最有价值的被交给委员会主席乔治·克里尔。在进一步的精挑细选之后，克里尔将把剩下的建议留给威尔逊总统，让他来选择主题并对宣传活动进行指导。宣传册的长条校样将被送到国务卿那里，接着再呈给总统，以便在印刷和发放之前进行最后的修改和批准。从半个世纪来的情况看，一国之首如此直接参与宣传活动的准备过程简直令人难以置信。然而，对于威尔逊这样一个亲自撰写所有发言稿，亲自加密和破译许多最敏感的电报，并且习惯于在自己的打字机上撰写外交记录的人来说，这样的举动似乎并没有看上去那样令人震惊。

军方宣传传单的生产，同样是一个不同寻常的过程。1918 年春，当军队总参谋部准备用宣传传单对付敌军时，他们意识到他们需要获得对美国战争目标的权威解释，以指导他们的宣传人员。然而，他们发现国务院既不能也不愿给予他们这样的指导，于是军方便求助于调查研究局（The Inquiry）（这是一个在威尔逊总统的命令下成立的学术研究机构，并且直接接受威尔逊贴身顾问的领导）来阐明美国的战争目标，并把它们与欧洲的情况和战争目标结合起来。调查研究局与总参谋部的军事情报处（Military Intelligence Section）之间建立了正式联系，
后者负责军事宣传，而在前线散发的宣传传单实际上是调查研究局的 XXXII
学术专家们起草的。由调查研究局的专家起草的宣传传单正式在法国散发之前，还会交给陆军部长牛顿·D·贝克（Newton D. Baker）① 亲

① 牛顿·D·贝克（1871—1937），美国政治家。1916 年至 1921 年任陆军部长，是国际联盟的积极拥护者，1928 年任海牙常设仲裁法院法官。

自修改。尽管这样周密的安排后来被证明是不切实际的，但是他们的目的通过另外一种非常不同的方案实现了。军事情报处征用调查研究局一名主要官员沃尔特·李普曼（Walter Lippmann），并把他派往法国作为美国远征军（American Expeditionary Forces）宣传部门的政治顾问和首要的传单作者兼编辑。李普曼非常了解调查研究局的工作，借此他保留着与调查研究局的官方联系及与豪斯上校（Col. House）① 的私人交往，因此美国陆军能够使他们的宣传传单与政府政策保持高度一致。

若问其他交战国在多大程度上与美国一样，对外国公众舆论和宣传保持高度敏感，那么这个问题的答案就得在欧洲各国的档案材料中寻找了。在学者们进行研究的过程中，他们一定不仅把拉斯韦尔极富创造力的《世界大战中的宣传技巧》视为一部“深刻的常识性分析”的书籍，而且一定会认为这是“各国研究中对这一研究课题的杰出贡献”[3]。

【注释】

本书所有章后注释皆为原书注。

[1] 详见 B. S. 默蒂（B. S. Murty）：《宣传与世界公共秩序：对强制意识形态工具的合法管制》（*Propaganda and World Public Order: The Legal Regulation of the Ideological Instrument of Coercion*），康涅狄格州纽黑文，耶鲁大学出版社，1968。

[2] 本导言的第二作者（junior author）正在准备研究美国在西线进行的对敌心理战和开放外交理想与政府机构通过海外宣传对这一理想的表述之间的关系。

[3] 拉尔夫·哈斯韦尔·卢茨（Ralph Haswell Lutz）：《世界大战宣传研究（1914—1933）》（*Studies of World War Propaganda*, 1914—1933），见《现代史杂志》（*Journal of Modern History*），1933（5），496～497 页。

① 即爱德华·M·豪斯（1858—1938），美国外交官。1912 年帮助威尔逊获得民主党总统候选人提名，1914 年至 1916 年任威尔逊总统驻欧洲私人代表，1918 年为第一次世界大战停战协定谈判代表，后为制定国际联盟盟约的委员会成员之一。

第一章　当下事务

自从 1914 年的战争以来，有大量的迹象表明人们对国际宣传怀有浓厚的兴趣。几位在战争中负责宣传事务的人士出版了一些著作。美国的克里尔、英国的斯图尔特（Stuart）①、德国的尼古拉（Nicolai）以及法国的魏茨（Waitz）和托内莱（Tonnelet）都向世人发表了他们在战争中的记录。其他级别或高或低的宣传机构工作人员也都写下了他们的回忆录，在每一部回忆性或战后反思性作品中都提到了国际宣传。

教授、研究生以及政论家们大大充实了对这一主题的系统思索和审视。其中德国人做得最为出色，他们是约翰·普伦格（Johann Plenge）、埃德加·施特恩-鲁巴特（Edgar Stern-Rubarth）、斐迪南·滕尼斯（Ferdinand Tönnies）② 以及库尔特·巴施维茨（Kurt Baschwitz）。[1] 舍

---

① 即坎贝尔·斯图尔特（1885—1972），英国报人。1917 年任驻美国战时使团成员。1918 年初任对敌宣传副总监，为北岩勋爵的得力助手。战后于 1920 年出版《克鲁馆的秘密》，为宣传“魔弹论”的代表作之一。

② 斐迪南·滕尼斯（1855—1936），德国社会学家。代表作为《礼俗社会与法理社会》。

内曼（Schönemann，他用德语写作关于美国的论述）、马尔尚（Marc-
2 hand，他用法语论述了德国宣传的某些方面）、维勒（Wiehler，他用德语论述某些特殊问题）以及其他人也都写出了具有一定价值的研究专论。德马蒂亚尔（Démartial）剖析了世界大战期间法国以及协约国的宣传，这对揭露世界公众舆论的真实面目作出了很大的贡献。新型宣传事业的从业者也已经开始以理性的眼光来解释他们自己的宣传实践。伯奈斯（Bernays）①、怀尔德（Wilder）以及比尔（Buell）的著作就是这一方向的先驱。大学开始开设关于新型宣传技巧的讲座课程，在斯图加特、巴黎、伦敦以及斯坦福汇集了大量世界大战中的宣传资料。

如今，人们正对宣传在国际政治，尤其是在战时的作用进行比以往更为细致的考察，这是由许多原因造成的。在世界各地，人们对于这一问题产生了新的好奇。在战前，有些人还倾向于把国际间敌友关系的变幻视为像太阳必然升起、雨水必然降下一样的宇宙规律表现，但他们现在也开始对这些事件超自然的、或者非人性的性质产生了怀疑。一个词语出现了，它在许多人的头脑中发出了不祥的叮当声，这就是“宣传”。同以往相比，我们生活在更多这样的人中间，他们由于那种未知的奸诈而感到困惑、不安或者苦恼，因为这种奸诈似乎欺骗和侮辱了他们。它通常是人们咒骂的对象，也因此成了人们兴趣的焦点、讨论以及研究的对象。

这些人怀着既敬佩又不安的复杂心情对宣传的奥秘进行考察，而那些铤而走险的新圈套的受害者们也正是怀着这种复杂心情要求得到
3 解释。轻信的乌托邦主义者曾经以那些在战争中利用了大众希望的、强有力的话语作为自己的精神动力，而如今在许多人的头脑中，这种乌托邦已经让位给了怀疑与觉醒。正是因为这些诚挚的灵魂，宣传才是一件更为严肃的事情。一些信仰坚定、心中充满仇恨的人去动手杀人，他们将别人打伤而自己也可能被别人打伤，他们鼓励其他人拔出剑来，他们还嘲笑或损毁那些拒绝同他们一样发狂的人。他们是被宣传愚弄了吗？如果是这样的话，那么他们会因发现自己成为别人计划中的盲目爪牙而痛苦，因为这些计划既不是他们设计的，也并非他们所理解和同意的。

---

① 即爱德华·伯奈斯（1891—1995），美国公共关系专家，弗洛伊德的外甥，有“现代公关之父”的美誉。

在战败国，例如德国，军人们利用宣传来挽回自己的面子。他们声称他们的军队从来也没有被协约国的军队打败过，只是他们身后的国家因为受到外国宣传的影响而崩溃了，国内各种外来的和激进的因素都是外国宣传诱饵的明证。这种说法对公众来说是可信的，因为在战争期间，全国各地的平民都被警告过要小心敌国宣传的有害信息。德国人民被灌输说“路透社是战争谎言制造者”，北岩（Northcliffe）则是“说谎大臣”，而协约国（Allies）的意思就是“一派谎言”（“All-lies”）。由此可见，德国人倾向于赋予宣传极为重要的意义。从战争开始，德国的武力就一直遭到削弱，因此他们必须依赖比军事力量更为微妙的方法来维护和巩固自己的利益。具有爱国主义的德国人急于理 4
解这种非暴力武器的本质，它们在战争中成功地掩盖了德国人遭受的挫折，而现在，德国出现的国际宣传研究论文（包括国际宣传的本质、局限性和方法）远远多于世界上其他任何地方。

目前宣传活动的日常事务或多或少地取决于彻头彻尾的和平主义者。人们普遍认为战争是由“恶意”引起的，那么，要停止战争就必须有一个“暂停憎恨”。宣传能否成为直接攻击国民心理的武器，能否在充满疑虑的地方找到培育信心的方法和手段呢？

所有这些关于控制公众舆论的方式方法的讨论，证实了传统民主浪漫主义的衰落和独裁性心灵习性的兴起。只要仍然有民主派反对，那么他们就可以随意阐述这样一个事实，即绝对正确与全能的国王也梦想拥有全知全能的子民。立民为王，废王为民！把王权交给智者！

对御众之术的洞悉引来了民众的唾弃。对民主政治进行的现代反思归结为一条，即民主派在自欺欺人，这一结论或多或少意含忏悔。公众并不是靠敦厚善良和自我约束统治的。美好生活并不寄于强大有力的公众情感的旋风之中。它并不是游牧部落的有机产物，而是少数人单调乏味的成就。热爱美好生活的人不再向圣贤爵士（Sir Oracle）咨询，因为他只是暗地里操纵着木偶戏表演。沮丧的民主派就是这样 5
争论的：“那么志同道合的朋友们，让我们一起思考，寻找好的生活，”他叹息道，“当我们找到时还要努力寻找如何让公众接受这一好生活的方法。”接着他便以公众利益的名义知会、哄骗、欺诈及引诱。这样一来表面上保留了多数人统治的传统，但实际上实行的是少数人对多数人的独裁统治。

社会科学家可以将气馁的民主派所怀有的抑郁的好奇心，放到他们的动机中进行分析。对社会思想的划分最终导致一个结果，那就是少数人痴迷于解释社会巨轮如何前进，但实际上，这种痴迷与驱使社会巨轮在任何方向前进的紧迫要求都毫无关系。民主派的工作就是要发现和报告，而并非进行哲学探讨和改革。他们更急于满足自己的好奇心，而不是追寻那些按照自己的想象创造了人类的神明的脚步。

那些探求政治中公众舆论的神秘性的人们，至少暂时必须依赖除精确测量以外的一些手段，来确定或质疑他们的推断。对公众舆论的概括得以持续，是因为它们貌似合理，而不是因为它们是通过试验得来的。当其他一些人声称经历过他们所描述的情况并且与最初的观察者有不同意见时，那么先前的概括就会被弃置一旁。有时分歧是尖锐并显著的，因为它来自于那些试图用现存的关于公众舆论的概念来控制公众舆论的人们。这是一项操纵测试。它被宣传家和公关者以各种类型和方式使用着。

6 公众舆论领域中的臆测尤其容易被操纵测试所影响。但是绝大多数关于公众舆论的文献具有深奥难懂和模糊不清的特点，它们拒绝遵守根据经验判定的准则。现在有大量一般意义上的所谓关于公众舆论的理论学说，和少量具体的关于公众舆论的学术假设。当公众舆论领域被分割成解释和控制关于政策的公众舆论，关于个人和群体的态度，以及关于各种各样政治参与模式的态度等问题时，一些更为具体的进展可能就会出现。

公众舆论在国际政治中的作用是特别值得研究的，因为这一问题的重要性正在日益增加。我们亲眼目睹了世界公众的发展，而这一公众的形成，部分是由于国际宣传煽动和组织起来的。国家利益跨越了国界。如果说有哪个国家的公民和政府不想染指其能力所及之事务的话，那纯粹是幻想。例如，1925 年夏天，德国国会忙着考虑一项对农业产品和工业产品征收保护性关税的提案。理论上来说，这是德国的内部事务，只有那些碰巧居住在这个被称为德国的法律实体中的人们对其享有惟一处置权。但是实际上，其他国家的利益也受到了影响，他们施加压力迫使德国按照自己的利益行事。如果征收关税的提案得到执行，那么美国制造商的货物就会被挡在德国的国门之外，于是美国制造商与英国、法国及德国的利益集团联合起来，并把他们的代理
7 人派往德国。他们试图接触新闻界，并且促使德国内部继续抵抗这一法案的党派采取强有力的行动。

这种暗地的影响已经不再是个别情况，而是一种普遍做法了。例如，公司、企业发现收买外国报纸是很方便的事情；而且有影响力的

人决不仅限于非官方人士，政府已经积极参与到此类活动中来了。日本人在排斥问题上功效卓著的宣传、德国反对凡尔赛条约的“惟一一个有罪国家的神话”的宣传，以及苏联为取得美国承认的宣传都是最近的案例。多国政府的新喉舌与各国内部的利益集团都有着紧密联系。国际劳工局（the International Labour Office）正在与那些希望国际劳工大会（the International Labour Conference）协定草案获得批准和执行的人们通力合作。

官方宣传经常采用鼓励拥有海外分支机构的爱国团体的形式。“德国侨民联盟”（the League of Germans Abroad）宣称它们在德国及海外共有150个分支机构，而“海外日耳曼主义联盟”（The Union for Germanism Abroad）则声称它们在德国和奥地利的会员超过100万人。还有奥地利（Austria）、石勒苏益格（Schleswig）、萨尔领地（The Saar Territory）、但泽（Danzig）、捷克斯洛伐克（Czecho-Slovakia）、波兰（Poland）、多瑙河（Danube）及海外侨民的专门组织。这些组织的存在，在平时起到维持文化、统一情感的作用，在紧急时刻则能起到更为重要的作用。

政府对某些国际团体，例如“法兰西联盟”（*Alliance Francaise*）和“说英语者联盟”（the English-speaking Union），是非常和善的。它们保持着施加其影响力的公开渠道，这些渠道在非常时期极具价值。

不计其数的官方或非官方的宣传试图煽动革命，脱离或是种族的、 8
文化的、地域的及宗教的团结。它们通常由下面这些词语来暗示：共产主义、爱尔兰独立、泛伊斯兰教、泛斯拉夫、泛美、泛欧及国际联盟（League of Nations Union）。还有以政治人物个人名义进行的宣传，因为这对每一位到新地方上任的大使来说，都是获得顺利接纳的关键。

战争时期，公众舆论和宣传是最需要人们下大力气的。被人们视作心理问题的战争行为，可以用士气（moral）来阐述。一个士气高涨的国家能够完成摆在它面前的任务，因为它具有一定的动力，而这种动力只有在出现严重对抗时才能被估量。高昂士气的传统标志是积极性、决心、自信、没有吹毛求疵的批评与抱怨。几乎每一项事实都暗示了士气的高低。官方配给中含有的卡路里，香烟的供应，消遣娱乐的机会，官员和公职人员的信心，军队潇洒的举止，强迫性纪律的模式：所有这些以及其他的事实都会影响军民的战斗力和决心。

维持士气只在部分程度上是个宣传问题，因为宣传只是维持士气所必须依赖的多种方式中的一种。宣传尽管重要，但它的适用范围毕竟有限。通过宣传意味着不通过改变客观条件，诸如香烟的供应或者食物的化学成分等，来控制人们的精神状态。宣传甚至不包括通过冷
9 静而自信的举止来巩固士气。它仅仅指通过重要的符号，或者更具体但是不那么准确地说，就是通过故事、谣言、报道、图片以及社会传播的其他形式，来控制意见。宣传关注的是通过直接操纵社会暗示，而不是通过改变环境中或有机体中的其他条件，来控制公众舆论和态度。

宣传是反对一个交战敌人的行动中的三大工具之一，这三大工具是：

军事压力（陆、海、空军的强制力）。
经济压力（在获取物质资源、市场、劳资权力上的冲突）。
宣传（对暗示的直接运用）。

谈判是影响外国政府的一种方法，而这种方法只适用于那些并未与之激战的国家。通过谈判意味着希望达成一致的政府正式交换意见。竞争性党派之间的调解与对仲裁的让步经常得到使用。一个政府通过立法、判决、维持治安、宣传和恪守礼节来影响它自己的人民。对于军人这些处于最完全控制之下的人来说，必须为其提供充足的必需品和对痛苦的缓解。这样才能把他们训练成为一个整体，成为一枚具有破坏力的导弹。

在战争期间，为了促进对食品、纺织品、燃料及其他日用品的节
10 省，并且鼓励人们入伍、在战争工业中工作、为娱乐活动服务，以及购买债券，必须更多地依靠宣传。但是，到目前为止，宣传最有效力的作用是动员社会成员仇恨敌人，维持与中立国及盟国之间的友好关系，促使中立国转而反对敌国，以及粉碎敌人坚不可摧的抵抗。简而言之，正是宣传在战争中对国际态度的重要影响使其具有了特殊的重要性。

国际战争宣传在上一次战争中扩大到了如此令人震惊的范围，是因为战争蔓延到了如此广阔的地区，它使得动员人民情绪成为必要。没有哪个政府奢望赢得战争，除非有团结一致的国家做后盾；没有哪个政府能够享有一个团结一致的后盾，除非它能控制国民的头脑。政府必须依赖平民来补充前线的兵力和战争工业的劳动力。战争的代价必须被毫无怨言地承受，否则抱怨将使意见纷争在后方蔓延并使灰心

丧气的情绪在战壕里蔓延。

现在已经不能再用训练士兵的方式训练平民了。马克斯韦尔（Maxwell）是这样描述士兵们所遭受的训练的影响的：

> 每个人的行动都要严格遵守训练长官的要求，因此每个人都变得非常相似。被训练者必须严格按照示范动作做，不允许有任何一点改动，否则就会被一而再、再而三地停止，直到他的动作令人满意为止。在士兵训练的这个阶段上，他的行为几乎是机械的，整个团体所获得的一致性只比机器所展现出来的一致性略高一点……就共同目的来说，每个人都与其旁边的人动作相似这一事实，使得个人能够依赖同伴的合作。在阅兵场上，每个人都会 11
> 迅速发现，他的团队中的每个成员都在前进的变化过程中与他合作。在战壕中，他会十分肯定在他左右的人正在做与他完全相同的事，而在他们部队侧翼的其他队伍，正在为了共同的目标与他们通力合作。军队中这种合作正是通过训练取得的，而这种合作所造成的相互信任，具有把那些原本只是机械合作的组织团结成为一个有机整体的作用。[2]

战时服役具有重新回复到原始状态的倾向。许多观察家指出，正是那些最简单基本的事情麻烦最大。例如食品、饮料、烟草、睡眠、保暖、居所等在前线格外重要。因为在那儿，人的价值和情感趋于衰落，他们更渴望激励。友好的场景和面容所具有的无言的影响力消失了。宗教所具有的某种更为复杂形式的影响力也减弱了。[3]

军队生活近似于经过训练的人们在一个非人性的环境中的集合。平民则缺乏机械的军事训练，并且生活在情感生活（或他作为人的生活）的环境中。要让平民团结起来，不能靠人身控制，也不能靠重复运动，而只能依赖重复理念。平民的思想是经过新闻报道，而不是军事训练，才被统一起来的。宣传正是帮助和支持这一过程的方法。

宣传有目的地传播思想，能够帮助人们克服对全心全意投入战争所具有的精神上的排斥，这种排斥会随着人们对领袖忠诚的衰减而出现。和平，而不是战争，成为人们心目中社会的常态。有些意识形态 12
不是谴责战争本身是罪恶的东西，就是把战争视为不良社会秩序的产物。所谓宣传，其实就是思想对思想的战争。

本研究只是对战争时期与控制国际好恶相关的宣传问题的初步和

暂时性的分析。如何能动员起人们反对敌国？如何能用巧妙的手段瓦解敌人的民心士气？如何能巩固与中立国和盟邦人民之间的友好关系？

我并不打算书写历史，而是打算描写技巧。当战争渐渐成为往事，人们已经可以书写战争期间国际宣传的历史，至少可以书写不完整的历史。我现在进行的这次调查，一方面没有这个目标范围大，但另一方面又比这个目标要求高。说它范围更小，是因为此次研究只选取了应当包括在全面历史记载中的一小部分事实；说它要求更高，是因为本研究已经试图发展出一个关于国际战争宣传如何能够成功实施的精确理论。本研究几乎完全基于美国、英国、法国和德国的经验。

为什么不等到历史完结再提出宣传方法的理论呢？回答是，我们对于历史的了解足以证明一个对宣传技巧的暂时性研究是否正确，而且此时进行的对于技巧的研究将会改善即将到来的历史的品质。毕竟，
13 那些主要对机械装置感兴趣的研究者与那些主要关注特定环境中发生了什么情况的研究者之间能够互相了解一下是互有助益的。在某种意义上，科学家和工程师向历史学家提出问题等待他们回答；而历史学家则应该对在一组确定的历史环境中的某些具体因素可能造成的影响进行报告。由于历史学家不断揭示出方法的新例证，而技术方面的研究者又经常能通过他们的研究填补年代学上的空白，因此两者之间的界限从来就没能划清过。

本研究的过程严格遵循了常识分析。集体行为和门诊部里的个人行为之间有很多诱人的类比[4]，但做这些类比的过程中很容易牵强附会。目前的临床心理学还太不成熟，尚不能支撑一个规模宏大的上层建筑。因此，此次研究只能对各种用于制造某种特定结果的心理材料进行简单分类，并提出一个操纵这些材料的一般战略理论。后续研究和批评或许能够发现更为精确和更具启发性的类别。

【注释】

[1] 他们的著作名以及本章其他地方所提到的著作，参见参考文献。

[2]《对世界大战的心理学回顾》(*A Psychological Retrospect of the Great War*)，162 页。

[3] 前引马克斯韦尔书，100 页。

[4] 参见普莱恩小姐 (Miss Playne) 名为《各民族的神经衰弱症》(*The Neuroses of Nations*) 的著作。

第二章　宣传组织

民主国家内部有反对政府宣传的某种预设。正如众议员吉勒特（Gillett）在评价克里尔委员会（Creel Bureau）时所说的，而且他承认自己并不是出于党派之见说这番话的：

> 这便是这样一个部门的巨大危险，因为我们都得承认，如果任何政府部门因为被称作公共信息局而获得权力，但实际上它只是作为一个广告局、一个宣传局、一个推广局利用政府的各种行为和部门，这种情况在一个共和政体的国家中是非常危险的。因为如果以党派之见或是为了党派利益来使用这个部门，那么它将享有巨大的权力，而且在正常的和平时期，我确信不会有任何一个政党或任何一个行政部门能够证明这样一个机构的合理性，或者同意有这样一个部门存在。[1]

事实上，所有的政府都在一定程度上从事宣传活动，并把这作为它们在和平时期政府职能的一部分。它们替外交上的朋友做宣传，或者进行宣传以反对外交上的敌手，这种情况是不可避免的。因此，不能过于机械地理解民主政府反对宣传的假设。

在战争期间，人们意识到仅仅动员人力和物力是不够的，还必须进行公众舆论上的动员。对公众舆论的控制权，正如对生命和财产的
15 控制权一样，都交到了官方手中，因为让人们自由行事的危险远比让官方滥用控制权的危险大。事实上，毫无疑问，政府控制公众舆论不可避免地成为现代大规模战争的必然结果。惟一的问题只在于，政府应该在多大程度上进行秘密宣传，又应该在多大程度上进行公开宣传。对国内的公众而言，如果采用隐秘的手段则会一事无成，并且，只要试图保密，那么所有相关人士的声誉都会遭受一定的损失。相反，当政府权威加诸宣传活动时，那么思想的传播能力将大大增加。如果在中立国和盟国公开进行所有的宣传活动，那不会有什么损失，除了一些无关紧要的例外（例如，一些宣传材料被偷偷带入临近的敌对国家），否则一定会在缺乏完全理解和信任的地方产生怀疑和不信任。因此，美国公共信息委员会将它们想在中立国境内做什么知会中立国政府的做法，无疑是正确的。

然而，大声向敌人宣告一名“对敌宣传总监”已被任命，则是一个糟糕的战略。正如1918年北岩子爵被委任该职时，赫伯特·塞缪尔爵士（Sir Herbert Samuel）在英国下议院所说的那样：

> 德国人很可能把北岩子爵视为《每日邮报》（*Daily Mail*）和《新闻晚报》（*Evening News*）的老板，正像我们看待雷文特洛伯爵（Count Reventlow）那样。如果我们听到德国政府发表一项官
> 16 方声明说，他们已经任命雷文特洛伯爵为负责对英国及协约国其他成员的宣传主管，那我们该作何感想呢？

原则上，如果我们假定交战国政府公开进行其宣传活动，那么宣传的组织问题就自然浮现了。应该由哪个机构来继续开展宣传工作？指挥的统一性又在何种程度上是实际可行的？继续进行战争的工作使得几个政府职能都投入到对某些信息流进行控制的行动中，而对国际态度的控制则在某种程度上与其他的政府公职有关。国内设有外交部，海外则派遣有外交、领事人员。国内有陆、海军部，海外则有陆、海军武官。还有总参谋部（the General Staff）和野战司令部（ the Field

Headquarters)。还有各种各样从事供给和国内管理方面种种问题的政府部门。仅仅是把这些部门列举出来就足以使人们想起一个非常明显的命题，即在每一个政府职能部门中，态度的影响都是不清晰的，并且，我们不可能把任何东西分割到这样一种程度，举例来说，以至于能把购买马匹这种活动归结到一个特殊部门去的程度。

不统一带来危险。外交部和野战司令部很可能对敌人发出相互矛盾的刺激，从而使整个瓦解敌人士气的宣传声名狼藉。国内的军人可能宣称要摧毁占领区里的公共建筑，然而这将使驻节中立国的外交代表惊惶失措。如果每一个政府职能部门都向公众发布自己的新闻，那么就会存在各种坏消息同时产生，并由此造成极度沮丧状态的可能性。关于海上损失，陆上损失及空中损失的新闻，有可能正好在面粉短缺， 17
并且正当令人不满的工资和物价问题激起国内报刊广泛报道之时到来。如果这条消息是通过一个中央情报交换所处理的，那么就有可能过一段时间再发布，并且会被整体局势中更好方面的消息所抵消。

不统一还会导致大量的重复劳动。例如，军方出版了与外交部相同的小册子，并且通过驻海外的武官散发，而此时外交部驻海外的专员已经散发过了，那么这并不会取得什么好的结果。在对整个宣传工作没有进行连续记录的地方，是很难根据宣传需要对一般政策做出适当修改的。某些部门与公开宣传相反的做法，也许会导致人们的不安和不信任，而且还有可能耽误将从事宣传工作的人员调到能够取得最大效果的地方。

这些危险的一部分有可能会被统一的危险所抵消。任何统一的计划都要冒侵犯某些部门自尊心以及毁掉士气的风险。如果对外和对内宣传的控制权被牢牢掌握在一个人的手中，那么对外宣传或者对内宣传就必然受到负责人个人偏见的影响。然而，这两种宣传的要求是如此的不同，只有罕见的集多种天才于一身的人，才能被指望将这两种 18
宣传的功效都发挥到极致。

若把统一与不统一放置在天平两边，那么指针似乎更倾向于统一这边，但是似乎应该深入考虑统一的宣传组织部门的自治程度。宣传组织可以采取怎样的形式呢？可以只有一个宣传主管，也可以有一个宣传主管委员会，每一位主管负责宣传工作的某一方面，如对敌宣传，对中立国和协约国的宣传，对平民的宣传，以及对作战部队的宣传。但无论如何，在训练营、前线、宿营地、舰船以及运输线上进行的宣传工作，一定会在很大程度上由陆军和海军当局管辖。第三种方法就是为全体部门组织一个共同记者招待会，但是为那些相关正规机构保留采取其他一切形式行动的权力，这些部门尤其包括外交部、陆军总司令部、陆军部和内政部。在上一次战争中，美国采用了第一种权宜之计，英国采用了第二种，而德国则采用了第三种。

美国参战后不久，就在总统的命令下任命了一个公共信息委员会。这个委员会由陆、海军部长，国务卿和乔治·克里尔先生组成。实际上，这相当于任命专门负责宣传的内阁成员，而由克里尔先生负责宣传事务的方方面面，既包括国内宣传也包括海外宣传。这种组织方式
19 的一个结果是赋予该委员会驻外代表利用这三个重要政府部门某些威望的权力，并且也满足了每一个部门的自尊。

美国的宣传体系在一锤定音之后就一直持续下去了，在整个战争期间都没有做任何大规模的改动，然而，英国的宣传体系则经历了错综复杂的长期变化。正如乔治·阿斯顿少将爵士（Major-General Sir George Aston）① 所写的：

> 各党派的政客都是生性多疑的人，他们不愿把钱托付给任何政府做宣传，因为他们害怕政府把钱花在为自己谋利益而不是为国家谋利益上。因此，议会的战争目标委员会是由来自所有党派的代表组成的。这个委员会被指定负责国内宣传，受到了许多批评。[2]

一个小部门在韦林顿馆（Wellington House）建立了对外名为“保险委员会委员”的办公室，负责准备宣传册和传单。韦林顿馆在宣传战线抛出了布赖斯报告（the Bryce Report），这是战时的一次胜利，但是报告中出现的绝大多数材料仿佛都证明，这个机构是私人而非官方机构。后来又建立了一个由梅尔先生（Mr. Mair）负责的电影委员会，但是这个委员会与内政部和外交部之间的关系一直都不确定。1914 年 8 月，一个新闻局（Press Bureau）开始筹备，不久被内政部接收。根据副外交大臣阿克兰先生（Mr. Acland）在议会的陈述，我们知道在此期间，外交部采取了以下一些举措：

> 20 我们正在采取步骤，确保不但为中立国新闻界提供所谓的严

---

① 乔治·阿斯顿（1861—1938），英国军人。

> 格意义上的新闻，还要供给他们那些在我们这里看来普通平常，但是对其他国家而言非常有趣的新闻，例如我国的情况、贸易信息、就业信息、征兵信息，以及我们国家中所有诸如此类会令我们的朋友确实感兴趣的情况。[3]

1917 年 1 月，新闻署（Department of Information）成立。巴肯上校（Colonel Buchan）① 负责 4 个分散的服务部门，并对战时内阁和首相负责。另外还成立了一个咨询委员会，该委员会由北岩勋爵、伯纳姆勋爵（Lord Burnham）②、罗伯特·唐纳德（Robert Donald）③ 先生和C. P. 斯科特（C. P. Scott）④先生组成。当北岩子爵继续执行他早先就被委派的对美宣传的任务时，比弗布鲁克勋爵（Lord Beaverbrook）⑤ 被任命加入该委员会。后来，乔治·里德尔爵士（Sir George Riddell）⑥ 也加入了该委员会。在这一体系下，宣传事务仍然一团糟，战时内阁的一名成员 E. 卡森爵士（E. Carson）⑦ 负责协调各个机构。陆军部为了进行反对德军及针对本国平民的宣传，组织了一个专门机构。最终，1918 年 2 月，比弗布鲁克勋爵被任命为新闻大臣（Minister of Information），并兼任兰开斯特郡大臣。与此同时，北岩子爵受命担 *21*
任对敌宣传司（the Enemy Propaganda Department）司长，还任命了对中立国宣传司司长、情报司司长以及电影宣传司司长。在经费方面，按道理北岩子爵应该对比弗布鲁克勋爵负责，但实际上他有权直接接触首相和战时内阁。把对敌宣传司设在英国战时使团（the British War

---

① 巴肯上校（1875—1940），英国记者、战时宣传家、小说家。1914 年 7 月即第一次世界大战爆发前夕在《布莱克伍德杂志》上连载小说《三十九级台阶》，战争初期加入秘密政府机构战时宣传局，1915 年成为英国陆军 5 名随军记者之一，1916 年为英军起草新闻公报。

② 伯纳姆勋爵（1862—1933），英国报业主。1903 年到 1927 年任《每日电讯报》发行人。

③ 罗伯特·唐纳德（1860—1933），英国报人。1893 年创办《城市杂志》，1902 年到 1918 年任《每日纪事报》主编。根据他的建议，英国政府成立了战时宣传机构新闻部。

④ C. P. 斯科特（1846—1932），英国报人。1871 年到 1929 年任《曼彻斯特卫报》主编。

⑤ 比弗布鲁克勋爵（1879—1964），出生于加拿大的英国报业主、政治家。1916 年获得《每日快报》控制权后发展成报团。

⑥ 乔治·里德尔爵士（1865—1934），英国报业主。1903 年到 1934 年任《世界电讯报》主席，1909 年受封为爵士，1918 年巴黎和会期间任英国代表团与新闻界的联络官。

⑦ E. 卡森爵士（1854—1935），英国律师、政治家。1916 年 10 月到 1917 年 7 月任海军大臣。

Mission）里的做法，使本已混乱的局面更加混乱了，因为北岩子爵早在几个月前就已经开始为对敌宣传工作了。一些非正式的协商会开始进行一些协调工作。后来成立了一个由北岩子爵负责的宣传政策委员会（Propaganda Policy Committee）。至此，宣传工作终于统一了，尽管这一结果的取得是以持续数年之久的令人厌烦的扯皮和重复劳动为代价的。[4]意大利人采取了同样的组织方式。

美国与英国宣传组织间最重要的区别是后者把对外宣传和对内宣传交给了同一等级的官员。当技术性细节允许时，英国的宣传体系显然并不区分北岩子爵和比弗布鲁克勋爵的工作，例如，他们都能直接接触首相和战时内阁。实际上，英国在处理对内、对英联邦、对中立国，以及对敌宣传问题上，对部门自治的必要性给予了同样的强调。由于英国政府要向各式各样极端不同的外国利益集团寻求帮助，采用这样的组织方式也就非常合理了，因为在宣传过程中出现的问题是非
22 常不同的。[5]美国人是到他们既不需要赢得中立国，也不需要加入一方反对另一方的时候才参战的。他们只有一个非常简单的宣传信息要传达（美国的准备；威尔逊式的和平），这完全可以置于一个行政官的控制之下，而不会有什么危险。

德国是进行宣传协调最少的国家。每个部门都我行我素，惟一的正式合作是在每周两到三次的记者招待会上。陆军部、总参谋部、海军部、战区（the District）军事当局、殖民部、邮政部、内政部、财政部、食品部，最后到外交部都会参加。主席之职大家轮流担任，而共同合作的新闻记者们则选举一个委员会代表他们发言。

军事当局必须从头开始他们的工作。[6]战争爆发之时，他们虽然也有一些宣传，但是只有一个官员与新闻界有联系。不过他们很快就发展起一种广泛的新闻服务，报道军事行动、编辑战地报刊、控制本国报纸采访军队的许可权，并进行反对敌国的宣传。

外交部在清除障碍采取行动方面一直动作迟缓，但是到 1914 年 10 月，当马恩河战役的失利让和平的指望变得遥遥无期时，外交部迅速创立了一个专门的外国报刊服务总局（Zentralstelle für Auslandsdienst）。
23 这是一个非常繁忙的部门，出版了蔚为壮观的大批宣传材料。

随着战争继续进行，军事当局和政府当局之间的冲突日益尖锐。当埃茨贝格尔（Erzberger）① 在 1917 年提出和平解决方案时，军方人

① 即马蒂亚斯·埃茨贝格尔（1875—1921），德国政治家。1918 年停战协定签字人。

士勃然大怒，正如他们在1916年得知贝特曼-霍尔韦格（Bethmann-Hollweg）① 伸出橄榄枝时那样。军事当局对关于和平的谈判没有丝毫耐心，他们只想要一个别人对他们言听计从的胜利者的和平。在柏林媒体对鲁登道夫（Ludendorff）② 进行的一次采访中，这些观点被直接展现在公众面前。左翼及中间派立刻就此发难，并指责军方试图干预政治。为了避免被党派炮火夹击，如他的前任一样，首相拒绝设立一个专门的宣传大臣。军事当局曾在三个不同场合提议建立宣传部，因为他们已经开始感受到协约国宣传的威力。最后，最高统帅部试图通过建立一个名叫德国战时新闻局（Deutsche Kriegsnachrichten）的专门通讯社，来直接接触国内公众，尽管这个机构受到了大报的反对，但它仍然取得了成功。在鲁登道夫将军的指导下，一个关于鼓励爱国的详细计划出炉了。该计划旨在影响老百姓和前线将士。[7]

还有其他一些尝试试图建立专门的宣传机构，用以协调德国对内、对外宣传活动，但是所有这些努力都失败了。一些老百姓自发组织了瓦格纳文化委员会，在战争的最初阶段用以散布亲德宣传，但是它的工作既缺乏威望也缺少技巧。德国的百姓以极度的热情努力填补政府 24
遗留的空白，然而这却让德国遭受了损害。兰普雷希特教授（Professor Lamprecht）轻蔑地谈到以下这种有教养的人：他“最有可能获得鹅毛笔，并且写信给他所有的外国朋友，告诉朋友们说他们没有意识到德国人是多么出色，而且还要经常加上一句说，在很多时候，他们的行为需要一些理由……而结果是可怕的”。1916 年，一些民政当局推举民间活动，希望组建“德国全国委员会”（Deutscher National-Ausschuss），但这仍然是一个民间组织。赫特林（Hertling）首相最终在1918 年 8 月采取了一些统一控制权的步骤，但是他所采取的措施既不充分也过于迟缓。

法国的宣传始终掌管在既有的外交、陆军和海军机构手中。有时他们会通过向海外派遣高级专员来补充对外宣传，这些高级专员集宣传、经济和其他多种功能于一身，其作用就好像其他权力机构联合派出的临时战时使团一样。新闻使团（*Maison de la Presse*）在国外公使

---

① 即特奥巴尔德·冯·贝特曼-霍尔韦格（1856—1926），德国政治家。第一次世界大战期间任首相。

② 即埃里希·鲁登道夫（1865—1937），德国将军。第一次世界大战中任德军总参谋长。著有《总体战》等。

馆派有他们的代表。[8]

当协约国共同作战时，协调它们的宣传和政策的问题就出现了。在上一次战争期间，直到停战的时候，协约国内部的协调还只处于非常初级的阶段。当北岩子爵在 1918 年 2 月成为英国对敌宣传司负责人
25 时，他召集了一个针对协约国内部宣传的预备会议。其中一位与会专家、《泰晤士报》的威克姆·斯蒂德（Wickham Steed）① 先生写道，法国海军部长的首席私人秘书亨利·穆瓦塞（Henri Moysset）先生发起言来就像是一个法国代表，并且一再强调创立一个“思考着的总参谋部”，用以统一协约国在敌国和中立国进行宣传活动的必要性。这次会议确实任命了博尔盖塞教授（Professor Borghese）（意大利）、斯蒂德先生和穆瓦塞先生，并希望他们能够在巴黎合作，但是据说由于穆瓦塞的嫉妒，这项工作没有全面展开。[9] 协约国在 1918 年 8 月举行了一次正式的协商会议，他们取得的最为成功的共识就是由设在意大利的最高统帅部作为协约国国际委员会。

尽管国际宣传活动的组织问题在上一次战争中并没得到很好的解决，但是协约国在其他一些计划中的经验足够揭示管理宣传活动时的合理原则。阿瑟·索尔特爵士（Sir Arthur Salter）②运用以上技巧反思了他在协约国间海运控制中的经验，并总结出在两个独立政府之间进行行政事务合作的条件。

> 必须在几个全国性行政部门中恰当的固定官员之间建立联系，而且还应当是经常的联系。尤为重要的是，这些官员应该在他们自己的部门中（只要可能的地方）持续行使行政权力，在受地理条件限制不能做到这一点的地方，这些官员至少也应该是专家，并且对行政事务一直享有决定性的影响力。这些官员还必须深受各自上司的信任，还必须与上司的政策保持经常接触，还必须能
> 26 在相当大的范围内影响上司的行动，而且他们还必须十分清楚自己影响力的局限性。[10]

---

① 威克姆·斯蒂德（1871—1956），英国报人。1896 年起供职于《泰晤士报》，先后任驻外记者、国际新闻主编和主编。1918 年初参加北岩的对敌宣传工作，著有《第五只手臂》、《弹指三十年》等书。

② 阿瑟·索尔特爵士（1859—1928），英国法官、政界人士。1904 年到 1917 年为保守党议员。

他断言，这些官员必须在足够亲密的关系下共同工作，以发展相互之间的信任或弄清相互之间信任的范围，他们还必须尽力发展关系，使得他们能够在不背叛本国政府的前提下，在本国宣传政策出台之前的早期阶段就能对其进行坦白的讨论。官方的正式接触也许最好由负责的官员们不定期的会晤来代替。国际代表的正式会晤应该只是为了批准业已达成的非正式协定。甚至并不重要的谈判也永远不该具有交易的性质。

索尔特认为，他所提议的那种安排是对行政部门中委员会职能划分的恰当解决方案。

> 如果一个由众人组成的委员会试图指导实际活动，但是每个成员都没有专门的职能，而且没有人有行政权力，那么就没有什么东西会比这样的委员会更没有效率了。但是如果许多人聚在一起，其中每个人都具有直接的行政权力，而且他能够在他所管辖的特殊领域里连续行使这项权力，并且这些人能够不时举行会议，用以统一他们的共同尺度，从而为了共同的计划，对这些尺度进行调整，然后，这些人回到他们各自的部门，把他们已经达成共识的计划付诸实施，那么这样的一个委员会将是一个实施合作行动的有效工具。

假设协调协约国内部宣传的问题能够得到圆满解决，那么我们或许能够把注意力回复到国内宣传的组织问题上。一旦认同宣传应当是 27
统一的，那么就出现了这样一个问题：宣传组织是否应该寻求通过业已存在的驻外外交机构来工作，或者为了这种宣传工作是否应该增派专门的人员。上一次战争的经验似乎表明，应该在海外设立专门的代理机构，尽管外交人员经常怨恨在外事领域出现的新同事。例如，维拉·B·怀特豪斯夫人（Mrs. Vira B. Whitehouse）就是被公共信息委员会派往瑞士的。美国驻瑞士公使馆的全体人员热情接待了她，但是由于她的指令界定含糊，公使馆的人员拒绝为她提供对于工作来说必不可少的认可与便利。直到怀特豪斯夫人进行了一趟特殊的华盛顿之行后，这种长期的、令人苦恼的、温文尔雅的暗中破坏活动才被克服。[11]

比起那些为了某种目的而招募专门人才的部门来，外交机构不大可能需要能够应付最新的、试验性较强的工作的人员，例如宣传工作所必需的人员。在另一些情况下，这种秘密行动的传统也会降低效率。美国公共信息委员会的策略是，向它打算在其领土上有所行动的中立国解释它的目的，这种做法令许多外交官震惊，因为这些外交官从来都是在秘密环境中接受训练的。

那么，从事宣传工作的人员具有怎样的特点呢？每一个主要分支机构的负责人，应该具有同政策制定官员们相同的威望。现在，政策制定和宣传应当一道工作，紧密联系。鲁登道夫将军对宣传活动机敏
28 的观察得到了人们普遍的认可，他写道：“好的宣传必须总是先于实际的政治事件。它必须做政策的领路人，并塑造公众舆论，但同时它又不能让别人看出来。”[12]对宣传家和外交官来说，可能发生的最糟糕的情况就是他们公开反对对方。在对这个问题的讨论中，一名英国下议院议员宣称：“最糟糕的事情莫过于在我们的外交事务中出现两种声音。”[13]

不仅要在政策的实际执行过程中给宣传家一个位置，还要让他们在政策制定过程中有一席之地，这一点是十分重要的。如果在政策制定过程中，缺少关于政策成功所仰赖的公众舆论状况的专门信息，那么政策的制定过程就是十分危险的。那些忙于宣传的人，每天以对比和权衡公众情绪的细微变化为己任。现在，对公众舆论状况进行评估的重要性还没有被人们充分认识到，除非有人催促这件事，而这些人的威望至少得跟那些在政策制定事务中有决策权的人一样。宣传部门的负责人不一定非要正式担任大臣或内阁成员之职，但是在实际中，他们一定要具有等同于大臣或内阁成员的影响力。

我个人以为，北岩子爵在英国扮演的角色正是这种情况的一个合理的推论。当他接管对敌宣传事务后，他很快就意识到，给那些至今尚不
29 确定并与政策相违背的问题一个强制的定论是十分重要的。英国政府和其他国家政府一起，向意大利人和南斯拉夫人做出了前后矛盾的许诺，现在是该对此做出澄清的时候了。他要求内阁采取断然措施并取得了巨大成功，以至于扫除了唐宁街和意大利的踌躇和犹豫，为针对奥匈部队的大宣传攻势争取了时间，最终取得了迫使皮亚韦河①战役推迟的效果。

根据威克姆·斯蒂德和坎贝尔·斯图尔特爵士（Sir Campbell Stuart）的说法，这场攻势原定于 1918 年 4 月打响，但是由于协约国的宣传瓦解了南斯拉夫军队的士气，它一直推迟到了 6 月底才进行。

在美国，克里尔先生缺乏威望这一事实并没有特殊的重要性。这

① 皮亚韦河发源于奥地利边境，流经意大利东北部，向南复向东南注入亚得里亚海。

个国家的外交政策是由威尔逊总统制定的，而这一政策恰好具有巨大的宣传价值。

宣传事务的领导人是否应该从最有影响力的报业主和主编中挑选呢？选择这样一个人肯定会在立法机关中招来烦人的抨击。在宣布了许多主编和报业主被任命在英国宣传机构中就职后，一位下议院议员起身质询道：

> 这表明，政府打算“收买”在伦敦的每一位主编［包括《快报》(*Express*)、《泰晤士报》(*Times*)、《每日邮报》(*Daily Mail*)、《晚邮报》(*Evening Post*)、《纪事报》(*Chronicle*) 以及其他一些主要报纸主编］吗？

奥斯汀·张伯伦 (Austen Chamberlain)① 先生的批评没有这么简 30
短，但更加睿智：

> 只要在你的政府中有一个成员是报纸老板，那么你就得对他在报纸上写些什么承担责任。你不会允许你的同事，当然也不会允许那位报纸老板，到公开场合发表有悖于女王陛下政府政策的演讲，或者攻击那些为女王陛下的政府服务的人。除了作演讲之外，你也不能允许他们撰写文章或者允许这样的文章出现在他们的报纸上。我的尊贵朋友与他的政府在公众的评判中永远都不可能泾渭分明，也永远不可能具有他们本应具有，我也希望他们具有的权威，直到他们能把事情向全世界说得十分清楚、公开、简单，并且中断与报纸的这种关系。[14]

首相劳合·乔治 (Lloyd George)② 先生通过把人们的注意力引向下列事实，将这种反对之声降到了最低：

> 适用于其他所有加入政府的公司领导人和职业人士的规则，必须同样运用在加入政府的报人身上，即一旦这两位大臣被任命，

---

① 奥斯汀·张伯伦 (1863—1937)，英国保守党领袖 (1921—1922)、外交大臣 (1924—1929)，1925 年获诺贝尔和平奖。

② 劳合·乔治 (1863—1945)，英国自由党领袖。1916 年到 1922 年任首相。

> 那么他们就放弃对其报纸的控制权。[15]

对此，张伯伦先生认为，不能把对私人公司的类推运用到新闻界：

> 如果接受大臣之职的规范，就意味着报纸必须牺牲其独立性，那么新闻界就丧失了自由，同时也就丧失了因为自由而享有的权威性。

在报章中对一些大臣级同僚发动进攻之后，他对一些不幸的巧合表示震惊：

> 政府发现，从此以后，再也不可能保留那些曾经遭受专门攻
> 31 击的官员了，而那些与这些攻击有关联的人们……在不久之后也
> 被发现，假使这样，他们的个人品质对政府的某些特殊部门来说
> 是必不可少的。[16]

劳合·乔治先生回复这些暗示说，他知道这些任命会引起争吵，而他的预料也是正确的。但是他发现，只有这些报人才能真正胜任这项工作。

报人的确是最可求的人选，但是并不一定非要选择最大报纸的老板和主编。可是如果选取了一个不那么出众的人，那么作为一个小人物，他很可能被人冷落。英国选择了相当于赫斯特（Hearst）① 的人物来进行对敌宣传；美国则选取了一个精力无限、但是名声不响的人。毫无疑问，任何有能力使自己出名的报业老板都招致了足以削弱其能力的仇视，记者和主编也是一样。正如张伯伦先生所提到的，最关键的一点是，地位卑微的记者至少不会因为这样的理由而被拒绝。因此，若在这一特殊事件上权衡利弊的话，似乎美国人的做法更为可取。

毫无疑问，新闻工作者所具有的品质是最适合宣传工作的。在世界大战中，宣传领域的明星几乎都是新闻工作者，尽管也有少数文学界人士，例如 H. G. 威尔斯（H. G. Wells）②，还有一些足迹遍布各地

---

① 即威廉·伦道夫·赫斯特（1863—1951），美国报业巨头，20 世纪二三十年代为美国最大报团老板，有“黄色新闻大王”之称，被指责在战争中采取亲德立场。

② H. G. 威尔斯（1866—1946），英国名作家。与北岩自小同窗，1918 年 5 月到 7 月在北岩手下任对敌宣传司德国处处长。著有科幻小说《时间机器》、《星际战争》和《世界史纲》等。

并且十分警觉的历史学家，例如塞顿-沃森（Seton-Watson）①，而且这
些传送宣传品的新闻工作者，基本上都不是社论撰稿人。他们是那些 32
主要从事新闻报道和编辑的人。北岩子爵其实本质上是一名新闻业者，而斯蒂德先生则担任过《泰晤士报》多年驻外记者。

新闻记者靠用简洁、生动的方式讲述他们的故事谋生。他们知道如何让大街上的普通人理解他们，并利用他们的词汇、偏见和热情。正如斯潘塞·休斯（Spencer Hughes）先生在英国国会下议院所说的那样，新闻工作者不会被约翰逊博士（Dr. Johnson）创造的术语“不必要的顾虑”所束缚。他们对文字和情绪有着良好的预感，他们知道公众不是被逻辑所征服，而是被故事所说服的。

在宣传活动中应该忌讳什么，德国的实践是最好的说明。替总参谋部掌管宣传工作的普鲁士官员是一位极其真诚并尽忠职守的绅士。然而，正如下面的事例所示，他实在是不称职。在柏林的一位美国报人认识他有一段时间了。在协约国就德国处决了卡维尔护士（Nurse Cavell）② 一事掀起宣传狂潮后不久，法国在几乎完全相同的情况下也处决了两名德国护士。然而德国的新闻界对此连声抱怨都没有。事后不久，这位美国报人见到德国这位负责宣传的官员时问道：

> 你为什么不在美国采取行动反击英国的宣传呢？
> 为什么？你说这话是什么意思？
> 就几天前法国枪杀的那些护士制造公众舆论啊！
> 什么？你让我们抗议？可是法国完全有权杀死她们呀！

当然，这位官员的想法可能是正确的，但是这种想法绝对不适用 33
于宣传。一位普鲁士官员不能简单地用一个无知百姓的纯真愤慨眼光去看待问题，但是平民的看法却具有最终的决定作用。

从事宣传工作的人员应该从那些对宣传对象了如指掌的人中挑选。“汉西”（真名叫魏茨）1914 年夏天逃往法国，以躲避德国当局因为他在德国进行煽动宣传而对他进行的惩罚。他组织了法国对德宣传，他

---

① 塞顿-沃森（1879—1951），英国历史学家，研究中欧和东南欧问题的专家，《新欧洲》杂志的创办者之一兼主编。

② 即伊迪丝·卡维尔（1865—1915），英国女性。1914 年在布鲁塞尔一家红十字医院工作后，帮助被俘协约国士兵逃亡，1915 年 8 月 5 日被德军逮捕，10 月 12 日被枪决。

那优美而地道的德语受益于他对当地典故的精通。他非常正确地总结道，宣传应该很好表达出宣传对象想要的任何东西。

俾斯麦（Bismarck）深知宣传风格的重要性，这让他在这一问题上大伤脑筋。他的宣传秘书布施（Busch）曾说起一篇他读给俾斯麦听过的文章。

> 这篇文章发表在《科隆日报》（*Kólnische Zeitung*）上，上面注有从巴黎发出的日期。他说道："是的，你正确表达了我的意图。就这篇文章的推理和所包含的事实这两方面来说，它写得不错。但是，没有哪个法国人会用这种富有逻辑的和井井有条的方式思考，尽管这封信会被人们认为是出自一个法国人之手的。所以，它必须包含更多的闲聊，而你在点与点之间的过渡也要更加随意。以一个巴黎文人处理类似情况时通常采用的样式写作这篇文章，给出他对他的政党应怎样对待德国问题一事的意见。"[17]

34 近年来的一些变化很可能会改变将来的宣传人事问题。随着宣传成为一种职业，现代社会正忙着培育大量专门人才，用来研究改变人们想法的方法和手段，或者迫使人们相信他们的信仰。正如在本研究开篇所提到的，宣传正在发展它的从业者、它的专家、它的教员以及它的理论。可以预见，政府将越来越依赖专业的宣传家给它提供建议和帮助。

然而，关于宣传组织的另一个问题是中央和地方分支机构间的协调问题。伯恩斯托夫大使（Ambassador Bernstorff）抱怨由柏林的德国人发往美国的材料不够充足：

> （德国的）新闻服务从来也没能使自己适应美国人的要求。德国在战争开始3个月后，发往美国的数量巨大的宣传品中都同样具有这样的特点：有些是德语写的，还有一些是用并不完美的英语写的。这些宣传品，如同这些新闻电稿一样，显示出对美国人民族心理的极度不了解。美国人的特点，我愿意再次重申，绝不是像德国人所想象的美国商人的枯燥和精明。普通美国人最突出的特征莫过于极度的多愁善感，尽管这种多愁善感也许是非常肤浅的。如果能够采用煽情的包装，那么没有什么新闻不能在整个美国大行其道。在德国入侵"可怜弱小的比利时"一事上，在枪

杀“英勇的护士”伊迪丝·卡维尔事件上，以及在其他事件上，我们的敌人都用极其精妙的手段利用了美国人的这一特点。但与此相对的是，掌管着柏林宣传事务的那些人，却几乎没有抓住敌人方面类似的事端大做文章，例如协约国入侵希腊，轰炸卡尔斯 35 鲁厄（Karlsruhe）① 的圣体节游行队伍，等等。还有一件本应对美国产生巨大影响的事，即我们的妇孺和老人饱受英国对德国进行饥饿封锁的折磨，当时对这件事的宣传，只要由仅具一般宣传技巧的人来进行就能取得不错的效果。然而，我们没有做任何努力以引起全世界的关注。[18]

他还抱怨柏林送来的是论据而不是新闻。

这分明就是身临现场者的个人意见。他觉得身处中央的人正在搅乱他们的工作。他自己急于利用他所谓的美国人心灵中的“多愁善感”，这使他得以怂恿了一场运动，然而这场运动最终归于失败，因为中央当局没有支持这场运动。伯恩斯托夫是这样记述这一事件的：

自从“卢西塔尼亚”号（*Lusitania*）② 事件后，我就采纳了这一原则，并在一切可能的地方将它付诸实践，即把宣传事务交给我们的美国朋友负责，他们能比我们更早得到消息，并且无论如何都比我们这些德意志帝国的官员们更了解美国人的心理。事实上，“德国宣传家”这一术语在美国已经变成一个骂人的用语了……“粮食运输公民委员会”建立起来了，它的活动遍布整个美国，而且公开亲德。这个委员会的一项特殊活动是在全美范围内进行一次为期一个月的宣传。由冯·马赫博士（Dr. von Mach）担任首席执行官的这个委员会，目的在于获得供应德国儿童牛奶的方法。英国人对德国进行的邮政管制，甚至导致人们建议建造潜艇，以突破英军封锁，为德国儿童运送牛奶的大胆计划。这次宣传被大部分美国报刊猛烈抨击，但是它仍然无畏地继续开展它的活动，募集资金，向（美国）国务院提交抗议书反对协约国的态度，等等。

---

① 德国城市。

② “卢西塔尼亚”号为一艘英国邮轮，1915 年 5 月 7 日被德国潜艇鱼雷击沉于爱尔兰海岸，造成 1 198 名船员和乘客死亡，其中包括 124 名美国人。

> 36 冯·马赫博士成功地让总统先生注意到了此事，而且还是让总统先生本人注意到，并承诺一定要让牛奶通过英国的封锁，安全抵达德国。因此，国务院命令美国驻柏林大使馆发表了一项声明。与此同时，极负盛名的美国新闻业者麦克卢尔（McClure）①，完成了对德国的调查旅行返回国内，他在德国受到了德国政府部门的全力支持。他就牛奶问题以及关于婴儿喂养的总体情况写了一篇非常有利于德国的报道，然而这篇报道首次引起了令人不快的争论。对此麦克卢尔采取了决不屈服的态度。然而不幸的是，国务院接着发表了一份同样有利于德国的关于牛奶问题的报告，这篇报告来自美国驻德国大使馆，并且是在得到柏林外交部的批准后才发表的，可就是这份报告导致了冯·马赫博士的彻底垮台。这一事件在美国留下了令人极为痛苦的印象，并使冯·马赫博士和整个运动遭到了一系列剧烈的攻击，从此笼罩在不幸的阴影之下。这份有利于德国的关于牛奶问题的报告是由 E. A. 泰勒（E. A. Taylor）博士起草的，并且一定是由德国当局批准的，事实上，也一定是由德国当局发起的。[19]

这位大使把这一事件归咎于中央政权对地方分支机构的不信任，然而他本人可能应该承担更大的责任，因为他应该知道，他所奉行的政策是令中央当局厌恶的。就这一事件而言，柏林方面似乎更有道理，因为他们知道大肆宣扬德国牛奶短缺，很有可能激起协约国顽强的斗志，并且尤其会使协约国加紧对德国的经济封锁。在美国的伯恩斯托夫明了情感诉求的价值，在这一点上他是正确的；但是他不愿让自己
37 的判断屈从于中央政权的判断，并不愿遵守关于禁止进行某种害处很可能大于好处的特定类型的宣传的命令。这一事件证明了中央机构人员和地方分支机构人员之间保持和谐关系的必要性，因为伯恩斯托夫在某些方面是正确的，而中央当局则在另一些方面是正确的。在绝大多数情况下，伯恩斯托夫得到的建议比柏林要好。和谐一致的关系取决于办事人员之间是否志趣相投，组织机制只能对其产生非常有限的影响。

到目前为止，关于宣传组织的讨论一直集中在宣传组织的行政管理问题上，在组织方面，没有什么问题比立法机关的控制与宣传机构

---

① 可能是 S. S. 麦克卢尔（1857—1949），美国杂志主编、业主。

之间的恰当关系更令政治学研究者感兴趣了。

宣传很容易被用来促进个人的和党派的目标，而要在合法公众利益附带的个人利益和并不能带来巨大公众利益的个人利益之间划定界限，那是非常困难的。一名英国议员曾经提请大家注意一本赞美首相的插图本传记，这本传记是作为英国战时宣传的一部分用公款印行的。[20]当然可以说，对于提升战时的民心士气来讲，对首相的信心是尤为必要的，因此这样一种花费是恰当而正确的。但是也可以说，这本书的语气过于阿谀奉承，而不能避免党派之争的嫌疑。

克里尔先生曾经因为说了“感谢上帝，美国对战争毫无准备”这 38
样的错话而招致麻烦。因为对共和党人来说，这可能是为民主党政权文过饰非最为露骨的言论了，由此一场激烈的辩论在国会爆发。雷尼(Rainey)① 先生赶来帮助这位四面受敌的公共信息委员会主席，他提醒众议院说，直到欧洲的战争爆发前两年，共和党人连续执政长达 16 年，那么如果主席先生感谢美国对战争毫无准备的话，那他对共和党人的感谢要远远多于对民主党人的感谢了。[21]

有时，扣压新闻似乎是为了公众利益，但是这种事情也很容易被当权者滥用以避免批评。立法机关总是以怀疑的眼光看待任何党派秘密的蛛丝马迹。当美国的航空计划遭到一些人的质疑时，公共信息委员会就在这段时期内散发了某种飞机的照片，这些照片上还印有如下文字：“我们的工厂已经达到了批量生产的能力，尽管已经有数百架飞机被运走了，但是很快就会有成千上万架。”非常明显，如果这种新闻在美国百姓中流传，那么公众就会对那些仍在谴责政府航空政策不利的参议员们不耐烦了。[22]于是，参议院中的共和党人把他们攻击的炮火转向了公共信息委员会。委员会则声称，他们的乐观是建立在飞机 39
制造当局提供的权威信息之上的。这看起来是真的，但其实毫无疑问，这一报道向公众传播了一种夸张的概念。

在另一事件中，有很好的初步证据表明，海军当局曾经涉嫌利用公共信息委员会误导公众。1917 年 7 月 4 日，公众正在庆祝美国的运输船终于到达大西洋彼岸，尽管“遭受了德国潜艇的两次攻击”。而美联社（Associated Press）一位曾上过运输船的记者发回报道，大意说

① 即亨利·T·雷尼，美国律师、政界人士。1903—1921、1923—1934 年任美国众议员，1933—1934 年任众议院议长。

海上风平浪静，运输过程平安无事。就连像《纽约时报》（*New York Times*）这样的政府喉舌也要求政府当局对此进行解释。共和党人则对该委员会、海军当局以至于整个政府发动了一场声势浩大的严厉声讨。后来终于水落石出，原来运输队是分成四组前进的，其中两组一切顺利，但是另外两组遭遇了潜艇袭击。[23]在这一案例中，公众情绪被看似虚假的情况彻底扰乱，而国会及时公开它的怀疑也是正确的。但是国会以这种无礼的方式来质疑，其实是旨在减少公众对负责战争的当权者的廉洁和能力的信心。

正如温斯顿·丘吉尔（Winston Churchill）赞同的，新闻检查（Censorship）阻碍或禁止对法国与英国以外的指挥官进行“颂扬”“当
40 然是重要的”[24]。但这就使得罢免总司令变得异常困难，因为即使有充足的理由也难以悖逆民心。在“一塌糊涂 K 勋爵”的缺点已经广为消息灵通人士所知后的很长时间内，英国的普通百姓仍然对基钦纳（Kitchener）① 的期望极高。法国人民则长期仰仗霞飞（Joffre）② 元帅，尽管专家们早就开始把他的迟钝视为愚蠢，把他的镇定视为麻木。为了发明让这些领导人明升暗降的巧妙方法，以便为其他更有能力的人扫清道路，立法机关和内阁殚精竭虑。因为他们必须把对能力的要求和公众的信心协调起来。

滥用宣传机构的另外一个危险是，公共宣传可以被用来谋求商业利益和阶层目的。利夫·琼斯（Leif Jones）先生曾在议会对英国新闻部进行抨击，他的矛头直指一些可疑之处。首先他指出了该部门中最为显赫的人物与商界的联系：

> 比弗布鲁克勋爵……是 7 家公司的董事（据说他已退出对这些公司的实际控制）……斯纳格（Snagge）先生是该部的国务秘书，但他又是 9 家公司的董事，并且主要对橡胶感兴趣。汉布罗（Hambro）先生是斯堪的纳维亚和西班牙信息主管，但他同时还是议员、银行家、铁路公司董事。……吉尼斯（Guinness）先生负责对瑞士宣传，同时还掌管 9 家公司……布赖恩上校（Colonel

---

① 即霍雷肖·赫伯特·基钦纳（1850—1916），英国陆军元帅。1914 年到 1916 年任英国陆军参谋长，1916 年访问俄国途中随“汉普郡”号舰沉没身亡。

② 霞飞（1852—1931），法国军人。1911 年到 1914 年任法军总参谋长，1914 年到 1916 年任法军总司令。

> Bryan）协助对美宣传，他又是6家公司的董事，主要从事航运和造船。加洛韦上校（Colonel Galloway）是负责联谊事务的副主任，但他同时还是5家或6家公司的董事……坎利夫·欧文先生（Cunliff Owen）则是36家公司的董事，我听说它们都是一家大型烟草托拉斯的分公司，而坎利夫·欧文先生同时是这家托拉斯的 41
> 副董事长。正是这位先生被任命为主管针对包括日本在内的整个亚洲及远东的宣传。

他接着阐述了他谈话的要点：

> 我有一部非同寻常的电影拷贝，而这部电影现在正在上映……片名叫《一次为虐，终生为恶》。第一个镜头描述了两个德国士兵身处法国一个被摧毁的小镇。他们遇到一位怀抱婴儿的妇女，并把这位妇女打倒在地。后来，这两位德国士兵逐渐变成了两个旅行推销员，战后出现在英国的一个村庄里。其中一个推销员走进一间很小的乡村杂货店，并开始向店主推销一个平底锅。一开始，这位店主被这位推销员提出的交换条件打动了，正在这时，店主的妻子走了进来，并把锅翻了过来，发现上面刻着“德国制造”的字样。于是她好好地羞辱了这位旅行推销员一番，并把警察叫来，他们命令这个德国佬滚出商店。闪现在银幕上的最后一句提示的大意是，战后我们也不可能与这些人进行任何交易，在这一声明的下方是“新闻部”的字样。关于战后贸易政策的问题应该由这个国家来决定，在我们甚至还没有机会讨论政府政策之前，我希望新闻部不要试图决定这项政策。[25]

这一抨击不仅仅是影射了资本家利益集团收买国家宣传，还指责新闻部在立法机关尚未决定一项政策之前就把它提交给国民了。北岩子爵在战争末期发表的一项著名声明与此次抨击具有某种相似的重要 42
性。北岩子爵是某个委员会的成员，这个委员会是由英国内阁任命的，其任务就是要发展一套和平术语（战争目标）。他与战时内阁、海军部、陆军部、战争目标委员会以及官方新闻局（the Official Press Bureau）的代表举行了会谈。得到一致同意的那套术语，是北岩子爵于1918年10月22日在向造访伦敦的美国官员致词时首次公开的。接着这套术语刊登在11月4日的《泰晤士报》上，标题是“从战争到和平”。从那之后，这套术语被广为复制，传到了全世界。

宣传总是可能损害社会中某个少数阶层的处境。英国议会中的爱尔兰议员因为新闻部对美宣传的某些方面而向它提出了抗议。德夫林(Devlin)① 先生宣称：

> 其中一本书是由伊恩·海（Ian Hay）写作并在美国出版的，它名叫《受压迫的英国人》（*The Oppressed English*）。这本书的出版费用是由新闻部承担的……尽管它在美国各地发行，但是在本国却被禁止出售，因为它从头到尾都充斥着谎言。[26]

由于上一次战争中民主国家的宣传机构大多是新生事物，因此对它们开支的立法控制起初非常混乱。英国的宣传资金主要来自于为“女王陛下的外交和其他秘密情报机构”提供的补给拨款。克里尔领导的宣传机构起初是根据美国总统行政命令（Executive Order）而组建的，经费来源于拨给总统用于国防总动员的那 1 亿美元。当克里尔机构所受到的辱骂上升到了暗讽与不信任的顶峰时，克里尔先生决定通过向国会申请专项拨款，迫使拨款委员会对他的机构进行一次调查。在一次持续了整整三天的听证会后，拨款委员会签署了 125 万美元的拨款，并且肯定了该机构过去的功绩。[27] 以后，很有可能从一开始就为宣传工作专门拨款。

43

在上一次战争期间，立法机关对宣传事务管理的细节问题的讨论是非常自由的。T. P. 奥康纳（T. P. O'Connor)② 先生急于去除令人头痛的书报检查制度，这项制度从战争爆发时就开始实行，并引起了美国报人的极大反对。1914 年 9 月他宣称：

> 世界上并没有公众舆论，因为人们被告知的关于战争的原因，此次战争的事件，或者此次战争的原则，仅仅是美国对这些事件的看法。[28]

---

① 即约瑟夫·德夫林（1871—1941），爱尔兰政治家。1902—1922、1929—1934 年为英国议员。

② T.P. 奥康纳（1848—1929），英国记者、政界人士。1902 年创办《T. P. 周刊》，1917 年任首任电影检查官委员会主席。

经常有人抱怨英国在中立国的宣传总是滞后于德国。

在众人对公共信息委员会工作的批评中，美国国会从来都不会沉默寡言的。洛奇（Lodge）参议员对德国的和平宣传发出了严肃的警告，并对由委员会发行、克里尔先生作序的一本名为《关于战争的两 44
千个问与答》（*Two Thousand Questions and Answers about the War*）的书进行了抨击。国家安全联盟（the National Security League）的一位官员称这本书成为了“对德宣传的杰作”，而洛奇先生则提请参议员们注意该书。克里尔先生辩解道，他在为该书作序的时候，并没有阅读它；他是从艾伯特·肖（Albert Shaw）先生那里得到这本书的，而肖又是从一位绝对可靠的英国人那里得到该书原稿的；当他经人提醒注意到该书的某些章节时，他变得非常不安，并且正在修改这些地方。[29]

还有一次，在战争中充当某种暴行纠察员角色的波因德克斯特(Poindexter)① 参议员指责公共信息委员会为德国辩护，因为该委员会曾经以自己的名义发表了一份声明，公开抨击关于一名美国士兵曾被德国人虐待的报道。[30]来自威斯康星州的伦鲁特（Lenroot)② 参议员为该机构辩护说：

> 有一种一般的推论，认为这种情况（酷刑和类似的暴行）是很普遍的做法。如果实际情况不是这样，那么我想也应该是由陆军部来否认它。这些孩子的父母现在已经饱受折磨，因为没有人告诉他们，其实所有可能被捕的美国士兵都会遭受这种难以名状的侮辱。

立法机关的会议记录中充斥着对宣传机构人员的抨击。大部分批评的要旨或许能够通过仔细阅读在国会针对克里尔先生的以下发言来 45
获得：

> 彭罗斯（Penrose）先生（来自宾夕法尼亚州的参议员）：我不明白我们为什么要准许一个像克里尔先生这样的人在政府部门任

---

① 即迈尔斯·波因德克斯特（1868—1946），美国律师、政界人士。1908 年进入国会众议院，1910—1922 年任参议员。

② 即欧文·卢瑟·伦鲁特（1869—1949），美国律师、法学家、政界人士。1908—1918 年任众议员，1918—1926 年任参议员。

职，并出版发行公关宣传年鉴，而他早已背上叛国的恶名了。再比如，前几天还在他身上读到他对美国宪法粗俗而恶毒的诽谤。[31]

朗沃思（Longworth）先生（来自俄亥俄州的众议员）：议长先生，如果因为我阐明了这个人在前天侮辱了美国人民的爱国精神，在今天他又侮辱了美国国会，而应对本届众议院或任何人致歉的话，那么就是我在这一过程中的言辞过于温和了（掌声）。[32]

谢尔曼（Sherman）先生（来自伊利诺伊州的参议员）：国会被一个公共官员蔑称为贫民窟，而这个公务员是由总统行政命令造就的，并且由他所中伤的机构拨款供养……从此之后，任何奴颜婢膝的副掌烛侍者都可以随意斥责我们了。任何因内心的妄想不断膨胀而痛苦的腐败堕落的自私自利者从今以后也许就能够抛开国会了，并以充足的信心要求拨款供养他，因为现在的先例可以为以后的任何事情提供理由。[33]

国会的豁免权被如此肆意使用，迫使克里尔先生不得不说话：

天可塌，地可陷，但是一名国会议员撒谎和诽谤的权利仍然是不可侵犯的。[34]

北岩子爵和其他在英国的人也卷入了这种极为激烈的责难，但是英国议会中的言行比起美国国会中的要克制而庄严得多。

46 通过对立法机关和宣传机构之间关系的回顾，我们发现有大量的证据表明，两者间极易产生误解、批评和怀疑。除非立法机关是消息灵通并善于批评的，那么宣传机构很可能被利用来达成党派的、个人的和阶层的目的；如果立法机关的批评过多，那么公众对其领袖的信心可能会遭到破坏，而士气则会遭到削弱。要取得令人满意的折中路线，以人自身的特点来说是不太可能的，因为这取决于立法机关的自我克制。惟一的希望在于行政官员与立法者之间秘密而非正式的联系，加上立法者对宣传的恳求，如果立法者们能够说服自己的良知认可这种行为的话。在餐桌上、俱乐部里、休息室内或是街角上的私下解释则是庞大而复杂的政府机器的润滑剂。[35]

至此，我们完成了对战时宣传组织对国际态度的影响这一问题的考察。在下一章里，我们将会略述心理诉求的本质，因为心理诉求似乎是达成以下目的——煽动对敌人的仇恨，保持与盟国和中立国的友好关系，并且瓦解敌人士气——所必不可少的。

【注释】

[1]《美国国会记录》(*U. S. Cong. Rec.*)，第65届国会，第二次会议，7915页。

[2]《宣传与宣传之父》(*Propaganda and the Father of It*)，《科恩希尔杂志》(*Cornhill Magazine*)，N. S.，48卷，233～241页。

[3] 66*H. C. Deb*，5s.，col. 549，9 September，1914.

[4] 外交部小集团对比弗布鲁克所领导的部门的态度，在匿名著作《权力的盛况》(*The Pomp of Power*)中有所体现。作者叙述道，一群外交事务专家拒绝在比弗布鲁克的领导下工作，而是转移到外交部工作。比弗布鲁克依赖加拿大人，而"这些加拿大人从事外交活动的经验，以及对外语的掌握都像他本人一样有限"。比弗布鲁克在《政治家与新闻界》(*Politicians and the Press*)一书中讲述了自己的经历。英国驻法国大使伯蒂勋爵（Lord Bertie）曾哀叹，外交部在两年时间里（1917年前）都没能在法国建立一个新闻局（《1914—1918年日记》，Ⅱ：203）。

[5] 与上一点联系起来时，这一点尤为明显。

[6] 尼古拉抱怨德国国会（Reichstag）没有给他们足够的钱，以至于德国没能在战争开始之前就建立一个令人满意的新闻部门，因为"在和平时期，新闻机构总被人们视为党派斗争的工具"[尼古拉：《通讯社、报刊与公众舆论》(*Nachrichtendienst, Presse u. Volksstimmung*)，53页]。

[7] 尼古拉1927年7月29日的备忘录。见尼古拉书119页脚注。

[8] 1918年春，在教育和美术部长的指导下，成立了一个在国外进行艺术宣传的委员会。除了新闻使团的成员外，还有来自像上层人士联谊会（*Chambre syndicale de la haute couture*）这样非官方组织的成员。(《官方公报》(*Journal Officiel*)，1918年3月8日。)

[9] 斯蒂德：《弹指三十年》(*Through Thirty Years*)，第2卷，196页。

[10] J. A. 索尔特：《协约国间的船运控制》(*Inter-Allied Shipping Control*)，257页。

[11]《替政府当代表一年》(*A Year as a Government Agent*)讲述了这个故事。

[12] 见《个人回忆录》(*Meine Kriegserinnerungen*)，284～313页。

[13] 109 *H. C. Deb*，5s.，col. 987.

[14] 103 *H. C. Deb*，5s.，col. 657.

[15] 104 *H. C. Deb.*，5s.，col. 40.

[16] 104 *H. C. Deb.*，5s.，col. 76.

[17] 布施：《俾斯麦》(*Bismarck*)，第1卷，8页。

[18]《使美三年》(*My Three Years in America*)，53页。

[19] 伯恩斯托夫书，259页。

[20] 109 *H. C. Deb.*, 5s., col. 978.

[21]《美国参议院记录》，第 65 届国会，第 2 次会议，4859 页。

[22]《美国参议院记录》，第 65 届国会，第 2 次会议，4254 页脚注。

[23]《美国参议院记录》，第 65 届国会，第 1 次会议，4811 页脚注。

[24] 温斯顿·丘吉尔：《1916—1918 年的世界危机》（*The World Crisis*, 1916—1918），第 1 卷，12 页。

[25] 109 *H. C. Deb.*, 5s., cols. 95 5ff.

[26] 109 *H. C. Deb.*, 5s., col. 1029.

[27]《众议院 1168 号文件》（*H. Doc.*, No. 1168），第 65 届国会，第 2 次会议；《美国参议院记录》，第 65 届国会，第 2 次会议，7910 页脚注。

[28] 66 *H. C. Deb.*, 5s., col. 759.

[29]《美国参议院记录》，第 65 届国会，第 2 次会议，1037 页脚注。

[30]《美国参议院记录》，第 65 届国会，第 2 次会议，9056 页脚注。

[31]《美国参议院记录》，第 65 届国会，第 2 次会议，4827 页。

[32]《美国参议院记录》，第 65 届国会，第 2 次会议，4974 页。

[33]《美国参议院记录》，第 65 届国会，第 2 次会议，8990 页。

[34] 克里尔：《我们如何为美国做广告》（*How We Advertised America*），52 页。

[35] 能够由宣传完成的达成财政评估的问题将在随后的章节中讨论。

第三章　战争罪行与战争目标

在现代国家中，人民对战争的抵触情绪是如此强烈，以至于每一场战争都必须以抵御危险而残忍的侵略者为借口。公众憎恨的目标必须清晰而明确。战争的起因不能归结为处理国际事务的整个世界体系，也不能归结为整个统治阶级的愚蠢或恶意，而只能是因为敌人的贪婪。罪恶与无辜必须有地理上的划分，而所有的罪恶都必定属于边境的另一边。如果宣传家打算鼓动人民的仇恨，那么他必须确保所有发出的信息都是在确立敌人应为战争负完全责任。这一主题必须始终是宣传的核心思想，虽然在某些偶然情况下也可以偏离这一主题，对此我们将在后文中详细阐述。

西欧各国政府从来也不能肯定，在他们的政权管辖范围内的那些具有阶级意识的无产阶级是否会响应战争的号召。1914 年以前，社会民主党党员在德国的增加，反爱国主义风气在法国的流行，以及工人领袖在英国的崛起，都让欧洲的统治阶级心中充满了不祥的预感。可以很容易地预见到，对战争的动员会被一场总罢工阻挠，而且很有可能触发一场社会革命。

48 说到无产阶级情绪的不确定，还必须加上协调舆论的无法确定。1914年，当危机在英国加剧的时候，内阁中的强势势力、自由党、知识分子，甚至金融界，反对英国介入对法国进行援助的呼声就立刻变得非常明显。左翼自由党的喉舌——《每日新闻》（*Daily News*）的专栏，另一份自由党报纸《曼彻斯特卫报》（*Manchester Guardian*），以及《劳工领袖》（*Labour Leader*）上充满了反对英国参加欧洲大陆上即将到来的战争的读者来信、社论和声明。

让我们回忆一下7月29日充满忠告的《每日新闻》吧：

> 我们为和平所能做的最有效的事情就是明确：英国不会为了俄国在斯拉夫世界的霸权而牺牲任何英国人的生命。

第二天，它又写道：

> 法国、英国和意大利的自由人民应该拒绝被卷入这场王朝战争的漩涡。

8月1日的《每日新闻》刊登了一篇言辞激烈的抗议，反对英国的参战主张，这篇文章的署名是鼎鼎大名的“A. G. G.”，文章的标题则是“我们为什么必须不参战”。

> 在北岩子爵、斯特雷奇先生（Mr. Strachey）[1]、马克西先生（Mr. Maxse）及军国主义者们多年来不遗余力的宣传下，这个国家已经被反对德国的思维体系所征服，而对实际情况视而不见。可是在广阔的世界范围中，我们在哪里与德国有利益冲突呢？哪儿都没有。实际上，我们与俄国在整个东南欧地区和南亚地区有着潜在的冲突。

49 伦敦大主教、J·拉姆齐·麦克唐纳（J. Ramsay MacDonald）[2]、

---

① 即利顿·斯特雷奇（1880—1932），英国传记作家、评论家。以所著《维多利亚女王时代四名人传》和《维多利亚女王传》而闻名。

② J·拉姆齐·麦克唐纳（1866—1937），英国政治家。第一位工党政府首相（1924、1929—1931）。

基尔·哈迪（Keir Hardie）[1]、托马斯·哈代（Thomas Hardy）[2]、J.J. 汤姆森（J.J. Thomson）[3]、吉尔伯特·默里（Gilbert Murray）[4]和其他许多名气稍小的人以各种不同的理由反对英国帮助法国和俄国。他们当中的绝大多数人都不是无产阶级国际主义者，大多是以英国的国家利益为借口反对战争的。他们当中的很多人都指出战争在某些环境下可以是合理的，但是在现在这个下定决心的关头，他们认为这种时机尚未到来。现在很难设想由于对战争和残忍的厌恶而产生的对国家利益的不同解释，不会积淀成分歧和论战。至于协调各方意见的框架则很容易迟迟不见，而现实中也有很充足的理由任其拖延。

当迫在眉睫的战争使得某些商业和银行界大受影响时，它们也试图制止战争。例如像施派尔家族（the Speyers）和波恩家族（the Bonns）这样的国际银行家，在第一次和第二次摩洛哥危机[5]期间起到了遏制作用这一点是众人皆知的。另一个不太典型的例子就是伦敦《泰晤士报》的威克姆·斯蒂德（Wickham Steed）也曾对那些滥用政治权力的人，施以类似的压力。1914 年摩洛哥危机期间，《泰晤士报》的金融新闻主编休·齐泽姆（Hugh Chisholm）[6] 先生被伦敦城内最大的一家金融公司的总裁紧急约见。金融家直截了当地告诉主编先生，《泰晤士报》上鼓励战争的社论必须停止刊登；伦敦城已经到了毁灭的边缘，这种情况是前所未有的；严守中立是英国惟一应当采纳的方针；
他刚刚给他在巴黎分公司的负责人写了一封信，在信中他发出警报说， 50
他在英格兰银行（the Bank of England）里只有 10 亿英镑了，在伦敦联盟（the Union of London）和史密斯银行（the Smith's Bank）中也只有 80 万英镑用于偿付约定的款项，债券的利润又是如此微薄，因此

① 基尔·哈迪（1856—1915），英国工人运动活动家。先后参加创建苏格兰工党、独立工党和英国工党。

② 托马斯·哈代（1840—1928），英国小说家、诗人。代表作为小说《德伯家的苔丝》和《无名的裘德》以及历史诗剧《列王》。

③ J.J. 汤姆森（1856—1940），英国物理学家。

④ 吉尔伯特·默里（1866—1957），英国古典学家。著有《希腊史诗的兴起》等。

⑤ 1904 年，法国和西班牙缔结秘密瓜分摩洛哥的条约。1909 年，摩洛哥里夫部族袭击西班牙工人，西班牙军队受挫，导致法军采取行动，是为第一次摩洛哥危机；德国炮舰“豹”号驶抵摩洛哥，大有与法国开战之势。但德法通过谈判避免了战争，德国以承认法国对摩洛哥的控制获得法属刚果部分领土，是为第二次摩洛哥危机。

⑥ 休·齐泽姆（1866—1924），英国记者和《大英百科全书》主编，1913 年到 1920 年任本市暨金融新闻主编。

他希望巴黎分公司不要再把任何支票和账单转到他这里来了。这种压力也许加重了《泰晤士报》的负担，但是《泰晤士报》最终并没有屈服，尽管内阁中的一些人的确被这种游说深深打动了。[1]

要想改变这种不利的趋势，就必须采用一切办法。要确定某一个国家为敌人，或许需要通过三条推论。在危机时期（不管是公开的危机还是秘密的），该国总是首先进行动员并且实施战争行为，而它这样做，就揭示出它有迫使事态结束的邪恶愿望。此外，该国总是在两国关系最终破裂之前的激烈谈判中，竭力把另一方的政府摆在侵略者的地位，从而使其受到控告。除了以上这些，还必须有该国违反法律、实施暴力和心存恶意的记录，而这些都是证实该国打算伤害和摧毁我们的确凿证据。

一份典型的起诉书是由巴黎报业中“五大报”之一的《小新闻报》（*Le Petit Journal*）起草并刊登在8月3日一期上的。它以“马基雅维利主义的两面性”为标题来解读战争。德国默许了让塞尔维亚无法接受的最后通牒，另一方面又假惺惺地声称自己渴望和平。它还试图通
51 过敦促法国向俄国施压，而它自己却拒绝向奥地利施压，来分裂协约国。它还试图通过让法国拒绝与俄国结盟，或者宣称法国愿与俄国作战，从而使得法国在英国人眼中处于侵略者的地位。在德国断绝与法国的外交关系之前，它就已经公然表示了自己对法国的敌意并侵犯了法国的领地。它还不顾自己答应保护比利时的庄严承诺，践踏了比利时的中立。正是这些行径，表明了德国正在完全按照自己做事野蛮无情的历史传统行事。而腓特烈大帝（Frederick the Great）① 和玛丽亚·特蕾萨（Maria Theresa）② 的掠夺正是这一传统的典范。

对于那些在公众心目中以追求真理为旨趣、信誉极高的历史学家和其他专业人士来说，这篇檄文意义非凡。在上一次战争中，一篇由德国93位最杰出的知识分子签署的享誉一时的宣言，使德国学者也具有了这种荣光。附在那篇文件之后的名字有：埃尔利希（Ehrlich）③、

① 即腓特烈二世（1194—1250），西西里王国（1198—1250）、德意志王国（1212—1220）和神圣罗马帝国皇帝（1220—1250），发动第六次十字军东侵（1228—1229），占领耶路撒冷。

② 玛丽亚·特蕾萨（1717—1780），奥地利女大公、匈牙利和波希米亚女王（1740—1780），神圣罗马帝国皇帝弗兰西斯一世的皇后，扩充军备，实行内政、教育等改革，参加七年战争（1756—1763）并瓜分波兰。

③ 即保罗·埃尔利希（1854—1915），德国细菌学家，化学疗法的创始人。

贝林（Behring）①、伦琴（Röntgen）②、奥斯特瓦尔德（Ostwald）③、哈纳克（Harnack）、施莫勒（Schmoller）、勃伦塔诺（Brentano）④、能斯脱（Nernst）⑤、豪普特曼（Hauptmann）⑥、苏尔德曼（Sudermann）⑦、倭铿（Eucken）⑧、冯特（Wundt）⑨、爱德华·迈尔（Eduard Meyer）、兰普雷希特（Lamprecht）、维拉莫维茨（Wilamowitz）、洪佩尔丁克（Humperdinck）⑩、赖因哈特（Reinhardt）⑪ 和利伯曼（Liebermann）。严肃的历史学家和新闻记者联合著书阐明了德国的敌人应当承担的责任，正像由 A. O. 迈尔（A. O. Meyer）、恩斯特·雷文特洛伯爵（Graf Ernst Reventlow）、R. 内贝斯贝格（R. Nebersberger）、C. H. 贝克尔（C. H. Becker）、G. 金策尔（G. Küntzel）、F. 美内克（F. Meinecke）⑫ 合著的《对大战的历史认识》（*Zum geschichtlichen Verständnis des grossen Krieges*，第 2 卷，柏林，1916）一样。由于俄国在东方遭到日本的羞辱，那么俄国在欧洲的进一步方针，法国的复仇热情，及英国对德国扩张的嫉妒都是解读此次战争的要点。针 52
对冲突而立刻展开的外交活动显示出俄国在法国的暗中鼓励下，已经在利用塞尔维亚的复杂情况挑起一场全面战争了。俄国首先进行了战争动员，并且像法国一样，在与德国断绝外交关系之前，就已经侵占了德国的领土。满心嫉妒的英国人表面上奉行中立，但实际已经抓住机会压垮了竞争者，虽然受到秘密谅解备忘录的制约，但是英国必须不惜任何代价，哪怕牺牲所有的道德和礼仪规范，也要确保其在海军和商业上的霸权。

法国—比利时边境上爆发的危机是如此突然，并造成了毁灭性的后果，因此几乎不需要仔细解释谁是战争的煽动者。然而德国需要就

---

① 即埃米尔·阿道夫·贝林（1854—1917），德国医学家。

② 即威廉·康拉德·伦琴（1845—1923），德国物理学家，X 射线的发现者。

③ 即威廉·奥斯特瓦尔德（1853—1932），德国化学家，1909 年诺贝尔化学奖获得者。

④ 即弗朗茨·勃伦塔诺（1838—1917），德国心理学家、哲学家，意动心理学创始人。

⑤ 即瓦尔特·赫尔曼·能斯脱（1864—1941），德国物理化学家。因提出热力学第三定律而获 1920 年诺贝尔化学奖。

⑥ 即格尔哈德·豪普特曼（1862—1946），德国剧作家，1912 年诺贝尔文学奖获得者。

⑦ 即赫尔曼·苏尔德曼（1857—1928），德国作家，德国自然主义运动代表人物之一。

⑧ 即鲁道夫·倭铿（1846—1926），德国哲学家，1908 年诺贝尔文学奖获得者。

⑨ 即威廉·冯特(1832—1920),德国生理学家、心理学家,实验心理学奠基人。

⑩ 即恩斯特·洪佩尔丁克（1854—1921），德国作曲家。

⑪ 即马克斯·赖因哈特（1873—1943），奥地利导演，柏林小剧院创始人。

⑫ F. 美内克（1862—1954），德国哲学家和历史学家。

此次战争向西方世界进行解释，因为他们在别国的领土上，是一个显而易见的侵略者。正是在英国，由于其领土未受侵犯，由于在决定欧洲大陆命运的骰子投下之后是战是和的问题在许多痛苦的时间里仍然是个未知数，因此讨论和合理化起了重要的作用。在《泰晤士报》7月31日的文章之后，为了巧妙地迎合国家利益，就必须向社会中较为能言善辩的成员传达这种信念，即德国应当被视为直接而巨大的威胁。它是这样论述的：

> 德国在比利时境内挺进，直抵法国北部，这很可能使德国获得安特卫普（Antwerp）、弗拉辛（Flushing）①，甚至敦刻尔克（Dunkirk）和加来（Calais），而这些领土很可能成为德国攻击英国的海军基地。没有一个英国人能够对这样的偶发事件熟视无睹。但是，如果情况仅仅是偶然的，那么英国为什么不在清楚情况之
> 53 后再采取或准备采取行动呢？这些天来，英国的突然决定和更加突然的行动，很有可能使英国在法国被德国在北部击败后没有时间采取任何可能取得成功的行动……甚至德国的海军也应该按兵不动，德军占领比利时和法国北部将对英国的安全造成致命的打击。之后，我们不得不在没有盟国的情况下，独自承担保持对德海上优势和军事上相对强大的重担。这一重担对英国来说将是毁灭性的。

在美国，是战是和的问题一直悬而未决，为此花费的时间甚至比英国还长，在交战各方中谁是敌人这一问题上的分歧引起了史无前例的大量论说，而这些论说适于论辩各方的领导者们传播。一旦战争到来，历史学家和其他寻求真理的人在因为战争的灾难而对敌人进行谴责的过程中，并不比他们的德国同行更沉默寡言。奇怪的事情是，在这种突发事件中，寻求真理的人却找到了不同的真理，而这些分歧是根据国家边界地理的划分进行的。当把牛津大学战争宣传册、普林斯顿大学讨论会的记录或芝加哥大学战争丛书与前文提及的德国文献放在一起进行比较时，这种情况就会得到一再的证实。诚挚而灵巧的双手能够为争论的双方方便地塑造有力证据这一事实，使得宣传家们将来一定能够仰赖一大批诚实的教授在危急的时刻改写历史，并且为他

---

① 荷兰地名。

们提供适合各种宣传对象的材料。

毫无疑问，宣传家们存在着深刻的心理机制来促进他们把战争罪行赋予某个特定的敌人。然而这些趋向到底是什么，仍然是一个 54
模糊不清、争论不休的问题。最具独创性的解释恐怕是巴施维茨（Baschwitz）做出的，他把公众心理描述成在战争是令人厌恶的事实和相信好人会在世界上取胜的希望这两者之间的冲突。因此，一定要证实某个人自己的国家正在以正义反对邪恶。[2]这种想法是极其危险的，但是宣传家却很高兴能够在他忙于增加敌人应当承担战争责任的证据之时，得到这种潜在心理机制的帮助。当里夏德·格雷林（Richard Grelling）（一位瑞士公民，并且是一位对德国进行仔细研究的学者）写就了一本雄辩的著作《我控诉》（*J'accuse*，洛桑，1915）时，我们可以发现，在上一次战争中，宣传家鼓动或欢迎意外的帮助，因为它们能够增加建立协约国的理由。正如1916年，德国人让格雷林的儿子库尔特（Kurt）在苏黎世出版《反击我控诉》（*Anti-J'accuse*）那样，宣传家总是激励自己奋起反击这种强有力的攻击。随着战争的发展，宣传家们仔细查看全部视野以寻找新的宣传材料，正如德国人仔细检查被缴获的比利时档案，以寻找能够用来控告协约国的材料，并在广播中播出了所有可能取得这一效果的材料那样。

然而，当宣传家把挑起战争的罪恶赋予某个敌对国家的时候，他的任务才刚刚开始。因为已在举棋不定的痛苦中煎熬良久，那么敌人一旦确定，国家就会立刻对敌人展开迅雷不及掩耳的防御和反击活动。在对敌人进行突然打击的特别行动中，一个国家需要团结和胜利。而宣传家的任务就是要放大并重复国家的这一号召。 55

早在1914年7月29日，伦敦的《泰晤士报》就号召所有的党派"紧密团结起来"。当德皇（Kaiser）宣布他不知道还有其他任何政党时，他已经把德国百姓统一到自己的阵营里了。束棒（*Fascio*）① 在意大利流行起来，而法国议会也宣布要"神圣同盟"（Union sacrée）。古斯塔夫·埃尔韦（Gustave Hervé）② 对劳工阶级进行的煽情呼吁则被

---

① 原为古罗马执法官权力标志，其中捆有一柄突出的斧头。20世纪20年代后成为意大利法西斯党的标志。

② 古斯塔夫·埃尔韦（1871—1944），法国新闻记者、政治家。原为社会党左翼，后转向民族社会主义。

传播到了遥远而广泛的地区。埃尔韦是一位声名狼藉的无祖国派(*sans-patrie*)，因为他把爱国主义贬低为资本家的宣传工具。就在战争即将爆发的时刻，他把他的报纸《社会战争报》(*La Guerre Sociale*)更名为《胜利报》(*La Victoire*)，抒发他那洋溢着炽热的团结精神的全部激情：

> 社会主义的、工团主义的、无政府主义的朋友们，你们不仅仅只是人类理想的先锋，还应该是法兰西军队的神经和良心，法兰西在危机中！
>
> 革命的祖国在危机中！
>
> (Amis socialistes, amis syndicalistes, amis anarchistes, qui n'êtes pas seulement l'avant-garde idéaliste de l'humanité ; mais qui êtes encore le nerf et la conscience de l'armée fran? aise, la patrie est en danger !
>
> La patrie de la Révolution est en danger !)[3]

英帝国的号召——“国王和祖国召唤你”——掩盖了爱尔兰的战火，并在大不列颠全境招募到了新兵。“海外侨民联盟”(the Overseas League)和“维多利亚联盟”(the Victoria League)加强友谊和感情纽带的工作被证明是正确的。为了证明帝国的团结统一，出版了许多配有大量插图的书籍，以展示英国乐善好施的历史和帝国在前线协同
56 作战的程度。例如，有一本名叫《印度与战争》(1915)的书，由西德纳姆勋爵(Lord Sydenham)① 编辑并作序，该书赞美了英国在印度的统治，并且用一页接一页的彩色插图展示了身着民族制服的印度兵团。

对团结的号召其实在本质上就是对共同历史的号召，对共同往事的记忆具有强大的情感价值。1914 年 8 月 2 日的《言论自由报》(*La Libre Parole*)这样劝告它的读者：

> 提升我们的灵魂！这是一个诞生过圣女贞德，出过路易十四、拿破仑的法国，曾赢得过布维纳(Bouvines)②、瓦尔米

① 西德纳姆勋爵(1848—1933)，英国军人。

② 今法国地名，英法战争期间，法军于 1214 年 7 月在此大败德意志、佛兰德和英国联军。

(Valmy)①、耶拿(Jéna)② 和蒙米赖(Montmirail)③ 胜利的法国，是不会失去她英雄的传统的！

(Haut les coeurs！La France de Jeanne d'Arc，de Louis XIV et de Napoléon，la France de Bouvines，de Valmy，de Jéna，et de Montmirails n'a rien perdu de ses antiques vertus.)

在通过谋杀和憎恨证明好战的理想主义是合理的过程中，没有一种深植于社会传统的感情因素是可以被忽略的。在回顾历史的过程中，还可以不时地加入宗教成分。再也没人能比德皇威廉二世(Kaiser William Ⅱ)说出更具有戏剧性的言论了，那是他在一个具有历史意义的7月的夜晚，在卢斯特花园(Lustgarten)检阅潮水般的人群时所说的：

一个决定德国命运的时刻已经到来了。

到处都是满心嫉妒的人们，是他们强迫我们进行正义的防卫。

剑是被硬塞进我们手中的。我希望，如果我让敌人与我们达成共识的努力到最后一刻也不能取得成功的话，那么我们应在上帝的帮助下挥动手中的剑并把剑光荣地送回剑鞘。

战争要求我们付出巨大的财产和生命的代价，但是我们应向我们的敌人显示激怒德国意味着什么。

现在我把你们托付给上帝。去教堂吧，跪倒在上帝面前，恳求他的帮助，并为我们英勇的军队祈祷。

甚至像亨利·拉夫当(Henri Lavedan)④ 先生为法国起草的感情 57
充沛的《信经》也有自己的作用：

我相信我们战士的勇气，也相信我们领袖的能力和忠诚。我相信正义的力量，也相信在法国进行的文明圣战是永恒的、

① 今法国地名，法国革命战争期间，法军于1892年9月在此顶住普鲁士军队，保证了革命政府的安全。

② 今德国地名，1806年10月拿破仑在该地打败普鲁士军队。

③ 今法国地名，拿破仑于1814年2月在此大败普鲁士和俄国联军。

④ 亨利·拉夫当(1859—1940)，法国作家、法兰西学院院士。其剧本以巴黎社会生活为题材，名噪一时。

> 不朽的、必不可少的。我相信苦难必有回报，也相信希望的价值。我相信信心、从容的思考、谦逊的日常活动、纪律、慈善的积极分子。我相信伤口的血，也相信祝福的水；我相信大炮的光辉，也相信许愿蜡烛的火焰；我还相信玫瑰经念珠①。我相信老人们神圣的誓约，也相信孩子们确实无辜。我相信妇女们的祈祷，相信妻子们不断涌现的英勇事迹，相信母亲平静的孝行，相信我们理想的纯洁，相信我们旗帜无瑕的光荣。我相信我们伟大的过去，也相信我们更加伟大的未来。我相信我们的同胞，不论活着的还是死去的。我相信为战争而紧握的手，也相信为祈祷而紧握的手。我相信我们自己，我相信上帝。我相信，我相信。[4]

这种语言上的妄想往往要以非常著名的事件为依托，正如当令人尊敬的天主教领袖阿尔贝·德·曼（Albert de Mun）庄严地恳求上帝“帮助克洛维（Clovis）② 的子孙”时，他提到了法国早期历史上一位野蛮的日耳曼首领。[5]像莫里斯·巴雷斯（Maurice Barres）③ 那样喜欢使用华丽辞藻的人，相信法国精神将是“一种庄重的热情、一种训练有素的兴奋”，它能够被用来修饰易变的语言，以让那些缺少宗教信仰的人接受这些言论。

对任何社会中占优势的大多数人来说，以安全和和平的名义攻打
58 敌军是足够充分的理由。这是伟大的战争目标，并且在人们全心全意获取胜利的过程中，他们发现，“和平寓于战争中”，这一点是杰克斯（Jacks）校长曾经揭示的。[6] 1915 年，他回顾了过去的这次大战的头 12 个月，并评论说：“大不列颠的性命是通过统一的战争目标保住的。这一目标本身是崇尚武力的；但是它伴随着精神上和平的增加。”他对战前世界投以敌视的目光，并写道：“从道德观点出发，眼前的场景真是难以形容的混乱。事实上这就是一场道德混乱。结果我们的‘内心世界’也被刻上了深深的不安。”人们对生活曾经毫无打算，但是现在他们找到了一个人生目标。事实上，宣传家总是能够依靠这些被如此

---

① 指天主教徒念玫瑰经时用的一串念珠。

② 克洛维（466—511），法兰克国王（481—511），曾将墨洛温王朝版图扩展至西欧大部分地区。

③ 莫里斯·巴雷斯（1862—1932），法国作家、法兰西学院院士。宣扬自我中心论和民族主义，第一次世界大战期间发表论文和专栏文章，表示“精神从军”。

优雅地表达出来的思想状态。有着志趣不相投妻子的男人，有着志趣不相投丈夫的妻子，野心被抑制的青年人，心怀厌倦和对冒险只有微弱向往的老人，无儿无女的妇女和一些没有妻子的男人，还有那些名声扫地的人都渴望生命的旅程中出现新的契机。所有这些以及其他更多的人，在某一个历史时刻为了某一历史使命，从沉醉生活的思想斗争中找到了安宁。

这种对团结和胜利（与伴随而来的和平）的简单号召是不够的。胜利应当采取哪种形式？总是有人刨根问底：是谁规定了胜利的形式？而规定这种形式又试图表明什么？实际上，战争目标的全部功能就是要激起雄心，并增强该共同体战胜阻碍成功的每一项障碍的决心。敌人必须被塑造成不仅是作为社会遗产的威胁而出现，而且是实现新 59
的民族价值观的障碍。若从外交思维来考虑，战争可能会成为一个国家扩张其在领土、租界、港口等方面影响力的工具。德国在这方面整日梦想着羞辱英国，削弱它的海军，还幻想着瓜分法国和俄国。而在英国相应的领导圈里，最流行的战争目标就是要彻底摧毁德国的海军。法国的胜利则意味着收回阿尔萨斯（Alsace）和洛林（Lorraine），并肢解德国。

但是宣传家永远不能让自己忘记，在我们现今所处的复杂社会中，总有一些人会发现战争里面没有和平。当格雷厄姆·沃拉斯（Graham Wallas）① 评论杰克斯教授（Professor Jacks）的文章时，他不仅是在为自己作证。他说："我应当选择心绪不宁，因为我希望战争立即停止，它的继续已经不再是两个巨大恶魔中较小的那个；还因为我相信，即使在战争期间，我国的政策也不应仅仅服从于征服一切的愿望，还应受到使持久和平成为可能的愿望的指导。"

有人认定战争是令人讨厌的东西，并坚定地拒绝相信击败某个特定敌人的目标就足以使战争值得继续进行下去。被巨大灾难压垮的原始人到处寻找替罪羊和救世主。替罪羊就是让他深陷泥潭的人，而救世主就是救他出来的人。历史则是魔鬼和超度者斗争的故事。这种原始的思维模式使得人们把战争解释成为一群好人和一群坏人之间的斗争。忠于好人，惩罚坏人。这种公式绝不会被少数老于世故的 60
人接受，他们相信，人们（个体的或"集体的"）总是我行我素，因为

① 格雷厄姆·沃拉斯（1858—1932），英国政治科学家。著述甚丰，代表作为 1908 年出版的《政治中的人性》。

他们对环境完全掌握。如果事情在过去发展得并不顺利，那么一定要找出非人为因素的原因对此进行解释。如果人们希望将来能有更好的表现，那么一定得对基础力量进行调整。向过去发泄怒火是毫无用处的，只有为将来保持警惕并对在过去造成灾难的条件进行修改才是有益处的。

与这种新型思维模式打交道的宣传家必须比他在应付惩罚型思维模式时更加敏感。如果前一种思维模式的信徒们打算加入谴责敌人的行列，那一定是因为他们发现这是实现新的世界环境过程中最强有力的障碍。如果为了战争而需要赢得这些人的效忠，那么一定要给他们提供一个非常理性化和理想化的战争目标。

在上一次争夺世界霸权的斗争中，这种类型的宣传具有决定性的作用，原因非常明显。如果我们对 1914 年危机爆发前几周英国民意的趋势进行考察，那么我们一定能够注意到大量明确反战辩论的标记。7 月 15 日的伦敦《每日新闻》刊登了一篇题为《军国主义的扩张》的社论。文章宣称，武器制造者的工作就是：

> 它的运作是世界性的，它的动机是卑鄙的。它对无知的人的
> 61 恐惧和憎恨起作用，并把新闻界用做达成自己目的的工具，它还
> 利用外交官和政治家，而这些人中有很多都对它在经济上的成功
> 感兴趣。

几天之后，《每日新闻》又就这一主题进行了论述，它问道：

> 为什么一场（决斗）取消了，而另一场（战争）却留下了？答案只有一个——武器军备中自有黄金屋，而决斗中分文没有。

就在这几周时间里，H. N. 布雷斯福德（H. N. Brailsford）[①] 的新书《钢铁与黄金的战争》（*The War of Steel and Gold*）正引起人们的广泛评论。而对诺曼·安杰尔（Norman Angell）[②] 的论文《大幻想》

---

① H. N. 布雷斯福德（1858—1932），英国作家、新闻工作者。曾为《曼彻斯特卫报》主要撰稿人，1922 年至 1926 年为《新领袖》杂志主编。

② 诺曼·安杰尔（1874—1967），英国经济学家、国际和平活动家。《大幻想》是他论证战争对经济无益的名著，1933 年获诺贝尔和平奖。

(*The Great Illusion*)[7]的争论还尚未平息。约翰・A・霍布森(John A. Hobson)①及其他许多自由党和劳工阶级政治评论家的暗中影响，都在帮忙把对战争的经济解释引入国内。他们的文章与西欧大陆上相对应的文章相比，受教条主义者刻板公式的影响较少。

如果说有什么区别的话，那就是法国和德国的社会主义者比英国的社会主义者在谴责战争和战争制造者时更加喧嚣。但当关键时刻到来时，敌人的罪行是如此的铁证如山，因此他们也加入了战争。参战的决定分裂了德国的社会民主党人，并使法国的一部分人心怀不满，随着战争缓慢进行，战斗上的失利促使原有的不妥协态度渐渐恢复。在德国，社会民主党的报章变成了帝国政府的眼中钉。法国也发生了相似的变化。当事件发生转机时，那些与莱昂・布尔茹瓦(Léon Bourgeois)② 和埃斯图内勒・德・贡斯当 (Estournelles de Constant)③ 等名人联合起来的自由主义力量极度悔恨地与工人们结盟，在战斗引起的最初震骇渐渐消退之后，某种恢复出现了，正如在德国发生的情况一样。 *62*

在法国和德国，妥协实际上造成了这种情绪的蔓延，而在英国和美国，人们对妥协非常关注。在后两个国家，人们都曾经在参加战斗前犹豫了一段时间。或许可以把 H. G. 威尔斯视为具有和平主义倾向的自由主义者的例证，这些人比其他大多数人更加言辞优雅，他们对于战争的支持是以内部斗争为代价的，他们对旷日持久竞赛的热心支持仰赖于一系列精心论证的战争目标。在 1914 年 8 月 20 日的伦敦《每日纪事报》(*Daily Chronicle*) 上，威尔斯写道：

> 一场仅能稍稍打击德国一下并恢复 40 年前憎恨关系的战争，并不值得人们议论纷纷。我们所有努力的结果很可能是令人无法忍受的失败。然而，除非现在就有明确形成的理念并被广泛传播，那么事情很可能就是这样了。

威尔斯当然能够洞见"德国军国主义"是阻碍人们获得更好世界

---

① 约翰・A・霍布森(1858—1940),英国经济学家。

② 莱昂・布尔茹瓦 (1851—1925)，法国政治家。先后任总理 (1895—1896)、激进社会党领袖、海牙常设仲裁法院法官，倡议成立国际联盟，1920 年获诺贝尔和平奖。

③ 埃斯图内勒・德・贡斯当 (1852—1924)，法国国民议会议员，1909 年获诺贝尔和平奖。

秩序的巨大障碍之一。他的观点正是发明战争目标的人们想要争取的。他们树立一个理想，这一理想将激起国内某些人的热情，而这些人的支持是他们所渴望的，还要向这些人说明眼前最重要的障碍物就是军事上的敌人。这就使得那些小心谨慎的人能够怀着清白无辜的良知去杀人；或者至少能够劝告年轻人去参战。

当布尔什维克在二次革命[①]后公布了他们从沙皇政府档案中找到的
63 外交信函时，协约国的政治家们经历了最为尴尬的时刻。因为布尔什维克第一次向世界披露，协约国政府已经对世界上的大部分地区进行了划分，并将它们兑奖销售给了各个成员。这在某些人心中引起了令人不安的疑问，因为他们曾被告知：这次战争与以往的任何一次战争都不同，它是一场结束战争的战争，是为了在世界上确保民主政治的战争。通过 1915 年签订的条约，敌对政权的财产被分配给了它们将来的主人，在这一过程中并没有多少通过公民投票或国际控制进行的伪装。尽管协约国政府在英国极力阻止人们知道这些将使他们被指控的文件，但是相关消息还是迅速地传到了英国劳工领袖的耳中，这些领导人则激励自己迫使政府摊牌。劳合·乔治先生在 1918 年 1 月 5 日发表了一篇极为煽情的演说，在演说中他坚定地表示赞同要为公众的和解要素赢得一个可接受的和平。关于这次演说的幕后情况一直不为人所知，直到伍德罗·威尔逊（Woodrow Wilson）的文件在战后发表。在这些文件中，有一则英国外交大臣贝尔福（Balfour）[②] 发给美国国务院的秘密电报。全文如下：

> 以下是给总统的私人秘密信息：——
>
> 首相与工会之间的谈判已经进行了一段时间。谈判的要点在
> 64 于政府希望解除一些在战争初期对工党领袖们许下发生的誓言。解除这些誓言是从军事考虑出发，开发西线人力必不可少的措施。最后，谈判达成了一点共识，即他们的问题要成功解决，主要依赖于英国政府立即发表一份阐明他们战争目标的声明。现在，首相已经发表了这份声明。它是与工党领袖们及议会反对派领袖们

① 指十月革命。

② 即阿瑟·詹姆斯·贝尔福（1848—1939），英国政治家和哲学家。曾任保守党领袖、首相（1902—1905）、外交大臣（1916—1919），因发表提议在巴勒斯坦建立犹太人“民族故乡”的声明《贝尔福宣言》而闻名。

共同协商的结果。

在这种情况下，没有时间就首相及上述各位领袖一致同意的声明向协约国征求意见。如果仔细检查的话，将会发现它与总统迄今为止在这一问题上的所有声明都是一致的。

总统本人若能发表一项阐明自己观点的声明，并在声明中考虑到布尔什维克对世界人民的诉求，那么这项声明很可能是值得做的，首相确信这样的声明将与总统以前发表过的演说的主题大体一致，而总统先前的演说在英国及其他国家都被公众舆论热情地接受了。[8]

从事实际工作的宣传家应当记住一点，那就是自由党人和中产阶级分子倾向于赞同具有政治性或法理性的战争目标。工党的意识形态或多或少地受到了经济决定论哲学的影响，而经济决定论哲学则有损于有产阶级的财产观。如果重建世界意味着消除一种明显的阶级偏见，那么这个问题必须被人们认为是具有政治—法律本质的，由于对世界立法机构和法院的讨论容易向有利于自己的方向发展，因此在世界立法机构和法院提出的提议，如通过世界行为管理原材料，以及利用世 65
界征税权来减少现存的机会不平等，都会令人怀疑。像“世界组织”(World Organization)、“地球合众国”(The United States of the Earth)[9]、“世界联邦”(The Confederation of the World)[10]、“自由民族世界联盟”(A World Union of Free Peoples）或“国际联盟”(A League of Nations）这样的表述，是很容易脱口而出的。

一场为了维护国际法的战争既能赢得中产阶级道德上的认同，又能避免与任何阶级事务产生瓜葛。在上一次战争中，这种理念发挥了重要作用。那些赞成英国参战的人，以维护英国的国家利益为借口(参见《泰晤士报》)，把论述忠诚的文章扔出了窗外；当德国人进军比利时的消息传来时，这些人又把这场战争说成是为了维护国际法的神圣战争。法国则组建了一个维护国际法的委员会，由路易·雷诺(Louis Renault)① 先生任其负责人。德国人对世界上突然爆发的对国际法的喜好大吃一惊，但是它很快就发现它能列出一份为自己辩护的大纲。往来的书信表明比利时并非真正中立，在缴获的档案中，有文

① 路易·雷诺（1843—1918)，法国法学家、巴黎大学国际法教授。1907 获诺贝尔和平奖。

件揭露比利时与法国和英国举行了秘密的军事会谈。此外，英国对违禁品交易法毫无顾忌，并且侵犯了中立国在公海上的权利。因此，德国人发现他们实际上是为了维护海上自由和使小国家在进行海上贸易
66 时免遭英国舰队的欺凌而战，而这些目的在德国人看来是完全正当的。协约国则已经宣称要为了解放受压迫的人们而战，起先他们打算解放的只有比利时、阿尔萨斯和洛林。后来，“解放”这一词语的概念扩展到包括奥匈帝国的人民和德国境内的波兰人民。德国人回敬说，他们也在为了解放受压迫的人民而战，而他们要解放的是爱尔兰、埃及和印度。

宣传家必须时刻注意捕捉这样的神圣语言：它能够使公众对它的渴望定型，并且决不允许敌人也能利用它和它的习惯用法。有些神圣语言具有破坏性的内涵，除非能在广义的环境下巧妙地解释它们。当英国“民主控制联盟”（Union of Democratic Control）的成员们开始说他们希望用此次战争结束秘密外交并使外交政策民主化时，他们说的既是英国的情况，也是世界其他地方的情况。但是这一语言立刻被机敏之人捕捉并把它变成了对敌人的批评。[11]理想主义者的战争目标就在于不同意以损害敌人为代价。

如果再有一次全面战争的话，具有理想主义性质的战争目标将会
67 和它们在上一次战争中一样重要。国际组织仍然非常虚弱，至少还能以加强它们为借口再打一次战争。现存的国联应该轻视任何其他国家联合吗？毫无疑问，这样的一个组织一定会成为非常危险的理想主义宣传攻击的目标。然而，给这个组织内部的人民提供令人满意的解释，至少是不会有什么困难的，因为他们正在为争取比敌人更崇高意义上的公众权利而战。

对于旨在迎合自由主义良心的战争目标就论述到这里。另一种具有一般性的战争目标能够赢得更广泛的支持者。一个国家的集体自我中心感，或民族优越感，使得战争能够被解释成保护和传播他们自己的高级文明的斗争。当一个国家忙着与技术装备威力不如自己的民族作战时，这种自我吹嘘很显然是建立在明确的差异之上的。在印度和非洲的英国人，以及在古巴和菲律宾的美国人肩上只有轻微的“白人的负担”。但是如果西欧各国之间的战争也声称是为了拯救文明，这让人乍看之下觉得荒谬。因为，他们之间的共同点比他们之间的差异更加根本，从其他星球来的游客一定会把他们视为同类的。

对这一问题的解释将在人们读写能力的提高中找到。读写能力和

基础教育使得一个国家的文化遗产能够传播给比以往更多的人。是“黄色报刊”（“Yellow Press”）在每个国家普及了这一观念，但是，是 68
那些聪明人运用他们的才智证实了这些观念。1914 年 8 月 8 日，伦敦的《旗帜晚报》（*Evening Standard*）大呼“争论中的文明”，从此之后这一主题一再被提及。与此同时，“征服野蛮人的战争”（“Guerre contre les barbares”）在法国被提出，而在德国，对 *Kultur*① 的保护和培育成了所有善良德国人的权利与义务。德国舆论对此的赞同在如同潮水般膨胀的出版物中得到展示，下面是从中摘取的值得一提的样本：

卡尔·兰普雷希特（Karl Lamprecht）：《战争与文化》（*Krieg und Kultur*，莱比锡，1914）。

奥托·冯·吉尔克（Otto von Gierke）：《战争与文化》（*Krieg und Kultur*，柏林，1914）。

欧根·屈内曼（Eugen Kühnemann）：《德意志精神的世界》（*Vom Weltreich des Deutschen Geistes*，慕尼黑，1914）。

奥斯卡·弗莱舍尔（Oskar Fleischer）：《反对德意志文化的战争》（*Vom Kriege gegen die deutsche Kultur*，法兰克福，1915）。

恩斯特·特勒尔奇（Ernst Troeltsch）②：《文化战争》（*Der Kulturkrieg*，柏林，1915）。

上述名单中包括了地位不甚显赫的、世界上最重要的法学家和世界上最为杰出的两位历史学家。他们都确信具有哲人与诗人（*Denker und Dichter*）传统的德国近来又增加了政治睿智的实用天赋，堪称楷模的富饶、永不停顿的工业和意义重大的研究，所有这些与颓废的拉丁人的无神论、贫瘠的土地和轻浮相比都要有利得多，更不用说与那些肮脏的、爱嬉戏的、懒散的英国人相比了。由现代资本主义方面的著名权威维尔纳·松巴特（Werner Sombart）③ 所著的《商人与英雄》（*Händler und Helden*），就是这种思想的典型例证。这本书的题目便说明了作者的敌意：商人与英雄，前者即指英国人，后者则是德国人。
他把这一主题进一步发展成为每一场战争都能被解释成信仰的战争。 69

① 德语：文化、文明。
② 恩斯特·特勒尔奇（1865—1923），德国神学家和社会学家。
③ 维尔纳·松巴特（1863—1941），德国经济学家和社会学家。

目前的这场战争就是肮脏的英国人与充满自我牺牲精神的、无比忠诚的、勇敢而服从的德国人之间的斗争。英国人是如此的目光短浅，他们永远也不可能超越眼前的“现实”，只要看一眼从培根（Bacon）到斯宾塞（Spencer）的英国哲学家就能确认这一点了。对商人来说，生命只不过是一系列的讨价还价，甚至科学都已经被商业化了。整个英帝国就是一个巨大的贸易企业，而英帝国的战争就是为了聚敛金钱的战争。德国人永远不会被这令人诅咒的商业主义污点所征服，德国人的精神将把它赶出世界。这是一场保卫德国文明的战争，它一定不能被否认，而且一定不能被那个商人否认。

战争也可以是种族之间的战争。某些阶层的德国人不但宣称为文明而战，还宣称为了种族而战，在这一点上他们与其他地方的某些人是一样的。法国的极右翼分子对纯粹高卢民族的神话怀有极大的热忱，1914 年 8 月 15 日的《十字架报》（*La Croix*）对战争英雄主义的阐释是：

> 高卢人、古罗马人与法国人远古的热忱，在我们体内复活。必须把德国人从莱茵河左岸清除干净。这些声名狼藉的游牧部落必须被赶回他们自己的疆界。法国和比利时的高卢人必须用决定性的突然打击断然击退侵略者。种族战争出现了。

1915 年，于尔班·戈耶（Urbain Gohier）在巴黎出版了《让种族说话吧》（*La race a parlé*）。

虽然这种类型的战争目标确曾风行一时，但是仍然需要把它们变
70 得更加具体和亲切。作为一个整体的国家可以被分成无限多个小组，而每一个小组都有他们自己特殊的渴望。对每一个小组而言，战争都应当被解释成为与其有利害关系的事务，他们不应仅仅是总体中的成员。打仗应该是为了保全商业、家庭和教堂，并为了增加繁荣、安全和信仰。应当鼓励运用每一种利益关系阐明战争目标，这一目标针对的是全体敌人，而实际上这个敌人对每个小组都是一样的。

为了商人们的利益，战争必须看起来像是一个有利可图的事业。1914 年 8 月 10 日，下院议员 L. G. 基奥扎·莫尼（L. G. Chiozza Money）在伦敦《每日纪事报》上发表的一项声明，就是这一类的东西。他写道：

> 我们在欧洲及其他地区的头号竞争者将不能进行贸易，当战争结束时，德国的侵略在世界各地引起的明显敌意将帮助我们保持从德国那里赢得的贸易和航运。

西德尼·惠特曼（Sidney Whitman）出版了一本名为《对德贸易战争：对作战计划的几点建议》（*The War on German Trade：Hints for a Plan of Campaign*）（伦敦，1914 年）的小册子。与此同时，德国的经济团体则满脑子都是要向各个方向进行切实扩张的幻想。1915 年 5 月 20 日，"农民联盟"（Bund der Landwirte）、"德国农民联盟"（der Deutsche Bauernbund）、"郊区天主教农民联合会"（der Vorort der christlichen Bauernvereine）、"德国中央工人联合会"（der Zentralverband deutscher Industrialer）、"德国中央工人联盟"（der Bund deutscher Industrialer）和"德意志帝国中产阶级协会"（der Reichsdeutsche Mittelstandverband）联合参加了向首相请愿的盛大活动，在此次活动中他们说明了他们的愿望。

兼并主义者要求得到的东西是：比利时全境，从索姆河口（the 71
mouth of the Somme）向东直到比利时边界一线的法国北部地区，沿马斯河（the Maas）直到它与在帕尼—图勒（Pagny-Toul）地区的摩泽尔河（the Mosel）的交汇处，然后，通过吕内维尔（Lunéville）东部沿孚日山脉（the Vosges）直到贝尔福（Belfort）。加来海峡省（The Department of Pas de Calais）和北部省（du Nord）、默兹省（Meuse Department）的一半、莫尔特—摩泽尔省（Meurthe and Moselle）的大半、孚日山脉部分地区及贝尔福领地（the Territory of Belfort）也是德国打算获取的地方。在东方，利夫兰（Livland）的部分地区、库尔兰（Kurland）人口最稠密和面积最大的地区、科夫诺（Kovno）① 区的大部分、苏瓦乌基（Suwalki）区的全部、沃姆扎（Lomza）的一半、普沃兹克（Ploczk）的全部、马绍（Marschau）地区的一小部分、卡利施（Kalisch）的一半、彼得罗克茨（Pietrokoc）的 1/4、凯采（Kielce）的一小部分——共计 8 万平方公里土地，500 万人口——都是兼并主义者要求得到的。除此之外，加上他们要求在西部得到的 5 万平方公里土地和 1 100 万人口，德国的工农业组织似乎总共要求将 13 万平方公里的土地和 1 600 万非日耳曼人纳入德意志帝国的

① 历史地名，原属苏联，1917 年后改名考纳斯，今属立陶宛。

管辖范围。这些地区的居民将被剥夺参与德国内部政治事务的一切政治权利，而他们财产中的绝大部分或至少一半将转移到德国公民手中，这一切都是以损害德国的战败国为代价的。

由于宗教炽热的语言仍能打动许多人的心，因此只有不称职的宣传家才会忽视通过各种教派的发言人对战争进行精神上和教义上的阐释。必须让每一个信奉宗教的人在敌人的失败中看到他所信仰的神明、
72 牧师和教义的胜利。在每一个交战国的宗教类报刊中都能找到大量适用于这种目的的文章为例证。法国教士的机关报《十字架报》把法国在上一次战争中的推进等同于迈向天国。1914 年 8 月，就在法国宣称夺取了米卢斯（Mulhouse）之后不久那群情振奋的几天内，该报文章欢呼道：

> 法国史也就是一部上帝的历史。
> 眷爱法兰克人的基督万岁！[12]

在《巴黎回声报》（*L'Echo de Paris*）报道群众自发的掌声如何在马德琳（Madelaine）的庄严仪式上爆发的前一天，它便已经宣称要进行一场“圣战”（“La Guerre sainte”）了。《十字架报》则在 8 月 15 日刊登了一篇对战争的阐释。这首先是一场复仇之战，这次复仇我们已经期待了 43 年。

> 这是德国人与拉丁人和斯拉夫人之间的
> 大决斗。
> 这是公众道德与国际法之间的
> 竞争。
> 作为最后的高潮，
> 难道这不是天主教法国与新教德国之间的战争吗？

法国天主教徒对战争的进行是如此热衷，这引起了法国激进分子
73 的怀疑，意见尖锐对立的言论突然涌现。小册子《神父们想要战争吗？》（*Les curés ont-ils voulu la guerre*？）突然引起了人们剧烈的争论。[13]

德国天主教徒对法国教士企图垄断战争极度怨恨。由格奥尔格·普法伊尔席夫特（Georg Pfeilschifter）编著的一本出色的论文集《德国文

化、天主教与世界大战》(*Deutsche Kultur, Katholizismus und Weltkrieg. Eine Abwehr des Buches "La Guerre allemande et le catholicisme"*,弗赖堡,1916 年),就是这场争论的文献遗迹。

人们能够确信教会对战争的每一次描述实际上都能保佑一场全面战争，并把这场全面战争视为他们进一步选择的任何神圣构想获取胜利的机会。当然，在把对一般意义战争的诅咒转换成对某次具体战争的赞扬的过程中，是要特别小心的，因为前者是基督教教派的传统态度。如果能在冲突刚刚发生之时就由地位显赫的牧师对战争进行可靠而恰当的阐释，随后再辅以较为次要的人物的阐述，这一过程将更加顺利。如果英国的主战派能够拥有下述这篇来自赫里福德（Hereford）主教的声明，那是有一定好处的：

> 这样一场战争是我们在实现耶稣基督的基督教进程中要付出
> 的沉重代价，但是我们的职责在召唤，而且这一代价是必须为那
> 些愿意追随我们的人的利益付出的。目前在军国主义统治下的人
> 们将能够自我管理他们的生活，这种更加美好和更加幸福的日子，
> 无疑仍然十分遥远，像我这样的垂垂老者很有可能看不到这一天
> 的到来了，但是在这场可怕的战争加在我们身上的所有阴郁和悲 74
> 伤的重担中，我们至少可以感谢上帝，这场战争使我们的下一代
> 离好日子更近了一大步。[14]

通过邦教授（Professor Bang）在战争期间准备的文选《好哇，哈利路亚!》（*Hurrah and Hallelujah!*，纽约，1917），教士们的爱国主义合唱在德国反复回响。邦是一位丹麦神学教授，他费尽心力地收集了一些杰出的德文作品。帕斯托尔·特劳布（Pastor Traub）、P·德·拉加兹（P. de Lagards）及其他许多牧师并不知道自己已为这本文选做出了贡献。整本文选看起来就像是对德国的敌人们最极端的咒骂，和对德国事业的友人们最诚挚的敬意。只有自由党人少数派才在德国或其他地方为了自己的利益而抗议这类作品。[15]

对战争进行反复阐释的次数只受制于愿意提供忠诚或希望争取其忠诚的特殊利益集团的数量。除了已经提到的经济和宗教团体外，还可以加上艺术家、科学家、教师或是运动家，乃至无穷多的各类团体。那些以说话为职业的人们（传教士、作家、鼓动家）是依赖他们煽动其顾客胸中感情回应的能力为生的。当大众已经被鼓动得想要去打仗

时，那些冷静对待这一事件的牧师将会选择自杀，正如那些冷静对待此事的作家和推销员一样。反应的环状链条已经建立，并且环环相扣。演员是观众的奴隶，然而观众有时也要被演员所奴役。

75 可以依赖鼓动家向他们所参与的团体重新阐释战争目标。因此，有些音乐鼓动家发现，这场战争实际上是德国音乐与英国音乐之间的战争。一如伊西多尔·德·拉腊（Isidore de Lara）① 所写的那样：

> 撇开那些以明白无误的方式给现代德国佬的精神定型的一批人并给他们戴上黑纱的时刻已经到来了。……
>
> 将来属于这种青年英雄，他敢于在自己的收藏中剔除汉德尔（Handel）②、门德尔松（Mendelssohn）、瓦格纳（Wagner）、勃拉姆斯（Brahms）、理夏德·施特劳斯（Richard Strauss）……的全部作品，他将以自己的深刻为绝妙的英国诗歌的全部精品绘出音画，并且发现强健有力的韵律，这些韵律将表明那些唱着《蒂珀雷里》（*Tipperary*）③ 走向死亡的人们的不屈精神。[16]

在对战争的强调下，那些被认为是“英语歌剧”，照料骨瘦如柴婴儿的保姆们能够因她们的职责而获取丰富的营养品。德国公立小学的模式对美国教育的不良影响被提出来供全世界谴责，这场战争对那些教育家来说变成了一种确保全世界远离“国民学校”（volksschule）的影响并为初中而战的战争。[17]

76 德国全境的裁缝宣称要对颓废的巴黎和背信弃义的伦敦的放荡风尚而战。德国小姐无与伦比的体格将不会再在巴黎的无聊闲谈中显得可笑。德国小姐必须不受巴黎妇人短暂的奇思异想的影响。

简而言之，积极的宣传家一定享有每个人心甘情愿的帮助，并拥有一把能把战争变成通往乐土的行军的利斧，这乐土可以是任何地方，只要它能够恰好取悦相关人士即可。宣传家为战争而鼓动起来的下级团体越多，人民对国家事业的统一投入就越强大，那么使敌人蒙羞的可能性也就越大。

---

① 伊西多尔·德·拉腊（1858—1935），英国音乐家，本名伊西多尔·科恩。

② 即乔治·弗雷德里克·汉德尔（1685—1759），德国出生的作曲家，后移居英国。

③ 蒂珀雷里为爱尔兰地名。

【注释】

[1] 斯蒂德（Steed）：《弹指三十年》（*Through Thirty Years*），第 2 卷，8 页。

[2] 见巴施维茨（Baschwitz）：《大众幻觉》（*Der Massenwahn*）。

[3]《社会战争报》（*La Guerre Sociale*），1914-07-31。

[4] 英文译文见约翰·巴肯（John Buchan）：《战争史》（*History of the War*），第 22 章。

[5]《高卢人报》（*Le Gaulois*），1914-08-05。

[6]《新共和》（*New Republic*）杂志，1915-09-11。

[7] 见他偶然间在 1914 年 8 月 1 日的《泰晤士报》（*Times*）发表的反对干预的有说服力的来信。

[8] R. S. 贝克（R. S. Baker）：《伍德罗·威尔逊与世界稳定》（*Woodrow Wilson and the World Settlement*），第 1 卷，40 页。

[9] 见奥古斯特·福雷尔（August Forel）的小册子《地球合众国》（*Die Vereinigten Staaten der Erde*），波恩和洛桑，1914/1915。

[10] 见路易·朱诺（Louis Junod）：《世界联邦：一个以世界人民大团结为目的的组织》（*La confédération mondiale* ：*Une alliance pour l'unification d. peuples*），日内瓦，1914。

[11]"民主控制联盟"（The Union of Democratic Control）是由 E. D. 莫雷尔（E. D. Morel）、A. 庞森比（A. Ponsonby）及其他几个人于战争爆发后不久在英国组建的。它的建立是因为这些人对英国内阁与法国秘密签订条约，而这一条约使得英国事实上在参战前就已承诺反对德国而感到愤慨。有趣的是，在德国几乎同一时间组建起来的"新祖国联盟"（Bund Neues Vaterland）说着几乎完全一样的理由，只是他们完全不知道"民主控制联盟"已经在英国诞生了。

[12]"法国史也就是一部上帝的历史，
眷爱法兰克人的基督万岁！"
（"L'histoire de France est l'histoire de Dieu,
Vive le Christ qui aime les Francs！"），8 月 8 日。

[13] 见爱德华·普兰（Edouard Poulain）：《断然拒绝》（*Réfutation décisive*）（Ⅰ，*globale*，2，*détaillée*）；《盛传于法国教会的 11 种谣言》（*onze rumeurs inflammées sur le clergé francais*，巴黎，1916）；保罗·费龙-弗洛（Paul Feron-Vrau）：《天主教与新闻界》（*Les catholiques et la presse*）。

[14] 伦敦《泰晤士报》，1914-08-12。

[15] 见汉斯·菲尔斯特（Hans Fülster）：《教会与战争》（*Kirche und Krieg*），《文化与世界问题》（*Kultur und Zeitfragen*），第 8 期。

[16]《英国音乐与德国大师》（*English music and German masters*），《双周评论》（*Fortnightly Review*），第 103 期，847～853 页。

[17] 弗里德里希·舍内曼（Friedrich Schönemann）在《美利坚合众国影响大

众的技巧》(*Die Kunst der Massenbeeinflussung in den Vereinigten Staaten von Amerika*，柏林和莱比锡，1924)一书中展示了在战争爆发后及战争期间，每一个机构是怎样被动员起来在美国进行宣传工作的。学校、教会、妇女俱乐部、报纸、电影、商业俱乐部、"美国国防协会"、"全国安全联盟"、美国军团以及"从历史上沿袭下来的"爱国社团("美国革命之子社"，等等)，都发挥了它们积极的作用。尽管这本书是带着明显的精神痛苦写成的，但它仍然是一部杰出的先锋之作。这部作品最大限度地避免了重复。

第四章　恶魔崇拜

当公众相信，是敌人发动的战争，并且是他们阻碍了永久的、有利的以及神圣的和平时，宣传家就已经实现了他的目的。但为了加倍确保这一点，用敌人傲慢和堕落的事例来强化国民的头脑是十分稳妥的。任何一个发动战争并且阻碍和平的国家都是不可救药的、邪恶的、堕落的。直接反复强调这些属性只是一种预防措施，它的主要目的是让人们确信，敌人可以做出如发动侵略战争这样可怕的事情。因此，通过心理反应的迂回，有罪的人就是邪恶的，邪恶的人就是有罪的。

被选择用来反复强调的主题取决于要唤起仇恨的国家的道德律令，但还是会有一些在任何情况下都适用的共同的标准。敌对国几乎总是可以被论证成傲慢和轻蔑的。法国新闻界充满了对假想的莱茵河两岸的“主宰民族”(Herrenvolk)的轻蔑嘲讽。这些傲慢和可笑的人甚至用“Allemagne”这个词(字面意思是“所有人”)来作为自己的名称！“德国高于一切”(“Deutschland über alles”)这句口号在唐宁街和舰队街，就像“统治吧，不列颠”这句口号在威

78 廉大街（Wilhelmstrasse）① 和菩提树大街（Linden）② 一样，引起了极大的愤怒。大肆宣传德皇的所谓言论（他提到了“不足挂齿的英军”），一时之间大大促进了英国的征兵工作。

敌人不仅是傲慢的，而且还是十分卑鄙的。德国人十分确信，英国的妒忌是大战的根源，至于美国，其经济上的动机则是再明显不过了。正如查尔斯·A·科尔曼（Charles A. Collman）在《华尔街的战争煽动者》（*Die Kriegstreiber in Wall Street*，莱比锡，1917）一书中所写的，美国制造商和银行家一直置身事外，直到他们的最佳顾客——英国——面临着破产的危险，他们才突然将美国公众推入战争，差点来不及挽救他们的账户。摩根家族（The House of Morgan）让英国政府透支了 4 亿美元，由于向英国供应军需品而使自己的信用过度紧张，它面临着破产的危险。只是由于第一批自由贷款（Liberty Loan）的收益拨给了摩根，这才拯救了它。英国财政大臣博纳·劳（Bonar Law）在 1917 年 7 月 24 日发表的一次演说中坦陈了英国的处境：

> 实际上，当我们的伟大盟友参加到这场斗争中来的时候，我们就能够如此自由地使用资源，以至于美国的那些资源几乎都要消耗殆尽了。

1916 年 12 月，德国正在提出和平提议的消息一经公开就使股票暴跌。银行贷款急剧缩减，协约国政府克服最大的困难补充了他们的贷
79 款。1917 年 2 月 4 日，同德国外交谈判破裂的消息使伯利恒（Bethlehem）③ 的钢铁上涨了 30 点。已经适应了为供应协约国而生产的美国工业在人们私下纷纷议论和平的时候面临着清算、重新调整甚至是破产。现在他们又可以自由地呼吸了。J. P. 摩根公司（J. P. Morgan and Company）的一位合伙人亨利·P·戴维森（Henry P. Davidson）先生是德国“不真诚的”和平提议的最积极的反对者之一，他希望美国参战以“荡涤我们身上的自私”。[1]

---

① 柏林著名街道。以西是市中心，建于 1609 年的老市政厅是威斯巴登州最老的建筑。这里一度是帝制德国官方的代称。

② 欧洲著名的林荫大道，长 1 475 米，宽 60 米，从勃兰登堡门向东，大街人行道两旁和中央的安全岛上，栗树和四季常绿的菩提树婆娑成行，整条大道如诗如画，大街因此而名。这里一度是帝制时代柏林的心脏，普鲁士士兵在此接受检阅。

③ 美国宾夕法尼亚州东部城市，为钢铁工业中心。

敌人天生就是背信弃义的。费利克斯·萨尔蒂奥（Felix Sartiaux）先生在《康德伦理学与人伦》（*Morale Kantienne et morale humaine*，1916）一书中写道：

> 德国人个性的一个最为难以捉摸的倾向就是虚伪的谎言，它戴着天真的真诚的面具出现，以最不可信的诡辩来为自己辩护……人们经常引用一位拉丁历史学家维留斯·彼得库鲁斯（Villeius Peterculus）的判断，他发现古代日耳曼人是“天生的说谎者”。[2]

敌人进行的是说谎的宣传。这一主题特别重要。有时候，关于协约国、军队首脑、前线的状况以及官僚作风的不利报道肯定会逃过新闻检查，或在壁垒内部自动而广泛地散布开来。这时就需要在危险的消息和破坏性的反应之间加入物理屏障，必要时还需加入心理屏障。这种心理屏障就是以下一种怀疑：不利的消息有可能是敌人宣传的一
个狡猾的样品。如果能在公众的头脑中牢牢地植入这一假设，那就铸 80
造成了一件对付分裂和失败主义的强有力的武器。

德国人对于协约国宣传的高效十分吃惊，他们首先大声抗议法国和英国的官方报刊以及其他新闻机构，其次锻炼其人民，使之不受协约国宣传的影响。鲁道夫·罗特海特（Rudolf Rotheit）宣称，和平的条件之一就是将世界新闻界从敌人电讯机构的魔掌下解放出来。他写了《德国新闻界的媾和条件——路透社和哈瓦斯社的命运》（*Die Friedens bedingungen der deutschen Press-Los von Reuter und Havas*，柏林，1915）一书。甚至在学校里都有“路透社是战争谎言的编造者”这样的抄写练习。英国新闻界成为保罗·德恩（Paul Dehn）的论文主题，他的论文题目是《英国与新闻界》（*England und die Presse*，Hamburg，1915）。德国人将北岩子爵作为英国通讯社的象征并肆意辱骂他。

德国在法国的宣传声势十分浩大并且非常执著。一些报纸，甚至在首都的一些报纸，都被怀疑对法国人的头脑进行了毒害以配合德国的目标。1917 年 10 月 24 日的《晨报》（*Le Matin*）中就或多或少地含有一些德国宣传方法的典型表现。路易·福雷（Louis Forest）先生指责德国人花钱影响国外的新闻界。他让大家注意一个阿尔萨斯人所写的一本书，这本书在大战爆发之前就使德国的宣传暴露无遗。甚至是普法战争期间，德国人在巴黎报馆中就有他们的朋友。在回顾了德国过去和现在的所作所为的种种表现之后，他得出了这样的结论：

81 每个人都可以自己判断出德国目前的宣传体系究竟是新是旧。如果对我们而言，它看起来像是新的，那么这是我们对此类事务不甚了解的缘故。[3]

敌人是好争吵的、粗鲁的、具有破坏性的。MM. 蒂代（MM. Tudesq）和J. 迪索尔(J. Dyssord)于1917年11月出版了《德国人自述》(*Les Allemands peints par eux-mêmes*)一书。海涅(Heine)有资格说这样的话：

基督教已经在一定程度上软化了德国人野蛮的好斗狂热，但是无法彻底摧毁它。

法国的报纸主编们大声说，尤其是他们破坏教堂的倾向，这一点已经被炮击兰斯（Rheims）①、焚烧比利时和洛林的教堂所充分证实。歌德（Goethe）承认：

我们德国人是属于昨日的。一个世纪以来，我们在文明方面取得了巨大进步，但是我们还需要好几个世纪，才能使我们的农民具有能使他们像希腊人那样尊敬美的足够先进的文明思想或精神。

叔本华（Schopenhauer）因为自己是德国人而感到羞愧。

敌人在其战争行为中是极其残忍和堕落的。如果最初他们并没有激起我们的愤怒，那么唤起公众仇恨情绪的一条十分便于应用的规律就是使用暴行。在人类所知的每一场冲突中，这一规律屡试不爽。独创性虽然经常是有用的，但远远不是必不可少的。在大战初期的1914
82 年，人们曾经谈论过关于一个7岁小孩的悲惨故事，这个小孩用他的木枪指着入侵的德国枪骑兵巡逻队，结果他们当场就杀死了这个小孩。这个故事在40多年前的普法战争中起过很大作用。但是许多最为成功的故事有着更为悠久的历史。有一个关于土耳其人的故事，自第一次十字军东征以来，这个故事就一直使基督教世界为之恐惧。据这个故事所说，人们在某个地方发现了一大桶眼珠，土耳其将军们为了取乐而在这里折磨战俘。

---

① 比利时城市。

这些故事总是强调妇女、孩子、老人、教士以及修女所受的伤，性暴行，残废的战俘以及平民。这些故事产生了大量对做出这些邪恶勾当的残忍的人的愤慨，而且满足了某些强大的、隐蔽的冲动。一位被敌人强奸的年轻妇女让边界另一边许多因想象他人痛苦而得到快乐的人产生了满足感。因此可能也导致这类故事的流行和普遍存在。

虽然所有暴行故事都表现出一种相似性，并有年老的目击者可以信赖，但是从事实际工作的宣传家应当认为，它们充其量只具有暗示性。一定程度的新奇性总是可以允许的，因为战争中的情况决不可能是完全相同的。自从发现了病菌，敌人就可以被指责污染了水井、牲畜以及食物，更不用说伤口了。1917 年在伦敦出版了一本关于《布加勒斯特的细菌文化》(*Microbe-Culture at Bucharest*) 的小册子，这本小册子很好地探讨了这一主题。如果敌人表现出相信使用恐怖手段的行动是合理的军事战略的迹象，那你就要毫不犹豫地让上帝和人们都来作证，证明这样令人憎恶的做法是残忍敌人的最新创造。正是因为 83
在战争时期没有任何机会进行有效的反驳，拉维斯 (Lavisse) 教授才有可能在《德国的战争实践与学说》(*Pratique et doctrine de la guerre allemande*)一书中宣称：

> 我们的军事作家中没有一个人给我们讲授暴行战 (guerre atroce) 的学说。

在和平到来之后，另一个法国人德马蒂亚尔才有可能为了解真实情况而促成了一次听证会，并让人们重新注意由一位法国军官蒙泰涅 (Montaigne) 所撰写的三卷巨著《胜利》(*Vaincre*)。作者在该书中为暴行这一主题进行了辩护：

> 震慑；为了震慑，就要摧毁。有人打算杀人，有人开枪杀人，有人扼住敌人的喉咙也只是要杀他，还有人一直杀到片甲不留为止。[4]

美国人则认为，谢里登 (Sheridan)① 将军所接受的战争理论并不

---

① 即菲利普·亨利·谢里登 (1831—1888)，美国联邦将军。1865 年 4 月率部迫使南军的罗伯特·李将军投降，1870 年至 1871 年在欧洲随德军观战，1884 年任陆军总司令。

值得回顾。1870 年，他在法国的普鲁士野战司令部拜会了俾斯麦并宣称：

> 最适当的战略首先在于尽可能给予敌军有效的打击，然后让居民遭受极大的痛苦，让他们渴望和平，并迫使其政府求和。应该让人们除了用来为战争而哭泣的眼睛外一无所剩。[5]

84 普安卡雷（Poincaré）① 总统同样可以很有把握地痛责野蛮的德国人将炸弹投向毫无抵抗的妇孺身上。协约国人民中几乎没有人知道，而且即使他们知道，也几乎没有人关心：1916 年 6 月 26 日，法国和英国的飞行员向卡尔斯鲁厄（Karlsruhe）投掷炸弹，导致了 26 名妇女和 124 名儿童伤亡；还有，1915 年 9 月 22 日，协约国的轰炸机造成 103 人死亡。引用斯温伯恩（Swinburne）② 在听人说到在南非关押布尔人妇女和儿童的集中营中可怕的死亡率时所说的一句颇具骑士精神的话，在战争处于狂热阶段时，关于屠杀敌方平民的新闻总是伴随着这样的欢欣鼓舞的呼喊："凶恶敌人的崽子和母亲"已经被消灭光了。

协约国也可以同样有把握地宣称，只有德国兵想到在他们正在撤退的地区组织一场对机器、仓库、桥梁和铁路的有系统的破坏。没有人提醒公众注意一份颇有声望的英国技术期刊《工程师》杂志（*Engineer*）在 1914 年 9 月 25 日一期中所提出的建议，其大意是：军队应该破坏那些由战争交到他们手中的设备和工厂。这样一来，德国在战后的竞争力就能受到严重损害。[6] 协约国在撤退中途经罗马尼亚时摧毁石油资产一事，除了被解释成用以欺骗敌人的明智举动之外，也没有得到其他的解释。

85 对敌人据信在过去所犯罪行的罗列，应该能够激发超出宣传专家模仿能力的创造力。这里所提到的各种建议决不是详尽无遗的。在已经结束的这次大战中，人们发明出了无数划分敌人罪行的方案。人们随便一想就会想起法国政府所出版的第一本关于敌人暴行的部头很大而且十分重要的册子。

德国的罪恶被分成如下几类：

---

① 即雷蒙·普安卡雷（1860—1934），法国政治家。1913 年至 1920 年任总统，1922 年至 1924 年、1926 年至 1929 年两次任总理。

② 即阿尔杰·C·斯温伯恩（1837—1909），英国诗人。

1. 侵犯卢森堡与比利时的中立地位。
2. 宣战之前侵犯法国边界。
3. 杀害战俘与伤员。
4. 抢劫、纵火、奸淫、屠杀。
5. 使用被禁用的子弹。
6. 使用燃烧弹与毒气。
7. 未经警告就炮击要塞，而且炮击不设防城镇；摧毁宗教、艺术、科学以及慈善机构的建筑。
8. 使用背信弃义的战争手法。
9. 残酷对待平民。

德国国会议员恩斯特·米勒–迈宁根（Ernst Müller-Meiningen）博士将协约国的罪行编成《世界大战与国际法的破产》（*Der Weltkrieg und der Zusammenbruch des Völkerrechts*）一书，该书到1915年的中期已经出了三个修订本。该书的目录表明了宣传组织的总体规划：

1. 比利时的中立地位（比利时是如何暗中与协约国共谋的）。
2. 各国的动员与道义。 86
3. 违反关于刚果的诸项法案。殖民战争。
4. 在一场欧洲战争中雇用野蛮好战的部族。
5. 对苏伊士运河中立地位的侵犯。
6. 日本对中国中立地位的侵犯，以及英国对胶州（Kiao-Chau）的进攻。
7. 使用达姆弹（Dum-Dum）① 以及类似的子弹。
8. 协约国成员对外交代表的处置违反了国际法。协约国成员的外交代表违反了国际法。
9. 协约国部分成员不遵守并违反了红十字规则。
10. 法国的游击战以及宣战前后对手无寸铁的人的虐待。此外还关押平民。
11. 协约国以及比利时充满敌意的军队和政府所采取的非法的、不人道的战争手法。
12. 特别是俄国在东普鲁士的暴行。

---

① 又名柔头弹，一种杀伤力很强的子弹。

13. 俄国在波兰、加利西亚（Galicia）以及高加索等地对犹太人有组织的杀戮及其他暴行。

14. 协约国军队的“精神”。他们劫掠、破坏自己国家的财产。他们自相残杀。对协约国军队的判决是由他们自己的长官作出的。

15. 破坏和滥用海底电报电缆。

16. 关于协约国新闻界撒谎之仇的进一步细节。一种违反所有国际法的发动战争的方法。法国的“战争艺术”。

17. 使用飞机轰炸城镇和村落。使用释放毒气的炮弹。

18. 英国的商业道德以及英国债权人法。剥夺俄国和法国境内的德国人的合法权利。

19. 英国以及协约国的其他成员违反海上中立。战争走私封锁，等等。

（节选）

87 随着战争的进行，现代社会科学的定量方法也被运用到暴行问题上来了。在一份为塞尔维亚人所准备的关于奥匈帝国所犯暴行的报告中，概括了这项调查的第一张彩色插图的题目就是“暴行统计数字”。它只限于波采里（Potzerie）、马奇瓦（Matchva）、亚达尔（Yadar）以及其他一些地区。在其他卷次中记录了妇女和儿童的故事，而且同每个项目相关案件的数目也都有记录。这些项目是：

被处决或者被枪杀，被刺刀或其他刀子所杀，喉咙被割，被活活烧死，被大规模屠杀，被枪和棍棒活活打死，被石头砸死，被绞死，被挖出肠子，当场被绑并被折磨，失踪，作为战俘被夺去生命，受伤，胳膊被砍下或打断，腿被砍下或打断，鼻子被割下，耳朵被割下，眼睛被挖出。性器官被割下，皮被剥下，肉或头皮被割下，碎尸，乳房被割下，妇女被强奸。

诸如爆破弹使用之类的特别项目不能用统计的方法来处理，就用定性方法来处理。[7]除了定量方法的冲击之外，还有个体案例的戏剧化。此书附有大量的遭到残害的人的尸体和被毁坏村庄的令人恐怖的照片。

在叙述暴行时使用不同方法有一些技术上的好处。有时会让一个受害者来讲述他自己的故事，正如一位杰出的比利时学者那样，他被德国人判处强制劳动，并在《透过铁栅》(*Through the Iron Bars*，伦敦，1917）一书中讲述了自己的经历。威廉·凯恩（William Caine）出版了一本据他自己说是同德国入侵的一位受害者的访谈录，名为《萨戈金先生的故事》(*Monsieur Sagotin's Story*，伦敦，1917）。W. T. 希尔（W. T. Hill）在《卡维尔护士的殉道》(*The Martyrdom of Nurse Cavell*)[8]一书中讲述了一个人的历险记。中立的见证人说起话来总是具有权威性，德·克里斯马斯（De Christmas）博士证实了他在探访关押在德国的法国战俘时所见到的他们的悲惨命运。他所写的书名为《在德法国俘虏状况》(*Le Traitement des Prisonniers Francais en Allemagne*，巴黎，1917)。敌人自己承认的事总是有用的，法国人出版了他们所截获的一位未授官衔的德国军官的日记，这本日记记载了德军军官对士兵和平民所犯下的暴行。该日记经路易-保罗·阿洛(Louis-Paul Alaux)编辑，于1918年出版，名为《一位德军士官的战争回忆》(*Souvenirs de guerre d'un sous-officer allemand*)。《德国逃兵的战争经历》(*German Deserter's War Experience*)一书于1917年在纽约出版。 88

英国人用了一个十分高明的办法来增加他们关于德国暴行的故事的分量，那就是成立一个由在国际上享有诚实声誉的人组成的委员会，让他们收集证据并发表他们的研究结果。英国人并不仅着眼于他们自己，还着眼于美国人。他们使出了聪明的一招，那就是任命了一个所谓的布赖斯委员会（Bryce Commission)。《呈交委员会的关于德国被指控暴行的证据与文献》(*The Evidence and Documents laid before the Committee on Alleged German Outrages*，伦敦，1915）就是这一方面的战争巨著。1916年，公共信息委员会在美国出版了《德国的战争行径》(*German War Practices*）这本宣传册子，它是上述报告的无数版本最后一批中的一本。 89

针对敌人的宣传控诉所采取的另一种形式是争论性报告或小册子。马克斯·库特纳（Max Kuttner）博士对他以前的一位学生表示抗议，他的这位学生帮助法国人对德国人进行毁谤，写了一本名为《德国之罪？……》(*Deutsche Verbrechen?...*）的小册子，（以回应）约瑟夫·贝迪耶（Joseph Bédier）的《德国人目击的德军罪行》(*Les crimes allemands d'après temoignages allemands*，比勒费尔德和莱比锡，1915)。难道没有人教会这位法国人考量证据的重要性吗？胡贝特·格里梅（Hubert Grimme）在对《恶意中伤者》(*Ein böswilliger Sprachstumper*，明斯特，1915）一书进行评论时也采取了类似的立场。没有人会认为这些小册子会在法国激发人们的悔悟，但它们却能使可贵的愤慨情绪在法国得以保持。提出法国人是不是罪犯这个问题如同就下面的话题进行布道一样："教士是伪君子吗?"答案是一个直白且毫不含糊的否定句，这个否定的回答会十分容易转变成对那些胆敢提出这个问题的人们的不忠的愤慨批判。

在离开暴行这个令人不快的话题之前，我还要提出另一项原则。对于一个国家内的许多头脑不那么复杂的人而言，要把个人的品质赋予诸如整个国家这样多样化的实体是很困难的。他们需要某个个人来将他们的仇恨归于他的身上。因此，挑出一些敌人的领导人并指责他们犯下了十诫中的各种罪过，这一点是十分重要的。

在已过去的大战中，再也没有一个人比德皇招来更多这样的辱骂
90 了。伦敦《新闻晚报》(*Evening News*) 在 1914 年 8 月 6 日将德皇说成"欧洲的疯狗"，稍后又称他是"军阀"。奥斯汀·哈里森 (Austen Harrison) 撰写了《德皇的战争》(*The Kaiser's War*，伦敦，1914)。1916 年 11 月 24 日，巴黎《自由报》(*Liberté*) 竭力将威廉二世说成是《启示录》中施洗者圣约翰 (St. John) 所预言的野兽。根据一位英国著名学者所作的研究，野兽的数字是 666，而德皇的数字也是 666。德皇 (Kaiser) 这个单词有 6 个字母，将它们依次纵向排列，在每一个字母的左边记上该字母在字母表中的位置。比如，在字母表中居第 11 位的字母 K 被排在 6 旁边，就成了 116。依此类推，各列完成以后的数字总和为 666，这正是那个神秘的数字。①[9]

针对一国的诽谤性宣传主题的单个形容词是有可能成倍增加的，但现在提出一些可以用来综合提出整个指控的方法则是更为中肯的。有些人可以毫不犹豫地仅凭一个手势就对一个文明的全体提出指控，可以依靠这些人来撰写关于诸如《市民抗德》(*Civilisés contre Allemands*) 之类主题的系统性论文。这本书是由法国人让·菲诺 (Jean

---

① 可示意如下：

116—K (k 在字母表中居第 11 位，所得数字为 116)
16— a (a 在字母表中居第 1 位，所得数字为 16)
96— i (i 在字母表中居第 9 位，所得数字为 96)
196—s (s 在字母表中居第 19 位，所得数字为 196)
56— e (e 在字母表中居第 5 位，所得数字为 56)
186—r (r 在字母表中居第 18 位，所得数字为 186)
116+16+96+196+56+186=666

Finot）于1915年在巴黎出版的，他在战前曾出版了一本关于种族偏见的相当客观的专题论文。杰出的历史学家埃内斯特·拉维斯（Ernest Lavisse）以及安德烈·索雷（André Saures）也就相同的主题分别撰写了《德国文化与文明》（*Kultur et Civilisation*，1915）和《我们与他们》（*Nous et Eux*，1915）。拉迪亚德·吉卜林（Rudyard Kipling）① 91
在1915年6月22日伦敦《晨邮报》（*The Morning Post*）的专栏中说：

> 但是，无论世界怎样试图将自己进行分类，当今世界上只有两种分类——人类和德国人。

在一篇号称是关于"和平与战争中民众的本能"（"Instincts of the Herd in Peace and War"，伦敦，1917）的科学论文中，特罗特（Trotter）②郑重其事地说：

> 德国人感情与表达的总体倾向对于英国人而言是不可理解的，这说明他们之间在态度方面存在着某种根深蒂固的天生的矛盾。人们可以大胆揣测说，这种矛盾是社会化的群体与侵略成性的群体之间的矛盾。[10]

约翰·库珀·波伊斯（John Cooper Powys）先生以一本名为《德国文化的威胁》（*The Menace of German Culture*，伦敦，1915）的书来回应明斯特贝格（Münsterberg）教授。德国人就德国文化（Kultur）这一主题写就了大量自我赞扬的作品。对以下这份德国作品的部分书目清单进行一番审视，将会看出它们的研究范围和主旨：

> 赫尔曼·科恩（Herm. Cohen）：《德意志精神的特性》（*Ueber das Eigentümliche des deutschen Geistes*），柏林，1915。
>
> E. 伯格曼（E. Bergmann）：《德国教育的世界历史使命》（*Die weltgeschichtliche Mission der deutschen Bildung*），哥达，1915。
>
> 鲁道夫·倭铿(Rudolf Eucken)：《德国精神的世界历史意义》(*Die*

---

① 拉迪亚德·吉卜林（1865—1936），出生于印度的英国记者、作家。1892年出版用士兵俚语写成的《军营歌谣》，名声大噪，1907年获诺贝尔文学奖。

② 即威尔弗雷德·巴腾·特罗特（1872—1939），英国医生和哲学家。

weltgeschi-chtliche Bedeutung des deutschen Geistes)，斯图加特，1914。

R·冯·德利乌斯 (R. v. Delius)：《德国精神在全世界的实力地位》(*Deutschlands geistige Weltmachtstellung*)，斯图加特，1915。

J. A. 卢克斯 (J. A. Lux)：《德国作为世界教育家》(*Deutschland als Welterzieher*)，斯图加特，1914。

冯·卡尔·霍恩编辑 (Herausgeg. v. Karl Hönn)：《世界大战中德国精神的奋斗：战时德国精神生活实录》(*Der Kampf des deutschen Geistes im Weltkrieg. Dokumente des deutschen Geisteslebens aus der Kriegszeit*)，哥达，1915。

92 一大批外国见证人的证词增长了德国人的狂妄和自大。斯堪的纳维亚作家比约恩·比约恩松（Björn Björnson）写了一本书来歌颂德国，名为《德国的民族性（1914—1917）》(*Vom deutschen Wesen. Impressionen eines Stammesverwandten*，1914—1917，柏林，1917)。流亡的英国人豪斯敦·斯图尔特·张伯伦（Houston Stewart Chamberlain）① 也加入到《德国人的民族性》(*Deutsches Wesen*，慕尼黑，1916）的防线中来。他在自己的早期著作中说道："如果世界上有一个爱好和平、彬彬有礼、虔诚的民族，那就是德国民族。在过去的 43 年中，整个德国没有一个人希望发生战争——不，一个也没有。"英国是被一位国王的不道德的阴谋引入战争的，而这位国王则是一位狡诈的外交官的工具。英国已经不再是自由的国度，而成为了一个邪恶的寡头政治集团的奴隶。[11]著名的德国社会学家斐迪南·滕尼斯在他关于英国的一本书中汇集了英国政治家的所有帝国主义言论。[12]在大战期间，编辑檄文选的行业一直十分兴旺。让·鲁普林热（Jean Ruplinger）出版了一本德国战争言论汇编，名为《也谈德国人》(*Also sprach Germania*)。该书于 1918 年在巴黎出版，并由爱德华·埃里奥（Edouard Herriot）为其作序。威廉·阿切尔（William Archer）② 编纂了《德国思想精粹》(*Gems of German Thought*)一书，于 1917 年出版。

在战争期间，大量关于另一个国家的生活与性格的不同特点的专
93 门研究十分受人欢迎。在一本名为《民族及其哲学》(*Die Nationen*

① 豪斯敦·斯图尔特·张伯伦（1855—1927），英国政治作家。长期生活在德国和奥地利，1916 年加入德国国籍，著有《19 世纪的基础》一书，被认为具有种族主义倾向。

② 威廉·阿切尔（1856—1924），英国记者，戏剧批评家。

und ihre Philosophie，莱比锡，1914）的书中，年事已高的哲学家、心理学家威廉·冯特对各国的哲学理想作了一番十分有利于德国的比较。尤其是凯·冯·布罗克多夫（Cay von Brockdorff）男爵在《柏格森真相》（*Die Wahrheit über Bergson*，柏林，1917）一书中十分仔细地展示了他所了解的关于柏格森（Bergson）[①] 的真实情况。在美国，约翰·杜威（John Dewey）在他的《德国哲学与政治》（*German Philosophy and Politics*，纽约，1915。该书在美国参战时再度流行）一书中宣告了德国哲学在某些方面的变化，从而在无意之间为那些煽动反德情绪的人帮了大忙。如果说普鲁士的历史被协约国的学者解释成一部恶徒劫掠的历史，那么英帝国主义的历史在德国人闻起来则是一股恶臭。在诸如《英国压迫波斯实录》（*Englische Dokumente zur Erdrosselung Persiens*，柏林，1917）以及《英国压迫下的印度》（*Indien unter der britischen Faust*，柏林，1916）之类关于波斯和印度的书中，汇集了一些指控性的只言片语。A. O. 迈尔（A. O. Meyer）阐明了政治自由的真正含义。他发现，真正的自由存在于德国，而不是英国，并写了《德国的自由与英国的议会制度》（*Deutsche Freiheit und englischer Parlamentarismus*，慕尼黑，1915）一书。比利时人 Fr·德·奥维（Fr. De Hovée）在将英国教育制度同德国教育制度的弊端进行比较时，想要赞美英国的教育制度。他写道，英国教育制度的目标可以用以下口号来概括：

> 做个好人，美丽的姑娘，让你变得聪明起来。

他的书名为《德国与英国的教育》（*German and English Education*，伦敦，1917）。当德国尚未同美国交战时，卡尔·亨宁（Karl Henning）博士就出版了一本关于美国的充满谩骂攻击的小册子，名为《美国真相》（*Die Wahrheit über America*，莱比锡，1915），这本书随后在战争爆发时发挥了作用。亨宁将其大部分注意力放到了美国的家庭和教育制度上。他全面搜寻了一些城市的罪行委员会报告，寻找关于儿童性犯罪的刺激性故事，并将它们作为美国生活标准的典型重新加以叙述。其中一份最好的证据就是亨宁称他所持有的一封由一位 8 岁女孩 *94*

---

① 即亨利·柏格森（1859—1941），法国哲学家。生命哲学和现代非理性主义的主要代表人物，1927 年获诺贝尔文学奖。

写给一位与她同龄的男孩的信。这封信是这样的：

> 亲爱的阿瑟，——我想今晚过来，可以吗？你爱我吗？我非常爱你。今晚我们一起去看演出，我们一起呆到午夜，我们到剧院跳舞，跳很久。然后我们回家，你可以和我一起睡到早上。下个星期天我们去骑马。你的甜心，M。（第 54 页）

如今，每一种专题论文都只有一定范围的读者，如果要让更多的公众接触到关于另一个国家生活的综合性描述，它所采取的形式必须是个人化的、戏剧性的而且具有文学性。在这类作品中，大战期间在英国出版的一本书可以作为范例。这本书似乎很有道理，写得十分有技巧，而且完全是破坏性的。不止一个德国宣传机构的工作人员告诉过我，他们认为该书是大战当中协约国所出版的一部最好的宣传作品。这本书就是艾丽斯·乔尔蒙德利（Alice Cholmondeley）所著的《克里斯蒂娜》（*Christine*，纽约，1917）。它自称是一本真正的书信集，所收书信是由一位在德国学习音乐的学生给她在英国的母亲所写的。这个女孩是一个很有天赋的小提琴手，1914 年 5 月前往德国跟随一位伟大的德国
95 音乐大师学习。她因对艺术和在德国生活的热切期望而激动不已。她是从吕措大街（Lützowstrasse）发出她那些柏林信件的，那儿有一个公寓。

在德国文明开始让她对其了解之前，所有这一切都是轻快而幸福的。警察十分粗鲁而且目中无人。她的音乐老师在内心里对整个德国政权抱着蔑视的态度。在公寓里的谈话是以干净的柏林和像贫民窟一样的伦敦为主题的。她个人被认为或多或少要为布尔战争负责。她被各种各样令人不愉快的规定和条例所困扰，因为她不能在安息日（Sabbath）练琴。制定各种规章是德国人的特点，她看到一个她很熟悉的女孩在她所蔑视的父亲死后 5 年才为他庆祝生日。晚上 10 点，她的灯会被拿走，只留给她一根蜡烛。势利的现象是大量存在的。伯爵夫人可以出资赞助艺术，但不允许她的女儿接受此项熏陶。一位年轻的德国贵族渴望成为一个音乐家，但等级的传统却让他成为了一名军官。在德国，孩子们因为学校课业过于繁重而自杀。当她独自一人在国外行走时会受到成年男子和男孩们的排挤。无论她在哪里，身边总有世界政治（Weltpolitik）的赞成者和反对者。每件事物都充斥着关于即将来临的战争的不祥之感。底层的人们像奴隶一样匍匐在上层人士面前，也许是训练使然。未婚的女孩在谈话中是不应该提出问题的，

必须谨慎，保持沉默和谦逊。一位乡村牧师向她宣讲英国人对于钱袋的热爱。她遇到一位参谋，这位参谋建议她要求她故乡所在的苏塞克斯郡（Sussex）某村庄政务委员会解决交通堵塞问题。一位即将生孩子的妇女祈祷生下一个男孩，这样她就可以成为一位士兵的母亲了。她发现，德国的贵族只是中产阶级。她和那位在音乐上遭受挫折的富 96
有魅力的年轻军官订了婚。随着国际危机临近，她看到人们对战争的即将来临所表现出来的欣喜若狂。她的小提琴老师获得了一枚皇家勋章，从而被堵上了嘴。她的婚事被她未婚夫的上司所阻挠。她为了不被拘留而逃亡，在边界被拦了下来。一名年轻的下级军官让她在太阳下等了两个小时，她患了肺炎，于 1914 年 8 月 8 日死在斯图加特。所有关于德国生活的事实在关于音乐和母亲的情感迸发中浮现出来。整件事情奇迹般地做成了，该书在协约国和中立国的妇女和学童中广为流传。这本书是可以放在妇女杂志的小说专栏或书摊中的详尽煽情那种东西的典型。通过这样的书，敌对国就变成了撒旦陛下（His Satanic Majesty），即敌人。

恶魔崇拜引发了仇恨并延续了仇恨。上帝说，我要复仇（Vengeance is Mine），上帝与我们一道努力铲除魔鬼。利绍尔（Lissauer）著名的《仇恨颂》（*Hymn of Hate*）中的煽动性诗句以其本来面目将这一切呈现出来：

水的仇恨和大地的仇恨；
心灵的仇恨和手的仇恨；
我们像一个人一样去爱，像一个人一样去恨；
我们只有一个敌人——英国。

征服魔鬼的所有特定手段都得到，而且应该得到赞美。对战斗的崇拜要求每一种形式的共同努力（征兵、节省食品、军需生产、杀敌） 97
都应该得到所有神圣情感的祝福。在基督教国家，必须采取预防措施以安抚那些给《圣经》这样的书作出引起不便解释的人的疑虑。传播那些解释人们可以如何追随耶稣并杀死敌人的布道人和教士的辩论，这样做总是合时宜的。总是会有足够多的神学领袖承担这一任务，因为只有那些通常被认为是狂热的小教派才会认为这一问题会有严重的困难。在德国的战争文献中，可以发现许多用来消除犹豫不决的心灵所怀有的疑虑的书籍，这些心灵痛恨杀人甚于痛恨英国人。特奥多雷·比尔特（Theodore Birt）在《为什么要"爱你的敌人"？一语定心》（*Was heisst "Liebet eure Feinde"? Ein Wort zur Beruhigung*，马尔堡，1915）一书中消除了那些被“爱你的敌人”这句忠告弄得不知所措的基督徒的疑虑。W. 瓦尔特（W. Walther）为路德派信徒写了一本十分流行的书，书名为《德意志之剑因路德而所向披靡》（*Deutschlands Schwert durch Luther geweiht*，第2版，莱比锡，1915）。奥托·阿尔布雷希特（Otto Albrecht）在路德身上发现了胜利的征兆：《用路德的著作作战时布道》（*Eine Kriegspredigt aus Luthers Schriften*，1914）。

从总体上用道德方面的理由来论证战争的合理性而不是只用宗教的理由来论证也是有用的。著名的鲁道夫·倭铿在《战争的道义力量》（*Die sittlichen Krafte des Krieges*，莱比锡，1914）中赞扬了战争的道德力量，特奥多尔·埃尔森豪斯（Theodor Elsenhaus）在《战争作为教育家》（*Der Krieg als Erzieher*，德累斯顿，1914）中赞美战争是一位伟大的教师。正如特奥多尔·基普（Theodor Kipp）在《公理的
98 力量》（*Von der Macht des Rechts*，柏林，1914）一书中所说的，在强大和正确的思想之间并不存在什么对立，重要的是使正确的强大起来。

如果将战争中的可怕方面从公众的注意中抹去，对战争合理性的论证就可以更顺利地进行。可以让人们抽象地为战争感到痛心，但决不能让他们过于生动地描绘战争的可怕之处。事实上，诸如此类的叙述可以有其用武之地，它就出现在美国—西班牙战争初期的美国新闻界：

> **死亡率下降了**。再也没有像特拉法加大战中那样令人恐惧的记录了。机关枪的道德效应。与燧发枪、标枪和矛的杀伤力相比，现代枪支的杀伤力更小。[13]

当然，从英雄主义、良好的伙伴关系、机警以及如画风景的角度来解释战争会更好。在已过去的大战中，可以依靠像缪尔黑德·博恩（Muirhead Bone）那样的艺术家以柔和的素描来展现《西线》（*The Western Front*）。幽默杂志和书籍有助于以戏谑的方式将战斗的现实打发掉，它们也从使人们忘却某些场面的冲动中获益，这些场面如果被人们完全认识到，将是无法忍受的。一个布鲁斯·班斯法瑟（Bruce Bairnsfather）① 至少值一个军。[14]那些广为流传的关于军事机器如何运转的介绍使公众得以了解事情是如何进展的；当然，作者们应该注

① 布鲁斯·班斯法瑟（1888—1957），出生于印度的英国军人，战地漫画家。

意不要往他们的叙述中搀入过多的血腥。诸如萧伯纳、H. G. 威尔斯以及阿瑟·柯南道尔（Arthur Conan Doyle）这样的作家被派去同英国军官会面，他们带回了关于他们对此作何感想的措辞谨慎的记述。路德维希·冈霍费尔（Ludwig Ganghofer）[1] 在一系列书中对所有的德国前 99
线进行了描述。

最受人们重视的是那些由实际作战人员所写的信与书籍。哈罗德·R·皮特（Harold R. Peat）［《列兵皮特》（*Private Peat*）］和盖伊·恩庇（Guy Empey）军士［《颠峰之上》（*Over the Top*）］向美国人解释了现代战争的实际运作。唐纳德·汉基（Donald Hankey）［《武器研究者》（*A Student in Arms*）］是一位士兵，他透过一个道德与宗教理想主义者的眼镜来看这场战争，他的书在美国和英国打动了许多敏感的心灵。其他一些作家的作品，如科宁斯比·道森（Coningsby Dawson）的《坚持下去?》（*Carry On?*），也充满了同样的东西。伊恩·海（Ian Hay）的《第一个 10 万》（*First Hundred Thousand*）中的一个怪诞而确定的注释一经新闻界报道就传遍了英语国家。

个人的历险故事仍然是战争古老而浪漫的魅力所在。一位士兵讲述了《我所亲历的 80 多场战斗》（*Was ich in mehr als 80 Schlachten und Gefechten erlebte*，柏林，1916）。帕特·奥布赖恩（Pat O'Brien）在《智胜德国兵》（*Outwitting the Hun*，纽约，1916）中讲述了他是如何从德国人手中逃脱的。Th. 普赖尔（Th. Preyer）博士在《从纽约到耶路撒冷和进入沙漠》（*Von New York nach Jerusalem und in die Wüste*，柏林，1916）一书中讲述了他是如何从纽约回到家乡的故事。保罗·科尼希(Paul König)在《德国之旅》(*Die Fahrt der Deutschland*，柏林，1917）中叙述了一艘横渡大西洋的潜艇的功绩。马塞尔·阿多（Marcel Hadaud）在《在飞行中》（*En plein vol*，巴黎，1916）中捕捉到了空战的气氛。正如《海军上尉冯·弗斯特纳男爵作为潜艇艇长与英国作战》（*Kapitänleutnant Freiherr von Förstner als U-Bootes Kommandant gegen England*）一样，《齐柏林飞越英国》（*Zeppeline über England*）一书在 1916 年的德国受到了热烈的欢迎。冯·米克（Von Mücke）的《埃姆登》（*Emden*）是关于大战的最受欢迎的书籍之一。库尔特·阿格拉姆（Kurt Agram）在《与 10 万日耳曼人去西伯 100
利亚》（*Nach Sibirien mit 100 000 Deutschen*）中讲述了关于 10 万名

① 路德维希·冈霍费尔（1855—1920），德国小说家。

被俄国政府流放到西伯利亚的日耳曼人以及他本人是如何成功逃脱的煽情故事。埃米尔·齐默尔曼（Emil Zimmermann）的《我从喀麦隆返回祖国的战时之旅》（*Meine Kriegsfahrt von Kamerun zur Heimat*）的主题是他如何从被围困的殖民地返回祖国的。

各国都出版了一些发自前线的书信专辑。《德国战地邮件》（*Der deutsche Krieg in Feldpostbriefen*）、《士兵大战故事》（*Soldier's Tales of the Great War*）以及类似的书信集都有好几卷之厚。专辑不停地出版，如夏尔·福莱（Charles Foley）的《战争中的生活》（*La vie de la guerre*，巴黎，1917），其中收录了《巴黎回声报》（*L'écho de Paris*）中所发表的战时书信。运用文学技巧撰写的关于前线的短篇作品总是会受到人们的欢迎，亨利·德·福尔热（Henry de Forge）的《啊！美丽的法兰西！》（*Ah! la belle France!*，巴黎，1916）、莫里斯·格朗多尔弗（Maurice Grandolphe）的《走向胜利》（*La marche à la victoire*，巴黎，1915）或者马克斯·比托（Max Buteau）的《坚持：战时记事》（*Tenir. Récits de la vie de Tranchées*，巴黎，1918）就足以满足这一要求。[15]

各种专业人士都能触动他们自己的公众，而且也应鼓励他们来写。具有瑞士血统的利埃万（Liévin）的神父奥古斯特·A·勒迈特（Aug. A. Lemaötre）写了《阿图瓦战役一年后》［*Un an près des champs de bataille de l'Artois*，中央福音出版社（Edité par la société centrale évangélique），巴黎］。J·埃米尔·布朗什（J. Emile Blanche）的《一个艺术家的手记》（*Cahiers d'un artiste*，巴黎，1917）触动了艺术界。教师、医生和护士，都属于那种在描述所见所闻时通常会对不愉快的事物有所保留的人，工程师和药剂师更是如此。

在大战爆发的最初几个星期里，商界中一些在现实中需要某种呵
101 护的人得到了“生意照常”这样的标语。这个短语迅速在英国传了开来，在它败给事实和嘲笑之前有过一段短暂的流行。汤姆·布鲁斯·琼斯（Tom Bruce Jones）先生出版了一本小册子，名为《英国遭到入侵的危险，以及在“照常营业”的同时如何应对》（*The Danger of Britain's Invasion, and how it may be met whilst carrying on "business as usual"*，Falkirk，1914）。8月11日，这个短语出现在伦敦《每日纪事报》（*Daily Chronicle*）上，出现在W. H. 史密斯父子公司（W. H. Smith and Sons）的H. E. 摩根（H. E. Morgan）的来信中。这些就是赞美用武力战胜魔鬼的一切必要手段时所遇到的所有障碍了。

【注释】

[1] 这些大战期间在德国十分流行的解释，可以在以下英文著作中见到：J. K. 特纳（J. K. Turner）：《它会再来吗?》（*Shall It Be Again?*）；L. E. 罗利（L. E. Rowley）：《战犯》（*War Criminals*，私人出版，密歇根州兰辛，1924）。

[2] 408 页。

[3] 这段话现在读起来有些有趣，因为俄国的一些文件披露了在战前俄国所获得的法国新闻界的支持中，有多大一部分在多大程度上是用钱买来的。尤其参见《黑皮书》（*Livre Noir*）以及随后在《人道报》（*L'Humanité*）上发表的文章。

[4] 引自 G. 德马蒂亚尔（G. Démartial）：《如何唤醒良知》（*Comment on mobilisa les consciences*），19 页。意大利法理学家“乌马诺”（“Umano”）出版了一本公众人物在大战期间所发表的言论的匿名集子。他认为，同他那本 1922 年出版的名为《关于政府的实证科学》（*Positiva scienza di governo*）的主题分散但仍令人感兴趣的书相比，这本集子并没有多少根据。

[5] 布施：《俾斯麦》，第 1 卷，128 页。

[6] 前引德马蒂亚尔书，24 页。

[7] 塞尔维亚王国：《关于奥匈军队在第一次入侵塞尔维亚期间所犯暴行的报告》（*Report upon the atrocities committed by the Austro-Hungarian Army during the first invasion of Serbia*），R. A. 赖斯（R. A. Reiss），伦敦，1916。

[8] 顺便说一句，德国公众认为卡维尔小姐（Miss Cavell）是间谍。

[9] 格罗（Graux）的《大战中的假新闻》（*Les fausses nouvelles de la grande guerre*）第 I 卷第 282 页重复了上述这段故事。前大使 J. W. 杰勒德（J. W. Gerard）在《使德四年》（*My Four Years in Germany*，纽约，1917）和《直面独裁统治》（*Face to Face with Kaiserism*，纽约，1918）中对德皇进行了批判。牙医阿瑟·N·戴维斯（Arthur N. Davis）写了《我所认识的德皇》（*The Kaiser as I Knew Him*，纽约、伦敦，1918）一书。

[10] 174 页。

[11] 他的早期文章于 1915 年在英国以《一个叛徒的胡言乱语》（*The Ravings of a Renegade*）之名出版。

[12] 该书的英文版于 1915 年在纽约出版，名为《英国自己眼中的好战英国》（*Warlike England As Seen by Herself*）。

[13] 路易斯维尔：《信使新闻报》（*Courier-Journal*），1898-06-26。

[14] 例见《子弹与宿营地》（*Bullets and Billets*），纽约，1917。

[15] 博伊德·凯布尔（Boyd Cable）完成了从官方公报中提炼报道的艰巨任务。在他的《战线之间》（*Between the Lines*）和其他作品中，单调枯燥的官方公报摘要经过润色就变成了报道。

第五章　胜利幻想

一个国家的战斗精神往往是靠必胜的信念来维系的。敌人或许很危险、顽固而且邪恶，但如果敌人一定能够胜利，那么这个国家的许多组成部分的士气就会开始动摇和崩溃。对于一个丧失了信心的国家来说，它的仇恨情绪也许会被转移到一个新的对象上，它也许会忙于仇恨自己国家的统治阶级或者自己的盟友，而不再仇恨那个技术层面上的敌人，随之而来的也就是军事上的失败了。

这种胜利幻想也许会因为强与善之间存在的紧密联系得到加强。原始的思维习惯在现代生活中依然存在着，而战斗则变成了区分真与善的一场考验。如果我们取得了胜利，上帝就站在我们这一边。如果我们失败了，上帝也许是站在另一边。服从必然性也就是服从真理，除非宇宙本身是邪恶的，或者除非这一切可以被解释为惩罚我们过去所犯下的罪过，或为了净化我们以使我们获得未来的荣耀而对我们施加的暂时苦难。无论是哪种情况，失败都需要许多解释，而胜利本身则说明了一切。

公众对于世界大战问题的预期状态取决于对下列问题的回答：我们这一方和敌人那一方的力量对比如何？从宣传家的角度来看，有许多鲜明的事例说明了回答这一问题所不应该采取的方式。坚持强调敌人的软弱以及培养公众对于敌人马上就要崩溃的预期，这种做法其实是鼓励公众产生可能会被无限推迟的希望，而因此带有幻想破灭、消沉以及失败的危险。在已过去的大战最初的一个月中，巴黎没有得到关于交战各方军队情势的确切消息，取而代之的是各种不安分的谣言。巴黎期待立刻获得胜利。难道冯·德戈尔茨（von der Goltz）[①] 没有承认，德国各城市正在减弱的生命力已经使德国加速颓废？难道凯姆（Keim）将军没有宣称，要不是德国的兵力超过法国 1/3（一种如今英国和比利时的军队已经克服了的不对等状态），它根本不会打赢 1870 年的那场战争？难道意大利、荷兰、葡萄牙不是处在将自己的赌注押到协约国身上的边缘吗？难道被俘的敌军没有为他们自己乞求得到面包，并为他们的战马乞求燕麦吗？难道在柏林没有爆发罢工和骚乱吗？难道德军士兵不是被他们的普鲁士长官们用手枪指着才加入战斗吗？难道他们没有在开小差吗？难道一名正在巡逻的法国士兵没有让 50 个德国人因害怕而投降吗？难道我们不是在洛林的小河中饮马吗？ 103

自从米尔豪森（Mülhausen）于 1914 年 8 月 9 日被攻占的消息报道之后，在很长一段时间内就再没有公开过关于该战区的任何更加具体的信息了。那么，当时的报纸上都写了些什么呢？格罗（Graux）博士（一位内科医生）记录下了大战期间的传闻。这些记录已经出版，多达 5 卷。他是这样回答这个问题的：

> 德国人的暴行？哎呀，这确有其事。但是还有士兵们的通信、在克里姆林宫举行的宗教仪式、一个军事调查委员会在贝尔福的调查结果、我们对待战俘的方式、皇储的伤势——假报道——战地记者们、禁止俄国货物出口、瑞士的中立、德国的虚张声势、克莱芒泰尔（Clémentel）[②] 先生发表的爱国演讲、梅西米（Messimy）[③] 夫人和瑞士志愿者的救护车、巴黎漫步（les prome- 104

① 冯·德戈尔茨（1843—1916），德国将军、男爵。1914 年 8 月德国入侵比利时后任军事总督；年底任土耳其政府军事顾问；1915 年 3 月任博斯普鲁斯集团军司令，他的从埃及和印度进攻英军的计划被否决；1915 年 10 月任美索不达米亚战线的第六集团军司令。

② 即埃蒂安·克莱芒泰尔（1864—1936），法国政治家。曾任农业和商业部长。

③ 陆军部长安德烈·梅西米之妻。

nades de Paris)、占领多哥、红十字会的补给品，以及在德国受到不公正对待的美国人![1]

但德国人在哪里呢?

直到（1914 年 8 月）20 日，《晨报》(*Matin*) 才把坏消息捅了出来。它的标题这样写道：

> 他们在布鲁塞尔吗?

随着真相开始（部分地）传播开来，各种没有根据的传闻铺天盖地。杞人忧天者在布洛涅森林（Bois de Boulogne）看见了德军。27 日没有发布任何各方公报。28 日，各家报纸试图填补这一空白，它们预言：

> 沙皇不久将向德国开出条件。

29 日，前线似乎在索姆河。到了 30 日，事实显露出来了。同时，关于 Turpinite（一种新型的致命炸药）将消灭入侵者的报道使人们充满了希望。

在柏林，大战的最初 25 天是在一种欢乐的极度兴奋中度过的。报纸上充斥着关于被俘士兵、被缴获的枪支和军旗的消息。投入的战争
105 物资超过了整个 1870 年战争的水平。巴黎的陷落只不过是时间问题罢了。

大战初期夸张的乐观主义与整个战争过程中低音调的谴责相互呼应。难道公众没有完全被他们的领导人所误导吗？当然，管理公众的恰当方法是坚持强调我们事业的**最终**胜利。法国和德国的指挥官们都由于受到敌人的“突然袭击”而摆脱了完全丧失公众信任的危险，这也成为了宣传家大加渲染的很好的话题。如果你胜利了，那么你就可以让“突然袭击”溜出人们的头脑；而如果你受到困扰，它在困难时期还是一个随时可用的法宝。平民是很容易接受这种说法的，因为他们很清楚地知道，自己没有预谋战争，而敌人一定在预谋战争。

在协约国，官方的说法是，武装到牙齿并做好充分准备的德国突然入侵了比利时，并且不等爱好和平和震惊的协约国缓过劲儿来遏制其攻势就横扫了法国北部，这令爱好和平而且毫无准备的世界惊愕不已。

就事实真相而言，实际情况似乎是，为了掩盖法国战略的失败并防止民心士气低落，关于"突然袭击"与"毫无准备"的言论完全被夸大了。至少这是让·德·皮埃尔弗（Jean de Pierrefeu）的说法，他是大战期间中央司令部官方公报的起草人，他在确定真相的过程中处于有利地位。他在大战那些年中假装对于这种骗人的做法一无所知， 106
在战后却在一本名为《普卢塔克①说谎了吗?》的书中揭示了事实真相。他说，法国总参谋部许多年以来就知道德国将取道比利时来进攻，总参谋部在制定战略时也将这一因素考虑在内，却因为他们的计划失败而在战斗中败北。法军统帅部认为，取道阿尔萨斯发起攻击将使西线德军之间的通讯陷入瘫痪，因而没有必要让增援部队支援左翼，而结果是左翼法军在德军面前一败涂地。法军被赶回阿尔萨斯，在西线一溃千里，他们的整个战役计划被德国人粉碎，而只是因为德军方面的愚蠢表现而得以保全。[2]

关于敌方间谍的传闻使得"突然袭击"的说法对于平民来说显得似乎有些道理。对间谍的追寻是由面对一种巨大的新危险而产生的强烈躁动情绪引起的，人们由于感到自己无法有效地消除威胁而产生了一种个人挫折感，这种挫折感又加剧了上述躁动情绪。关于黄色汽车的毫无根据的传说使德国农民大为兴奋，据说这些汽车满载着运送给俄国的黄金，从法国开出来，飞快地穿过德国。他们将铁链横在路上，这使许多旅行者的路途极为不顺。在大战的疯狂日子里，英国的军方通讯员经常被拦截并被关进监狱。对许多人来说，这种对于间谍的狂 107
热情绪造成了极大的不便，但它却有助于唤起社会，使之对在危机时刻采取共同行动的必要性有更深的体会。诸如威廉·勒克（William Le Queux）的《英国面临的致命危险》（*Britain's Deadly Peril*，伦敦，1915）之类的书便使冲突中的间谍恐慌更加严重了。

如果要避免不合时宜的悲观主义情绪，"突然袭击"理论就必须和我们对于暂时性的不利形势的明智抵制联系在一起。我们一定能够取得最终的胜利。我们在人员、物资以及外国支持方面的储备要强于敌人。在这些方面，外国人的陈述尤其让人心宽。法国人在1916年出版了《意大利对1914—1915战争的呼声》（*Voix italiennes sur la guerre de* 1914—1915）以及《拉丁美洲的呼声》（*Voix de l'Amérique latine*）[戈麦斯·卡里略（Gomez Carillo）作序] 来鼓舞自己。英国人编纂了

① 普卢塔克（46? —120?），古希腊传记作家、散文家。

《美国人对于战争的 60 种看法》(*Sixty American Opinions on the War*, 1915), 并且欢迎罗斯福 (Roosevelt) 的《为什么美国应该加入协约国》(*Why America should join the Allies*, 1915) 一书的出版。拉姆齐·缪尔 (Ramsey Muir)① 为意大利杰出的哲学家里尼亚诺 (Rignano) 的《战争与和平》(*The War and the Settlement*, 1916) 的英文版撰写了导言。而德国人则在协约国认识到外国战争记者的重要性之前就已经对其给予了关照，因此他们通常能够确保有丰富的剪报以供国内报刊转载之用。瑞典人斯文·赫定 (Sven Hedin)② 写了《随德军在西线》(*With the German Armies in the West*) 一书，此书被译成了多国文字。根据卡尔·容格 (Karl Junger) 的《德美动员……!》(*Deutsch-Amerika mobil*... !, 柏林, 1915) 一书，德国人确信能够得到在美国的德国人的积极援助和同情。瑞士人 J. 斯特雷贝尔 (J. Strebel) 医生将一些他在协约国观察到的表明协约国即将崩溃的鼓
108 舞人心的迹象告诉德国人。他的《旅行图解》(*Reisebilder*) 于 1915 年在洛桑 (Lucerne) 和柏林出版。一位名叫保罗·巴尔梅 (Paul Balmer) 的瑞士人将一些他在德国观察到的表明德国即将崩溃的鼓舞人心的迹象告诉法国人。他的《在家的德国佬》(*Les Allemands chez eux*) 于 1915 年在巴黎出版。一位来自美国的和平主义者 [马德琳·Z·多蒂 (Madeleine Z. Doty)] 在德国亲眼看到了人们所遭受的痛苦，写下了《定量不足》(*Short Rations*), 1917 年在纽约出版。

除了这些累积的事实与看法，可能还有一些预言。在 1914 年的危急日子里，著名的《泰贝夫人的见证》(*Almanach de Madame de Thèbes*) 鼓舞了法国公众中一些阶层的士气。1914 年 8 月 19 日，《费加罗报》(*Figaro*) 刊登了一个据说应该是 1600 年时的预言。一个叫约翰修士 (Friar John) 的人预言，一个名为威廉二世 (William the Second) 的反基督徒将在他铸造武器的地方投降。毫无疑问，这指的是埃森 (Essen) 和威斯特伐利亚 (Westphalia)。

预言偶尔会不经意地对两方面都产生影响。德国人推出了这样一个预言：胜利将属于三位皇帝以及三位国王，这显然是指德国、奥地利、土耳其、巴伐利亚、萨克森以及保加利亚。而协约国则可以用俄

---

① 拉姆齐·缪尔 (1872—1941), 英国历史学家、政治家。著有《英联邦简史》。

② 斯文·赫定 (1865—1952), 瑞典记者、探险家。曾多次穿越亚洲中部，发起并主持中国和瑞典 1927 年至 1933 年的联合考察，在探险方面有重大发现。

国、印度、日本、比利时、意大利以及塞尔维亚来对号入座。[3]

社会中更富有经验成员的预言会采用更为微妙的形式。因此拉内桑教授(Lanessan)对《为什么德国人必败?》(*Pourquoi les Germains seront vaincus*，巴黎，1915)一书进行了解释。1916 年，据说劳合·乔治曾对比利时的埃米尔·王德威尔德(Emile Vandervelde)① 说过下面的话：

> 英国在 1914 年宣战，1915 年开始进行战争，1916 年将战争升级，并将在 1917 年结束战争。 109

不过，这个精明的威尔士人大体上还是没有让自己越出那个极好的公式：

> 当我们实现我们的目标时，我们就会结束战争。

依靠一些可尽其溢美之能事的人以非官方的身份向公众解释战争，那是大有好处的。美国的弗兰克·西蒙兹(Frank Symonds)②、英国的雷平顿上校(Colonel Repington)③ 以及法国的鲁塞司令(Commander Rousset)维系了公众信心，给各自国家的当局帮了大忙，因为他们尽量通过对战争的理解的宣传来降低损害士气的可能性，并成为整个宣传机器的一个齿轮。他们能够解释为什么撤退是“战略撤退”，以及撤退是如何成为“战线的调整”。

大战过程中出现的一个问题是如何处理关于损失的消息。从完全封锁到立刻公开，可能采取的政策可以有很大变化。在温斯顿·丘吉尔担任海军大臣时，首席海军新闻检查官说他：

> 有点儿像赌徒，也就是说，他会将一些坏消息扣押一段时间，期望能够收到一些好消息，把它们公布出来以抵消那些坏消息。

---

① 埃米尔·王德威尔德(1866—1938)，比利时政治家。1894 年至 1938 年为无可争议的比利时工人党领袖。

② 弗兰克·西蒙兹(1878—1936)，美国记者、军事评论家。1917 年作为《纽约先驱论坛报》副主编以战争评论获第一个普利策社论奖。

③ 即查尔斯·雷平顿(1858—1925)，英国军人、记者。曾任驻布鲁塞尔和海牙武官，1914 年至 1918 年任《泰晤士报》军事记者，被称为“内阁的第 23 名成员”。

> 而且，我必须说明，这种做法并非很少成功！另一方面，这种做法也有不成功的时候，那时四周都是一种“黑色星期一”的气氛——我们所有人脸上都有一种糟糕的“清算日”的表情。
>
> 当他离开海军部后，我总是主张立刻公布灾难消息，或者至
> 110 少是在伤亡人数已经被报告、伤亡者的亲属也已得到通知的时候
> 马上公开这些消息。这种做法很快就成了惯例。[4]

1914年10月27日，英国损失了战列舰“奥达修斯”号(*Audacious*)(它在爱尔兰海岸外触雷)。这时，英国采取了完全保持沉默的做法。在大战还在进行期间，此事从未被官方所承认；停战之后，它才得到严肃的报道。战争初期，德国人可以从英国人的沉默寡言中捞取许多资本。而英国人直到发动了一次大胆的攻击从而赢得了日德兰战役①胜利之时，才得以恢复国内外的信心。德国人在5月31日通过无线电广播宣布，他们已经取得了一次伟大的海战胜利。受损的舰只以及给伤亡家属的信息已经在英国东海岸流传开来，沉默不再可行。6月2日的官方公报完全承认了目前所报道的英国遭受的损失。人们非常震惊。当那一天晚些时候敌人的损失开始传来的时候，公众的惊恐才有所缓和。慢慢地，德国人才被迫承认事实。[5]

总的来说，当遭受损失时将它们公之于众，并且相信有利消息的增加能够中和坏消息的影响这一做法也许是有道理的。而如果敌方以一般的方式得以知悉损失，那就会引起特殊问题。布朗里格反对公布
111 因遭到敌人潜艇袭击或者触雷而沉没的英国商船的损失情况，他的理
由是：敌人通过这种途径会得到他们用别的方式无法得到的准确信息。而公众对于潜水艇战进展的知情要求非常坚决，所以最终达成了一项妥协。起初，官方公布的是每周所损失的船只数量，而没有更多的细节，后来则用每周所损失的船只吨位来代替所损失船只的数量。这暗含了处理这类事务的一条合理的原则。当所遭受的损失属于敌人无法确切了解的那一类时，公布的内容应该采用概要的形式，而不能采用十分详细的形式。有必要将确切的总数予以公布，以减少那些杞人忧天者毫无根据的夸张之辞。

在战争过程中出现的另一个问题是如何处理打算投入使用的新的战争装备。交战国的每一项革新都有可能在其国内被看做取胜的希望

---

① 发生在1916年5月31日至6月1日。

而受到欢迎，而在国外则被看做对人类的一种罪行而受到谴责。但这一规律也有例外，为了安慰国内那些易受惊吓的人（他们尤其会因为具有破坏力的战争手段被投入使用而感到悲哀），应该发动一场精心准备的预防战。如果据报道敌人采用了一种新装备，马上就会出现使用这种准备以作为合理报复手段的呼声。空中轰炸和毒气的使用都被协约国以及德国的公众认为是对方邪恶本质的产物。在德国，潜艇被视为一种对英国实施的残酷封锁（这种封锁漠视国际法的约束，甚至到 112
了成为针对老人和孩子、妇女和儿童而不是战斗人员的攻击武器的地步）的回应而得到辩护。德国政府以诉说协约国是如何利用了某个潜艇艇长的善良的方式，来为自己关于不加警告就将船只击沉的命令辩护。一位英国水兵穿着一身妇女的衣服，怀里抱着一个看似婴儿的包，站在一艘被潜艇拦截下来的船的甲板上。这艘潜艇在击沉这艘船之前浮上水面，想让这位不幸的妇女下这艘船，就在这时，这个化了装的水兵突然向潜艇投下一颗炸弹，顷刻之间就将潜艇摧毁了。

对那些将战争视为巨人间战斗的为数众多的国民而言，对领袖的信心的宣传就是必不可少的了。阅读一本一位公众人物的文字优美的传记就是一种令人安心的经验。奥托·克拉克（Otto Krack）写了一本相当流行的《鲁登道夫生平》（*Life of Ludendorff*），哈罗德·贝格比（Harold Begbie）在他的《基钦纳——胜利的组织者》（*Kitchener, Organizer of Victory*）一书中颂扬了基钦纳，而《保罗·冯·兴登堡将军》（*General Paul von Hindenburg*）[①] 则是由贝尔纳德·冯·兴登堡（Bernard von Hindenburg）[②] 所写的。

对日常性的工作或者不同寻常的工作的英勇完成的报道，能够强化赢得最终胜利的自信。来自战壕的报道还必须加上不那么戏剧化的关于整个国家在前线后方是如何在节约食品、制造军需品以及救济工作方面团结一致的报道。鲁道夫·汉斯·巴尔奇（Rudolf Hans Bartsch）[③] 在德国转了一圈，写下了《艰难时世中的德国人》（*Das deutsche Volk in schwerer Zeit*），这本书使身处前线的人们感到放心，并让平民感到鼓舞。

---

① 保罗·冯·兴登堡（1847—1934），德国元帅、国家元首。第一次世界大战期间先后任总参谋长、陆军总司令，1925 年至 1934 年任总统。

② 保罗·冯·兴登堡之子。

③ 鲁道夫·汉斯·巴尔奇（1873—1952），德国作家。

113 赢得胜利的愿望是同取胜的机会密切相关的。如果不想让挫折消耗掉决心并引发国内摩擦和争吵的话，取得最终胜利的话题对于战争的进行就是必不可少的了。

【注释】

[1] 格罗的《大战中的假新闻》第1卷中有大战最初几天的记录。

[2] 战前预测分析大战战略的文献，见约翰·贝克利斯（John Bakeless）：《下一次战争的起源》（*The Origin of the Next War*），第10章。一个争议颇多的问题的另一方面，见菲利普·尼姆斯（Philp Neames）：《德国战略与大战》（*German Strategy and the Great War*）。

[3] 格罗，前引书，第1卷，244页。

[4] 海军少将道格拉斯·布朗里格（Douglas Brownrigg）爵士：《海军新闻检查官的唐突》（*Indiscretions of the Naval Censor*），13页。

[5] 布朗里格在前引书第四章中，从英国的观点出发讲述了这一事件。

第六章 维系友谊

114

形成坚固的对敌阵线的一个先决条件是与盟友之间保持真诚友好的关系，尤其重要的是盟友之间应该通过强调各自在战争进程中做出的艰苦努力来相互激励。在过去的那次大战中，没等意大利人从卡波雷托惨败①的打击中恢复过来，美国就迅速参战。疲惫而沮丧的意大利人对美国参战的诚意冷嘲热讽，私下里都说美国人是工业化的人，他们已经忘记如何打仗，他们不愿意为了一个危险的职位而放弃自己富足的工作。美国没有也不想拥有军队，如果拥有也供养不起。即使真的供养一支军队，同盟国的潜艇会击沉所有能将其运送到欧洲的运输工具。总而言之，美国的官兵们都缺乏经验，成不了大气候。[1]

因此，美国对意宣传的明确基调就是宣扬美国粉碎同盟国的坚定决心，这一点从其备战情况就可以看得出

① 德奥联军于1917年10月至11月在意大利北部伊松佐河畔的卡波雷托大败意军，这是第一次世界大战中规模最大的一次山地交战。

来。公共信息委员会纽约办公室准备了大量新闻材料，通过意大利最大的新闻机构斯泰法尼通讯社（Agenzi Stefani）散发出去，这些材料
115 涉及军事准备、舰船制造、食品储备、自由贷款、红十字会和其他平民服务。一种特制的油印新闻信被寄给了有影响的意大利人。

他们挑选了一些意大利记者到美国游历，报道自己的所见所闻。住在美国的意大利人也被鼓励写信回家，宣传美国所做出的巨大努力。他们还诱使一些报纸与其合作，印制各种小册子，派美国人（尤其是意大利裔的）到各地演讲，并提供大量电影胶片和幻灯片。美国的照片和明信片、丝带和纽扣、海报、旗帜、音乐和展览到处可见。一队真实、活生生的美国士兵被带到了意大利，主要目的是展示而不是作战。作为美国代表团的先遣部队，他们唤起了巨大的热情。

所有这一切的主题是美国为赢得这场战争所做出的不懈努力。对意宣传使命的负责人写道：

> 我们惟一不准确的地方就是对美国的备战规模宣传得过于保守了，由于美国人有吹嘘者的坏名声，我们觉得低调总比夸张好。在意大利宣传了几个月后，我们非常高兴地得到了意大利人善意的批评，他们说我们提供的信息并没有揭示美国所付出的全部努力。

116 如果有任何理由怀疑某个盟国的战争目的与其他盟友相左，那么战争过程中的努力本身就不足以唤起盟友的热情。英国人因被人们暗地怀疑其在法取得的胜利将对法国不利而弄得焦头烂额。关于英国不仅打算留在加来——这从英国正在用永久材料修筑营房可以看得出来，而且打算主要用此延长战争，以达到用法国人的血拖垮危险的商业对手的惟一目的的谣言也传得沸沸扬扬。1917 年严冬，伦敦《泰晤士报》的威克姆·斯蒂德先生愕然发现，如果英国愿意归还从德国夺取的殖民地，和平就随时可以实现的暗示到处流传。

斯蒂德抓住一次演说的机会解释说，那些德国的前殖民地永远不可能任由唐宁街随心所欲处置。严格地讲，不列颠帝国已经不再是一个帝国，它已经成了一个国家联合体，其成员曾经在这些德国前领土上洒过鲜血，他们永远不会允许唐宁街拿这些土地做廉价交易。斯蒂德认为，只有通过解释英国宪法的实情，才能一劳永逸地粉碎这

些谣言。[2]

意大利对美国参战的冷淡态度部分是因为美国参战是为了谋取世界经济霸权的传言：美国计划向陷入困境的欧洲各国政府大量贷款，一旦战争结束，就会要求目前并未清楚但数字惊人的赔偿。这场微妙 117
的暗示与怀疑的运动被强劲的威尔逊宣传化解了，他们强调美国参战目的的公正无私和人道主义特性。

法国人悲伤地发现美国在战争结束后把阿尔萨斯和洛林归还给法国问题上与自己的意见十分不统一。法国派驻美国的战时代表团整天忙于转变美国人的态度，法国高级专员塔迪厄（Tardieu）① 先生也为此全力以赴。在 1917 年 5 月抵达美国后几个月，他兴奋地写道：

> 这个国家的态度已经完全转变了。我大胆地认为我和我的同事的活动与这个转变有很大关系。我们组织了 15 000 次英语演讲，年轻的军官们利用他们的战争记录及其伤口的权威性，向人们展示了被占领省份的悲惨状况（他组织了一个旅美阿尔萨斯人和洛林人协会）。成千上万张复制了埃内尔（Henner）② 的《阿尔萨斯人》（*Alsacienne*）和波尔多抗议内容的大型海报向合众国的每一个州传达了我们要求的意义和范围。[3]

向一个国家“兜售”另一个国家的过程在 1919 年立陶宛朋友发起的争取美国支持的活动中也得到了体现。立陶宛国民委员会雇用了一个公共关系顾问，来实施这项实际上相当于鼓励一个盟国接受其弱小 118
伙伴（完全独立）要求的活动。该公关顾问采取了以下步骤：

> 他对于立陶宛问题的每一个可能的方面都进行了详尽的研究，从其远古及近代的历史、种族起源到现在的婚俗及流行的娱乐方式。他根据可能诉求的公众的不同将这些材料分成了不同的类别。对于业余的人种学者，他提供兴趣和准确的关于立陶宛种族起源

① 即安德烈·塔迪厄（1876—1945），法国新闻工作者、政治家，1901 年进入《费加罗报》，1917 年至 1918 年为法国驻美国高级专员，1918 年至 1919 年为巴黎和会法方代表，1926 年至 1930 年任总理。

② 埃内尔（1829—1905），法国画家，出生于阿尔萨斯，以画红发裸女著称。

> 的数据；对于学语言的学生，他用真实并记录完整的有关立陶宛语从梵语（Sanscrit）① 起源的发展过程的研究资料来吸引；他给“体育迷”讲解立陶宛的运动；给妇女们讲解立陶宛服装；给珠宝商讲解琥珀；给音乐爱好者安排立陶宛音乐演奏会。
>
> 他给参议员们提供有关立陶宛的许多事实，为他们做出有利于立陶宛的行动奠定基础，对于众议院议员他也采取了类似的做法。对于那些具有成形的意见并有助于领导其他意见的团体，他提供了为他们做出有利于立陶宛的决定奠定基础的事实。
>
> 他还策划和实施了一系列能给他们带来想要结果的活动。在不同的城市举行大型集会；起草、签署并递交请愿书；朝圣者向参议院和众议院发出号召。所有可能接近公众的途径都被利用起来以引起公众的兴趣，引发公众行为。写有立陶宛立场声明的信件被寄送到了可能对其感兴趣的个人手中；演讲大纲与立陶宛的请求互相回应；报纸广告被大量购买；电台将演讲者的信息传递给了公众；影院光顾者也看到了相关电影。
>
> 119 渐渐地，一步一步地，公众、新闻界、政府官员了解了立陶宛的风俗、特性和存在的问题，了解了这个正在寻求自由的弱小波罗的海国家。
>
> 当立陶宛信息局求助于美联社澄清波兰人对立陶宛局势的虚假或误导性报道时，在公关顾问的建议和活动下，其代表团连续几个星期都是美国新闻里的焦点人物。同样，当对立陶宛问题感兴趣的美国代表团出现在国会议员或国务院官员面前时，他们的身份是一个不再被忽视的国家的代言人。[4]

这种类型的宣传需要有持续不断的、充满尊重与敬意的断言进行补充。协约国互相庆祝对方的主要节日。美国的 7 月 4 日独立日在欧洲广为流传。美国的宣传者发起了一场大规模的示威游行纪念意大利的参战（5 月 24 日）。协约国间战时使团（Inter-Allied War Missions）发表的公开演讲和声明措辞虚假，但在复杂的情感鼓动时期听起来却像是真的。[5]

每个同盟者都应该从各个方面强调国内宣传的主题。他们必须互相刺激以意识到他们的利益即将受到敌人的威胁和破坏。正是在这一

---

① 古代印度的经典语言。

点上的失败部分地导致了革命的俄国脱离了协约国的行列。罗宾斯(Robins)上校被派到俄国协助美国红十字会的汤普森(Thompson)上校，他对于俄国所发生的一切的叙述在参议院调查委员会的听证会上被记入档案。罗宾斯上校四处考察士兵们在想些什么，他回来时，汤普森上校问他：120

> "现在，这件事正进一步恶化，不是吗？——正在整个俄国——这种失败主义者的文化中发生的这件事？"我说："是的，上校，它似乎会瓦解整个俄国的社会结构。"他说："那么，协约国的宣传怎么样？"我说："上校，糟糕至极。"在参议员奥弗曼(Overman)的眼里，当时协约国的宣传就是：用图片和文字宣传法国如何伟大，英国如何强大，美国如何势不可挡。"在几个星期之内，我们将在前线拥有20 000架飞机，几个月内，我们将拥有400万名士兵。我们将轻而易举地赢得这场战争。"俄国农民说："噢，是这样吗？好的，如果协约国将轻松赢得战争，我们这些已经战斗和工作了很长时间的人就可以回家看望亲人了。"根据我对事实的判断，协约国的宣传实际上打击了士气而不是鼓舞了士气。
>
> 我们之间已经达成共识：有一个真实的、接近事实真相的答案——将这一切向革命俄国解释的努力，先是被沙皇对协约国事业的支持所破坏，接着又遭到随之而来的反对意见的破坏。尽管我知道要想使大量的革命思想像我们协约国一样考虑问题是根本不可能的，但仍有可能动员他们为了挽救革命而与德国战斗。如果他们为这一事业服务，我们并不在乎他们怎么想。我们说，情况是这样的：我们必须从挽救革命的角度解释为什么要控制前线和击败德国军国主义独裁，这恰巧是正确的。我们必须说，如果德国军国主义独裁获胜，俄国革命的成果就会毁于一旦。我们必须描述这一点，直到普通的士兵和农民看到在德国人的刺刀背后，
> 贵族和封建地主会重新夺回土地；在德国人的刺刀背后，封建工 121
> 场主会回来把工厂、磨坊和矿山革命后8小时的工作时间和15卢布的工资，改回革命前12小时2卢布的半奴隶生活。我们必须使他们看到在德国的刺刀背后，大公们将回来破坏他们的地方自治苏维埃和革命议会。如果我们这样做，就能挽回颓势。
>
> 在有关这一问题的第二次或第三次会议上，资金问题提了出来。这是一项浩大的工程，"你们打算怎么做？"显而易见你们做

不到，没有机构来做，无论是美国的还是协约国的。而且在俄国农民的心目中，协约国也是被咒骂的独裁对象。只有俄国人，只有革命能做到。

当时，年迈但依然英勇的领袖布列什科夫斯基（Breshkovsky）女士①住在冬宫，她或许是当时最伟大的革命领袖。布列什科夫斯基女士在为俄国革命服务了40年之后，现正在彼得格勒的冬宫里，她刚刚从西伯利亚一次胜利的旅程载誉归来。在彼得格勒，她受到了这个城市历史上最大规模集会之一的热烈欢迎。人们在那个巨大的火车站的沙皇专用候车室中迎接这位老农妇、革命者，政府官员授予她荣誉，以及其他诸如此类的事情。她现在冬宫的大公套房里，从这里过涅瓦河可以看到囚禁她3年之久的彼得和保罗要塞。这是一个戏剧性的和蔚为大观的场面。我早就认识她，那是在12年前，当时她还在这个国家，我曾经在工作中帮过她。我还认识尼古拉·柴科夫斯基（Nicholas Tchaikovsky），一个极其虔诚的真正革命者，当时他是俄罗斯农民合作社的领袖。

汤普森上校认为，应该组织一个争取自由俄国的公民教育委员会，布列什科夫斯基女士应该成为这个委员会的主席，成员应包括尼古拉·柴科夫斯基；俄国革命者拉扎罗夫（Lazaroff），他曾是瑞士一个牛奶场的场主，该牛奶场实际上是俄国革命的一个地下组织，多年来他由于对祖国的贡献而享有很高的声誉；纽兹拉科夫斯基（Neuslakovsky）将军，克伦斯基（Kerensky）② 的参谋部里最受信赖的成员，他从军事的角度与该委员会有着积极的合作；戴维·索斯凯斯（David Soskice），克伦斯基的私人秘书。他们将组成"自由俄国公民教育"委员会。计划是这样的："首先我们将收购一些报纸，再配合其他宣传形式，准备一些用农民语言以及俄国农民和工人理解的常用语句写成的简单声明，这些声明是为普通农民和工人所理解，而不是知识分子。我们将把与德国军国主义独裁斗争的新福音书散发到军队和农庄里，不是为协约国服务，而是为了挽救革命。"[6]

① 布列什科夫斯基女士（1844—1934），俄国革命领袖，1896年创办社会革命党，一生中曾两次入狱、两次被流放西伯利亚，并曾流亡瑞士、美国，1917年革命中被克伦斯基从西伯利亚释放。

② 即亚历山大·费多罗维奇·克伦斯基（1881—1970），俄国律师、政治家，1917年二月革命后任政府总理，十月革命中被推翻，避往国外。

威廉·B·汤普森上校自己拿出100万美元用于这一方面的宣传，努力防止俄国脱离协约国的行列[7]。

在大战初始阶段，协约国宣传的核心恰好是最终战胜富有侵略性的德国这一主题。八九月份，法军和英军在德国的强大攻势面前节节败退，在俄国的协约国代表急需发挥所有聪明才智鼓舞俄国人的士气。法国大使在那些天的日记里写道：

我已经敦促俄国新闻界要以最适合的（或许是最真实的）的方式描述这些事件，比如说这是一种暂时的、有组织的退让，是不久的将来逆转为规模更大、更强劲的攻势的序幕。所有的报纸 123
都支持这一观点。[8]

他面临着这样的形势：

彼得格勒的经济界通过瑞典与德国一直保持着联系，他们对战争的所有看法都受柏林的影响。

最近几个星期来，他们所谈论的主题打着很深的德国烙印。他们说，我们必须客观地看待事物。交战的两个集团必须意识到，任何一方都不可能战胜并真正消灭另一方。战争不可避免地要以和解和妥协结束。既然是这样，就越快越好。如果战争继续下去，奥地利人和德国人就会在他们目前的攻占地周围组织起一条强大的防线，使其坚不可摧，以便将来使我们放弃这些徒劳的攻击。在坚不可摧的战壕的保护下，他们会耐心地等待，直到其沮丧的对手降低要求。因此和平就不可避免地在抵押领土的基础上通过谈判实现。

……我从来都回答说，速战速决正符合敌人的根本利益，因为毕竟他们的物质资源是有限的，而我们实际上用之不竭。无论如何，德国总参谋部都应该因其坚持进攻战略的理论而受到谴责。[9]

在某些情况下，激起一个盟国的自信会严重破坏运作的统一。德国惟恐奥地利和匈牙利当局对前景过于乐观，因而将自己的从属地位归罪于德国这个北方盟友。[10]

针对某个国家内部各个不满群体的宣传可能会因盟国之间的合作 124

而得到加强。意大利的天主教徒不仅受与协约国关系友好的某些意大利领袖的影响，而且受吉本斯（Gibbons）主教、法利（Farley）主教和奥康奈尔（O'Connell）主教这样的美国神职人员的影响。意大利的劳工组织不仅被国内支持协约国的领导者笼络，而且受来访的国外激进分子的影响。美国人使亚历山大·豪厄特（Alexander Howat）①（“一次罢工都没有失败的人”）和约翰·斯帕戈（John Spargo）② 改变了主意。

对盟友之间友谊的宣传需要互相控制态度。对盟友的友好感情在很大程度上是由一个国家在其人民内部唤起的。在国内激起人民支持盟友的情感远比在国外重要，所运用的主题与前面列出的与唤起盟友有关的主题是相同的。

有时候修正一个盟友在公众心目中的形象是一项微妙且危险的工作。阿蒂尔·梅耶尔（Arthur Meyer）③ 坦言，他对法国和英国之间的融洽关系惊诧不已，因为他清楚地记得巴黎的儿童吟唱下面对句时的情景：

> 英国人永远、永远
> 也别想主宰法兰西！
> (Jamais, jamais en France
> L'Anglais ne règnera!)[11]

有时候坦率的道歉也是有用的，就像法兰西学院院士、著名作家皮埃尔·洛蒂（Pierre Loti）④ 在《费加罗报》上对塞尔维亚的恳求：

> 贫穷弱小的塞尔维亚，一下子成了高尚的牺牲品，我最后的
> 125 那本书也许疏远了她，我真想至少让她再温习一下那几堂法文课。
>
> (Pauvre, petite Serbie, devenue tout *à* coup martyre et sublime, je voudrais au moins lui ramener Les quelques cours francais que mon dernier livre a peut-etre éloignés d'eille.)[12]

---

① 美国堪萨斯州矿工领袖。

② 约翰·斯帕戈（1876—1966），美国社会党领袖。

③ 阿蒂尔·梅耶尔（1844—1917），法国新闻记者、《高卢人报》主编。

④ 皮埃尔·洛蒂（1850—1923），法国小说家，海军军官。到过中东和远东，作品充满异国情调。

最棘手的问题是如何唤起英国各阶层公众对俄国的支持。因为多年来对英国威胁最大的是俄国，而不是德国，有关俄国专制主义统治的故事冻僵了这个灌输了议会制思想的国家的血液。成功改变公众的态度是一项了不起的成就，伦敦警察厅（Scotland Yard）的负责人巴兹尔·汤普森（Basil Thompson）在多年之后不无讥诮地回顾：

> 1915 年 3 月英国人认为俄国正在给西方注入新的气息，现在看来这种想法非常奇怪。当时人们说十字军精神复活了，整个俄国都被为基督教精神拯救君士坦丁堡，再次赢得圣墓①的决心所鼓舞；……全国上下一致同意禁伏特加酒，……犯罪几乎在农夫中绝迹……如果他们在战争中取胜，就会被告知在他们的宗教唯心主义、高尚的伦理本能与他们敬而远之的西方唯物主义怪兽之间将有一场斗争。所有自认为了解俄国的人都会虔诚地相信这一切，现在，才过去短短的 6 年，他们的声音就绝迹了。[13]

如果传统的友谊将两个国家联系在一起，在危机时刻求助于它就非常容易。加斯东·里乌（Gaston Riou）在他的《拉斐特，我们来了》（*Lafayette*，*nous voilà*，巴黎，1917）② 中就是以这种方式欢迎美国人的。

尽管维持盟友之间的友好关系非常重要，但对战争结果起决定性作用的经常是中立国的态度。控制中立国态度最根本的就是要引导其认识到你的敌人就是他的敌人，你的目标就是他的目标。 *126*

来自不同交战方的战时新闻会有细微的倾向性差别，这将导致对敌方偏见的泛滥。一方会几乎无心地说到“我们的胜利”、“敌人撤退”或“我们的战线保住了”。控制着通往美国的越洋电报对英国来说是非常宝贵的一个优势，德国人无论如何也不能将其无线通讯设备改进到可以与电报相抗衡的程度。在新闻偏向性中，巧妙的牵连比本来就有的偏向性要多得多，纽约某家报纸的标题就体现了这一特点，该报甚至在德国正大举攻占比利时和法国北部时还写道：

---

① 基督教传说中耶稣葬于其中直至复活。

② 拉斐特（1757—1834），以参加美国革命荣立战功闻名的法国君主立宪派将军，巴黎国民自卫军司令，君主制度被推翻后逃亡奥地利，拿破仑掌权时回国。

比利时击败德国；英军将援助她。
德军在比利时损失成千上万。
德国在比利时的溃败演变成一场杀戮。

将另一方直接描述为中立国的敌人可以采取许多种方式。早在1915年，就有一本书专门描述了如果德国赢得战争美国人将面临的悲惨命运。在J·伯纳德·沃克（J. Bernard Walker）的《美国沦陷：欧战结果》（*American Fallen*：*A Sequel to the European War*，伦敦，1915）中，德国将纽约洗劫一空。这一历史悠久的招数在普法战争中
127 就曾被用来刺激英国以对抗德国。1871年4月的《布莱克伍德杂志》（*Blackwood's Magazine*）上出现了一篇题为《英国的陷落，或杜金鸡[①]的战争》的文章，它被翻印成小册子到处兜售。

德国人发现，要编造英国企图袭击美国的谎言似乎是不可能的，因为英国人显而易见把主要精力都放在了西欧。因此，他们就暗示对美国的进攻将采取典型的英式间接法。日本将实现英国的这一愿望。事实上，还有什么其他理由可以解释英日联盟呢？为什么日本

> 狂热地致力于轮船制造，现在已经有168 000吨位的船舶在航行？
>
> 当我们美国人把工具卖给欧洲让他们自相残杀时，当我们对自己说“我们太强大，不可能陷入危机”时，我们感觉安全、和平而自负。
>
> 如果我们知道代表整个亚洲、代表整个黄色人种的日本已经确认发动攻击、使太平洋两岸都成为日本天下的时刻到来时，我们的感觉就会截然不同了。[14]

杰弗逊·琼斯（Jefferson Jones）警惕地考察了《青岛的沦陷》（*The Fall of Tsingtau*，纽约，1915），这本书对引起人们对日本的怀疑有一定帮助。

美国社会的异质构成有利于进行特别的宣传，激起犹太人对俄国人、爱尔兰人对英国人、西方人对日本人以及（某些时候）意大利人
128 对法国人的敌意是有可能的。协约国可以诉诸英格兰人、法国人、苏

① 英国萨里郡一个城镇所产的一种鸡。

格兰人、威尔士人、俄国人、塞尔维亚人和罗马尼亚人的因素；在反奥匈帝国的情绪滋长起来之后，诉诸南斯拉夫人、捷克斯洛伐克人和波兰人。

美国的世仇——即宿敌（*Erbfeind*）——是英国，在反英的和弦里，德国人总是弹奏不停。是英国1814年焚烧了华盛顿，杰斐逊（Jefferson）曾说过如此尖酸的话：

> 只有英国有资格证明，残暴的拿破仑与她的大臣和将军相比只能算是小儿科。

而且，正是丧尽天良的英国人在独立战争和1812年的战争中煽动印第安人屠杀当时住在边疆的美国人。背信弃义的阿尔比恩（Albion）① 仍在试图通过欺骗手段实现某些东西。奥赖利（O'Reilly）先生通过赫斯特报团友好的专栏文章提出了疑问：

> 难道我们不是正被收买牺牲自己最根本的利益和道德顾虑派军队到英国，以使她能够彻底灭绝德国，将德国的商业和殖民地据为己有吗？[15]

同盟国（Central Powers）② 被描述为美国传统的自由海洋原则的捍卫者，这一主题在威廉·贝亚德·黑尔（William Bayard Hale）的小册子《美国的权利与英国在海上的炫耀》（*American Rights and British Pretensions on the Seas*）中也有论述[16]。英国驳斥了这一说 129
法，披露德国计划在战后无视门罗主义（Monroe Doctrine）③ 向南美扩张，并且通过构建一个欧洲集团为德国贸易征服整个世界[17]。英国还站出来断言他们正在进行一场民主制度与军国主义、独裁统治之间的战争，他们出版了伯恩哈迪（Bernhardi）将军的《德国与下一场战争》（*Germany and the Next War*）来给整个国家定罪。像H.G.威尔斯在《布里特林先生看穿了它》（*Mr. Britling Sees it Through*）中那样机智的雄辩征服了许多美国读者。

---

① 指英格兰。

② 指第一次世界大战中德国和奥匈帝国等“中部”欧洲国家组成的联盟。

③ 1823年美国总统门罗提出的美国外交政策原则，口号是“美洲是美洲人的美洲”。

对敌人的系统诋毁必须与其他计划密切配合。在普法战争中法国激起了英国人对德国炮轰巴黎计划的强烈不满，痛斥德国对于人类文明无价之宝的野蛮漠视。俾斯麦深知诉诸中立国情感的重要性，因此指示他的一个宣传秘书为新闻界起草了一篇有关如下主题的文章：

> 如果法国想保护其历史古迹和书籍、绘画收藏免受战争的破坏，就不应该用防御工事将其包围起来。而且，法国也曾毫不犹豫地轰炸拥有价值更大的历史遗迹的罗马，将其破坏是一个无可挽回的损失。[18]

在 1870 年普法战争期间，对德国持敌视态度的伦敦《旗帜报》
130 （*Standard*）刊登了迪克·德菲茨詹姆斯（Duc de FitzJames）撰写的一篇文章，描述了普鲁士人在巴泽耶（Bazeilles）① 的种种恶行。俾斯麦指示对这家英国报纸做出回应，他声称，对战争的恐惧并不是对德国人的恐惧，而是对杜撰普鲁士人暴行的那些愚蠢文章的恐惧；这些文章迫使惊恐万分的农民们离开了本来可以相安无事的家园。他质疑迪克作为目击者的可信性[19]。

在同一场战争中，法国制作了一个名为《普鲁士人所发动的战争》（*La Guerre comme la font les Prussiens*）的小册子在国内外散发。俾斯麦指示布施（Busch）：

> 请写信给柏林，告诉他们应该从我们的立场将这类描述汇总起来，引述法国所有的残暴、野蛮行为以及违背《日内瓦公约》（Geneva Convention）② 的做法。不要太多，但也不能没人读，必须迅速完成这项工作。[20]

过去的那次大战中在中立国散发的各种各样的宣传材料泛滥成灾，敌人的罪恶暴露在众目睽睽之下。除了诉诸中立国的普通情感外，各国还发出了大量的特别诉求。德国呼吁中立国的新教徒起来抗议英国对传教士的虐待。W. 施塔克（W. Stark）牧师撰写了《1914 年福音传教士在喀麦隆的殉道》（*The Martyrdom of the Evangelical Missionar-*

---

① 法国地名。

② 有关战俘、伤病员及阵亡士兵待遇和处理等的国际协定，初订于 1864 年。

ies in Cameroon，1914，柏林，1914）的小册子。被占领土上教堂遭受的破坏都记在了德国人的账上，此举最大的受害者是天主教徒，他们组织了一个特别的宣传委员会致力于改变国外天主教徒的态度，其工作的性质从下面的清单就可以看出来： *131*

勒内·勒肖洛(René le Cholleux)：《布勒比耶尔[1]的圣母院：德国和协约国仅存的基督教良知》[*Notre Dame de Brébières; l'Allemagne et les Alliés devant la conscience chrétienne*，阿尔弗雷德·博德里亚主教（Mgr. Alfred Baudrillart）作序]。

《德国战事与天主教教义》（*La guerre Allemande et le Catholicisme*）。

拉乌尔·纳西（Raoul Narsy）：《卢万[2]的苦难》（*Le Supplice de Louvain*）。

《拿起武器的呼唤后法国良知的觉醒》(*L'Eveil de l'Ame Francaise devant l'appe aux armes*)。

帕基耶修道院长（L'Abbié Pasquier）：《德国的新教》（*Le Protestantisme Allemand*）。

E. 富隆修道院长（L'Abbié E. Foulon）：《炮火下的阿拉斯》（*Arras sous les obus*）。

皮埃尔·巴蒂福尔主教（Mgr. Pierre Batiffol）1915 年出版了他的书信：《与一个天主教中立国》（*A un neutre catholique*），以启迪教化平民。法国新教徒以他们的天主教教友为榜样，成立了一个国外宣传委员会，发布了《我们的圣殿惨遭破坏》（*Nos sanctuaries dévastés*）。意大利人也使用相同的武器，出版了小册子《奥地利对意大利教堂的野蛮破坏》（*Austrian Barbarities against Italian Churches*，佛罗伦萨，1917）。

在美国，协约国组织的关于敌人暴行的宣传非常出色。1916 年 12 月 18 日，纽约卡内基音乐厅（Carnegie Hall）举行了一个抗议虐待比利时人的群众集会，由雷克托·曼宁（Rector Manning）主持，詹姆斯·M·贝克阁下（Hon. James M. Beck）、奥尔顿·B·帕克（Alton

---

① 布勒比耶尔：法国城市。
② 卢万：比利时城市。

B. Parker)、伊莱休·鲁特（Elihu Root）① 在会上发言，西奥多·罗斯福（Theodore Roosevelt）、约瑟夫·H·乔特（Joseph H. Choate）②和爱尔兰大主教发来了电报，会上还宣读了梅西耶枢机主教（Cardinal Mercier）③ 的倡议书，新闻界对整个事件进行了广泛报道。

俄国政府甚至给各中立国发去了特别备忘录，抗议同盟国不遗余力对俄军进行的恶意中伤。但俄国同时也反对《德国和奥匈军队在俄国对战争法规的践踏》（*Violations of Laws and Rules of Warfare,*
132 *committed by German and Austro-Hungarian troops in Russia*, 1915）中的说法。英国人在策略上比德国人更胜一筹，他们请到了前大使布赖斯（Bryce）④ 为一个暴行委员会服务。德皇提交抗议书给美国总统抱怨比利时游击队员的暴行，最终效果不著。为了证明比利时的罪行，德国编撰了大量材料，如 1915 年 5 月 10 日由外交部发布的《比利时人民战争中与国际法相悖的同情》（*Völkerrechtswidrige Rührung des begischen Volkskrieges*）。他们大肆宣传入侵东普鲁士俄军的罪行，尖锐地批评了德国平民和战俘在国外受到的虐待[21]。比利时通过官方途径回应了对他们的指控，但最有效的间接回应是由设在布鲁塞尔的索尔维社会学学会（Solvay Institute of Sociology）的科学秘书贝尔南·范朗恩霍弗（Fernand van Langenhove）进行的研究：《一个传说的诞生：根据德国对“自由射手”⑤ 和“暴行”的叙述进行的研究》（*The Growth of a Legend. A Study, based upon the German accounts of Francs-Tireurs and “Atrocities.”*）。这一研究成果的英文版[22]由美国著名社会心理学家、整个战争期间积极的亲法分子 J·马克·鲍德温（J. Mark Baldwin）⑥ 作序。借助于严谨的集体心理学研究的氛围和方

---

① 伊莱休·鲁特（1845—1937），美国共和党政治家。1889 年至 1904 年任陆军部长，1905 年至 1909 年任国务卿期间改善与拉丁美洲关系，与许多欧洲国家签订仲裁条约；曾任卡内基国际和平基金会主席，获 1912 年诺贝尔和平奖，为国际法院创始人之一。

② 约瑟夫·H·乔特（1832—1917），美国律师、外交官。因调查纽约市民主党“特威德集团”财政贪污案而闻名，为美国赢得巴拿马运河开凿权。

③ 梅西耶枢机主教（1851—1926），比利时教育家、枢机主教，19 世纪复兴托马斯·阿奎那哲学的领袖，曾在卢万创办高等哲学学院。

④ 即詹姆斯·布赖斯（1838—1922），英国外交家和历史学家。曾任外交国务大臣、驻美大使、海牙国际法院法官，著有《现代民主政体》和《美利坚共和国》等书。

⑤ “自由射手”为法国游击队的名称。

⑥ J·马克·鲍德温（1861—1934），美国哲学家和理论心理学家，用达尔文进化论研究心理学，强调理论对心理学的重要性，著有《心理学手册》、《发生逻辑学》等。

法，该书将游击队的故事当作传说处理。

德国人在美国发行了一个宣传种族歧视的小册子，名为《英国和法国在欧洲战场违背国际法雇用有色人种部队》(*Employment contrary to International Law of Coloured Troops upon the European Arena of War by England and France*，柏林，1915)。 133

事实上，每一方都在不断地辱骂敌人，美化自己。美国的所有少数民族都有自己特别的宣传，发布了像由北美的南斯拉夫委员会(Jugo-Slav Committee）制作的《奥匈帝国的司法罪行》(*Austro-Hungarian Judicial Crimes*）这样的宣传品。甚至在1918年保加利亚还试图通过出版M. D. 索皮恩斯基（M. D. Sopiansky）的《塞尔维亚人的暴行》(*Les Atrocités Serbes*，洛桑，1918）进行反击，以争取中立国家。当然，最重要的是争取使一个著名的中立国向自己的国民作证。玛丽·罗伯茨·莱因哈特（Mary Roberts Rinehart）① [《国王、王后和爪牙》(*Kings，Queens and Pawns*)，1915] 和几十个宣传者对协约国事业大书特书，也有少量的人帮助德国阐述其立场。

另一方是臭名昭著的阴谋家和说谎者，不值得信赖。弗雷德里克·威廉·怀尔（Frederick William Wile）竭力揭露《德裔美国人阴谋：一次大失败记录》(*The German-American Plot*，*the record of a great failure*，伦敦，1915)，对这个阴谋有利的每一个观点都被扣上了"亲德"这一辱骂性称谓。德裔美国人向胆敢与其对立的美国新闻界人士及公众抛出了同样的阴险暗示和暗讽。"美国真相协会"(American Truth Society）撰写了《叛国新闻界》(*Treason Press*)，意指除了赫斯特的报纸和芝加哥《论坛报》之外，美国几乎所有的大都市报纸都有叛国行为。不言而喻，前总统罗斯福也遭到了德国同情者们的恶意辱骂。每个人都想玷污对方的名声，宣传和贿赂的谣言频频 134
出现。

对中立意见的直接争取贯穿了整个冲突的始终。1914年詹姆斯·布赖斯讨论了《中立国家与战争》(*Neutral Nations and the War*）的问题。德国人利用在瑞士的关系网之一出版了一本揭露性的书《英国如何与中立国斗争》(*Comment l'Angleterre combat les neutres*，苏黎世，1917)。对此英国人以威廉·阿切尔（William Archer）的《争取中立国，

---

① 玛丽·罗伯茨·莱因哈特（1876—1958)，美国女小说家，剧作家，以其侦探故事闻名。

诉诸耐心!》(*An die Neutralen! Aufruf zur Geduld*)作出回应。马克斯·格特克(Max Gaetcke)讨论了《大规模掠夺战争与中立力量的利益》(*Der grosse Raubkrieg und die Interessen der neutralen Mächte*),而法国对此进行的研究包括亨利·奥赛尔(Henri Hauser)的《战争与中立国:对民主感情与欧洲战争关系的研究》(*La Guerre et les Neutres. Etude sur le sentiment démocratique dans ses rapports avec la guerre européenne*,巴黎,1917)和埃内斯特·莱莫农(Ernest Lémonon)的《协约国与中立国》(*Les Alliés et les Neutres*,巴黎,1917)。

除了普通的宣传外,各国还增加了许多特别的宣传。法国教师联合会起草了一个公报:《致所有国家的男女教师》(*To the school-mistresses and Schoolmasters of all countries*)。战争初期发布的著名的《德国学者宣言》(*Aufruf Gelehrter Deutschen*)呼吁国外的教授们狂热地活动起来,这个吁请竟然得到了包括来自南欧和南美在内的许多地方的回应。1915 年 2 月 12 日巴黎大学(Sorbonne)举行了一个示威集会,会上的发言被冠以对法国有利的名称《拉丁文明遭遇德国野蛮行径》(*La civilization latine contre la barbarie allemande*)付印成册。为了引起工薪阶层的兴趣,1916 年伦敦出现了《比利时工人对全世界工人的呼吁》(*Appeal of the Belgian Workmen to the Workmen of all nations*)。一年以后,《如今在英国作为难民的比利时工人状况》(*The Condition of the Belgian Workmen, now Refugees in England*)出版。

除了上述直接主题,还可以通过间接方式影响中立国的意见。中
135 立国必须坚信你这一方会取得最终的胜利。乔治·奥格(Georges Hoog)出版了《就神圣同盟给中立国的信件》(*Lettres aux neutres sur l'union sacrée*),向中立国展示其国家的团结。类似罗伯特·格兰特(Robert Grant)的《他们的精神:对 1916 年夏天的英国和法国的一些印象》(*Their Spirit. Some Impressions of the English and French during the Summer of* 1916)这样的书既能稳定同盟者,又能感动无动于衷者。交战国的英勇壮举和坚定信心可以通过《战时法国来信》[*War Letters from France*,A. 德拉普拉德勒(A. De Lapradelel)和弗雷德里克·库代尔(Fredrick Coudert)编辑,纽约和伦敦,1916]这样的战时军队和平民信件体现出来。英国外交部新闻局还选择图像媒介向中立国展示英国的力量,一部名为《英国准备就绪》(*Britain Prepared*)的电影广泛发行。[23]

西奥多·罗斯福在1915年1月22日致爱德华·格雷爵士的信中，谈到了驻外记者的极端重要性：

> 美国舆论对于战争的态度摇摆不定，德国齐柏林飞艇的行动使支持协约国的情绪复苏。但是我相信在这个行动两个月前支持协约国的情绪已经明显减弱，而支持德国的情绪正在滋长。我认为在信息渠道畅通的人群中不会发生这样的事情，在只能从报纸上和电影里得到少量信息的信息匮乏人群中才会出现这样的情况。 136
> 造成这一变化的原因有几个。德国军方异乎寻常地关注美国战地记者，这与英、法政府对他们的熟视无睹形成了强烈的对比。从总体上看，我们最优秀的战地记者或许是弗雷德里克·帕尔默(Frederick Palmer)①。他支持协约国，但是德国而不是协约国对他有求必应。德国人没有改变他的态度，但是毫无疑问，他们确实改变了许多其他优秀人物的态度。由美国公众熟知并信任的美国记者撰写的惟一真实的战地新闻，其来源竟然是德国。结果是，同情协约国事业的人们听不到任何有关英军和法军的磨难与成就的消息。这些记者告诉我不是前线的将军反对他们上前线，而是国内政府。因此他们有机会告诉国民德国方面发生了什么，却没有机会获知协约国方面的消息。我发现德国对他们的许可并没有影响德国军事行动的效率，但是肯定有助于重塑德国在美国公众舆论中的形象。或许你的人民认为美国公众舆论没有多大价值，不值得考虑。但是如果你认为应该考虑，就值得从公众舆论效果的角度考虑进行新闻检查和禁止记者上前线是否很大程度上没有对你的事业构成威胁，在军事上也没有相应的收获。我深知，像美西战争中那样让记者为所欲为简直是在犯罪，但作为一个门外汉，我确信已经有大量这样的工作，这一点我在谈到新闻检查和拒绝记者上前线请求的方式时已经提及，他们在军事方面没有任
> 何作用，但是能非常有效地阻止公众舆论对你的挖苦嘲弄。[24] 137

最为巧妙而有效的间接宣传方式之一，是鼓励一切可能吸引中立

① 弗雷德里克·帕尔默（1873—1958），美国记者。第一次世界大战初期得到英国官方许可随军采访的惟一一名美国战地记者，负责向全美所有通讯社和报纸供稿，1917年改任美国远征军新闻检查官。

国与交战国进行某种形式实际合作的事物。这在很大程度上可以通过充分利用中立国公民代表某一交战国参战的例子实现。这方面的宣传在下面这封由一个协约国的美国支持者 1916 年 12 月 26 日给伦敦《泰晤士报》的信中进行了讨论。这篇名为《英国在美国的宣传造势》(*British Publicity in the United States*)的文章这样写道：

> 法国已经知道如何赢得美国人的同情，其宣传是卓有成效的。他们个人化的宣传激起了人们的热情。在法国军队的美国士兵写了大量宣传文章，他们每个人都是对法国的支持力量。每个美国参与者的存在都被法国大肆宣扬。法国抓住任何可能的机会美化这些美国士兵，鼓励他们写下自己的经历。由驻法的美国士兵撰写的文章和书籍出版了几十本。阿兰·西格（Alan Seegar）① 歌颂外籍军团的诗歌在美国家喻户晓，美国人对他的牺牲的哀悼堪与鲁珀特·布鲁克（Rupert Brooke）② 在英国受到的待遇相媲美。我们最优秀的小说家之一罗伯特·赫里克（Robert Herrick）③ 加入了美国救护队，声称要从参与者的角度写一系列的书。我获准无须提交法国书报检查官就可以撰写出版《一名随员的笔记》(*The Note-book of an Attaché*)。法国军队中只有大约 500 名美国士兵，但在美国我们每天都可以得到他们的消息，报纸上充斥着对他们一举一动的报道，来自他们的每一条新闻都被认为是对法
> 138 国的支持。在法国人精心策划的宣传攻势下，美国人成了法国的坚定支持者。
>
> 伊恩·海也是战争的参与者，虽然他不是美国人，但他在美国出版的书和他的长期巡回演讲，使他与弗雷德里克·帕尔默的书和演讲齐名，成为英国惟一值得一提的宣传功绩。布鲁斯·班斯法瑟（Bruce Bairnsfather）的素描和雷马克（Raemaeker）的漫画尽管在美国知者甚少，但仍可证明在塑造舆论方面具有无可估量的价值。[25]

---

① 阿兰·西格（1888—1916），美国诗人。第一次世界大战时参加法国外籍军团，在战斗中阵亡。著名诗作有《为法兰西而战的美国志愿军烈士颂歌》、《我与死亡约会》等。

② 鲁珀特·布鲁克（1887—1915），英国诗人。第一次世界大战爆发后参加海军，其成名作为十四行诗组诗《1914 年和其他诗篇》。

③ 罗伯特·赫里克（1868—1938），美国小说家。

除此之外，如果能够吸引中立国参与交战国的某些非军事活动，也有可能形成他们对援助对象的支持。这就是在美国声势浩大的为比利时寡妇和孤儿争取援助活动的内在动机。为了纪念这一活动，包括托马斯·哈代、梅·辛克莱（May Sinclair）①、阿诺德·贝内特（Arnold Bennett）②、威尔·欧文（Will Irwin）③、约翰·高尔斯华绥（John Galsworthy）④、安东尼·霍普（Anthony Hope）⑤、A. W. 梅森（A. W. Mason）⑥、乔治·萧伯纳（George Bernard Shaw）⑦ 在内的众多文坛英豪编著了一个名为《比利时人的需要》（*The Need of the Belgians*）的小册子。这一活动的发起者是救济比利时委员会（the Committee for Belgian Relief），该委员会还组织了许多其他活动。

协约国成功地将自己与美国的经济利益联系在了一起。对此德国人从一开始就发起了宣传攻势，因为他们意识到了这将对美国人的态度产生什么影响。威廉·贝亚德·黑尔（William Bayard Hale）1915年撰写的《战时武器弹药的输出》（*The Exportation of Arms and Munitions of War*）指出，英国对海上的控制权使协约国获益匪浅，它相当于协约国的一个无声的伙伴。他的这本书是由出于宣传目的而成立的“美国妇女争取恪守中立组织”（*Organization of American Woman for Strict Neutrality*）赞助出版的。 139

在这个特别问题上，德国宣传者十分注意争取妇女的支持。“美国妇女争取恪守中立组织”纽约分部的一次会议备忘录上记录了这样的内容：

> 1915 年 5 月 24 日：
>
> 海报宣传计划已经一切准备就绪，由黑尔先生撰写的名为《汝不可杀人》（*Thou Shalt Not Kill*）的小册子已经印刷完毕即将分发出去。向国会的请愿书已经征集到了 20 万妇女的签名，不

---

① 梅·辛克莱（1863—1946），英国女小说家。

② 阿诺德·贝内特（1867—1931），英国小说家、批评家。

③ 威尔·欧文（1873—1948），美国记者、新闻批评家。第一次世界大战期间多次作战地采访，1917 年任公共信息委员会欧洲部主任。

④ 约翰·高尔斯华绥（1867—1933），英国小说家和剧作家，获 1932 年诺贝尔文学奖，代表作为《福尔赛世家》三部曲。

⑤ 安东尼·霍普（1863—1933），英国小说家。

⑥ A. W. 梅森（1865—1945），英国小说家。

⑦ 乔治·萧伯纳（1856—1950），英国剧作家、评论家，1925 年诺贝尔文学奖获得者。

久就可能达到60万。妇女们在运动中已经向由黑尔先生指定的许多人请求援助。他还建议由妇女们出面向总统和国会宣读请愿书，不要等到签名征集完毕再将其送到华盛顿，而是立即以1万左右为单位送。

黑尔先生报告说黑尔夫人正在忙于反对出口马匹的宣传。与此相呼应，克劳森（Claussen）先生正着手写一个感人的剧本（有关前消防队的母马在佛兰德被屠宰的故事）。[26]

1915年，威廉·伦道夫·赫斯特的一些社论以《让我们促进世界和平而不是世界战争》（*Let us promote the world's peace, not promote the world's warfare*）为名结集出版；马丁·伊尔森（Martin Ilsen）1915年论证了军火交易的违法性；"美国独立联盟"（American Independence League）由查尔斯·内格尔（Charles Nagel）发表了有关《武器弹药交易》（*Traffic in Arms and Ammunition*）的声明；"德裔美国人全国联盟"（National German-American Alliance）发表了查尔斯·J·赫克萨默（Charles J. Hexamer）博士致对外关系委员会（the Committee on Foreign
140 Relations）的一封公开信，重申了上述观点。"美国真相协会"（亲爱尔兰）则在1915年寻求揭露《美国财政危机：英国掠夺我们的资源》（*Peril of American Finance. The British Raid upon our Resources*）。

正如伯恩斯托夫大使所说，经济问题必然是对美积极宣传的重中之重。他精辟地评论了英国对美国实行贸易限制时运用的技巧。英国人一步一步地蚕食贸易自由，直到能够向他们所掠夺的市场提供供应为止。伯恩斯托夫说：

极富特色的是，无条件禁止出口棉花恰好是在美国新闻界对"阿拉比克"号（*Arabic*）事件①群情激奋的那一天宣布的，因此这个相对来说不重要的新闻事件登上报纸头版成为主打文章，而这项极其重要的经济措施却被刊登在了一个很容易被忽视的角落。[27]

德国人组织了一个美国人抗议禁止棉花出口的协会，但收效甚微。德国人经济宣传最妙的一招是挑起"问题"，对此伯恩斯托夫是这样定

① 1915年8月19日，"阿拉比克"号客轮被德国潜艇击沉，船上有美国公民。

义的：

> 尝试对个别事件进行精心解释，使公众舆论意识到英国的蚕食是根本不公平的以及它在实践中造成了深远影响。这方面最重要的例子是“威廉敏娜”号（*Wilhelmina*）事件。根据当时通行的国际法准则，食品只是有条件禁止出口，如果专门供给平民使用，是可以出口到德国的。然而，当英国人成功地阻挠了出口商 141
> 将食品运到德国的所有企图的时候，尤其是考虑到正提供给我们的敌人的巨大供给量，而他们对这样的运输没有多大的兴趣的时候，这个问题从来没有明确的结果。因此，阿尔贝特先生（Herr Albert）说服了一家美国公司用美国货轮“威廉敏娜”号运送食品给德国平民，目的地是汉堡，由他自己承担来自幕后的全部风险（阿尔贝特是当时德国驻美国的采购代表）。

这一计划触了礁，因为英国截获这艘船后宣布实行贸易封锁，但该决定并没有奏效。一条“问题”船给英国出了难题，而沃尔特·海因斯·佩奇（Walter Hines Page）① 大使有能力解决这一问题。原属于德国的“达西亚”号（*Dacia*）在战争爆发时转到美国注册，密歇根州马奎特（Marquette）的 E. N. 布赖通（E. N. Breitung）先生为其配备了船员、旗帜和棉花，经过大张旗鼓的宣传后启航驶往德国。如果英国截获了这艘船，将会引起一场可怕的争吵，佩奇的如意算盘是让法国军舰将其截获，结果他如愿以偿，在美国没有引起任何异议。[28]

在直接的煽动下，中立国也可能最终卷入战争。外国的宣传者可以发布像支持协约国的罗斯福那样的宣言，也可以鼓励主战派的活动。在意大利，支持协约国的情绪被加布里埃尔·邓南遮（Gabriel d'Annunzio）② 煽动到了极点。下面的故事是由 1913 年至 1919 年美国驻意大利大使托马斯·尼尔森·佩奇（Thomas Nelson Page）讲述的：

---

① 沃尔特·海因斯·佩奇（1855—1918），美国记者、作家、外交官，曾任驻英大使，第一次世界大战爆发后力主美国参战。

② 邓南遮（1863—1938），意大利诗人、小说家，作品宣扬尼采的超人哲学、唯美主义和色情，后成为效忠墨索里尼的法西斯分子，主要作品有诗集《新歌》、小说《死的胜利》等。

142 在给矗立在夸尔托（Quarto）的加里波第（Garibaldi）[1] 和“千人远征军”（the Thousand）[2] 雕像举行揭幕仪式之前，意大利人已经考虑了一段时间。55 年前的 5 月 5 日，他们就是从热那亚（Genoa）附近的这个小港口出发，将西西里人从外国的控制下解救出来，使其成为意大利王国的一员。人们为纪念这一意大利历史上最激动人心的事件之一已做好了充分的准备。

内阁成员将参加这一仪式，当时还有消息说国王和王后也将参加，意大利到处流传着这样的说法：意大利将利用这一机会宣布决定加入正在法国战斗的“自由力量”（Forces of Liberty）的行列，进而正式宣战。所有的意大利人都处于高度警惕状态。庆典举行前两天，当局突然宣布鉴于时局的严重性，国王和内阁成员都不出席揭幕仪式。

国王和内阁成员缺席在夸尔托的庆祝仪式或许多少改变了整个事件的发展趋势，但是肯定没有减轻其激烈程度。当时的演说家是专程从法国赶来的诗人、作家加布里埃尔·邓南遮（Gabriel d'Annunzio），他发表的生动演说与其说是历史演说，不如说是一曲抒发意大利人的自由与抱负的奔放的狂想曲。这十分适合倾听者的胃口，事实上就像把一根火把塞进一个装满了炸药即将爆炸的弹药库。那天晚上热那亚的大街小巷被崇拜加里波第和演说家邓南遮的人挤得水泄不通，他们叫嚣着要参战。此后事态继续发展——没有什么能阻挡住……

这位夸尔托的演说家以胜利的姿态来到罗马，几天来以一种抒情诗般的狂热在饭店阳台上、剧院里发表演说，煽动跟随着他进入异常兴奋状态的人群。14 日他在戒备森严的康斯坦察歌剧院（Constanza Opera House）发表演讲，所有入口都由强壮的警察和士兵把守，还有一支特别的骑兵队负责维持秩序，阻止在政府办
143 公室和同盟国使馆门前的示威。大批的示威者被排除在演讲厅之外，他们抵抗任何驱散他们的努力，筑起了路障，拆掉了围绕歌剧院附近的一块空地的后墙，以便在强大的士兵试图清理街道时

① 加里波第（1807—1882），意大利民族解放运动领袖，曾加入青年意大利党，参加反对奥地利的独立战争，领导罗马共和国的保卫战，组织红衫军，解放西西里和那不勒斯。

② 1860 年加里波第解放西西里时组织由工人、手工业者、渔民、大学生、自由职业者组成的千人远征军，他们虽未经过严格军事训练，却斗志昂扬。

当作飞弹投向他们。[29]

当对交战国的中立情绪逐渐衰退，朝着希望指向的方面发展时，宣传者可以撤退到最后的防线。在美国的德国人竭力煽动和平主义者的情绪。1914年，一些真诚地希望美国不要卷入欧洲漩涡的和平主义者组织成立了“美国限制军备联盟”（The American League to Limit Armaments），这个联盟后来发展成了“美国反军国主义联盟”（American Union against Militarism），该联盟的一个分支后来又成了“全国公民自由局”（National Civil Liberties Bureau）。“美国反对军国主义联盟”组织了“大学反对军国主义联盟”(the Collegiate Anti-Militarism League)，并与众多和平联合会和基督教社会主义者成员组织合作。“美国中立会议委员会”（American Neutral Conference Committee）是一个紧急状态组织，其宗旨从名字就可以看得出来。“紧急状态和平联合会”（the Emergency Peace Federation）与“中立会议委员会”一样，很快就夭折了。当然，德国从这些团体的存在中得到了帮助与慰藉，他们在1917年临近时大打和平牌。

从协约国的立场来看，德国对美宣传的一个危险观点是协约国是通往和平的绊脚石。英国确实被德国和平攻势的进展搅得心烦意乱，爱德华·格雷爵士也坦言，德国人将延续战争的责任推卸到协约国身上是其最成功的招数之一[30]。 144

在两个中立国之间挑起事端，因此束缚住中立国的手脚也是有可能的。一部名为《祖国》(*Patria*）的德国电影中的有趣的故事就体现了这一目的。这是一部每周两集、总共为期10周的系列电影，是在纽约州北部由沃顿斯（Whartons）导演的。它是由赫斯特旗下的电影发行公司——国际电影服务招股公司（the International Film Service Corporation）制作的，该公司后来又被重组为国际电影服务公司（the International Film Service Company)（合并)。这一系列故事片是在1916年制作的，耗资9万美元，由弗农·卡斯尔（Vernon Castle）夫人主演。它刚开始出现时，意在强调备战的必要性，但当第一集完成时，整个国家已经起动了一个备战计划，于是反日和反墨西哥就成了其惟一目的。电影展现了日本在墨西哥的帮助下为征服美国所做出的巨大努力。担任日本天皇秘密机构头目的一个日本贵族是罪魁祸首。日本军队入侵加利福尼亚，犯下了令人发指的罪行。这部影片1917年1月9日在纽约首映，《纽约美国人报》（*New York American*）和赫斯特旗下的其他报刊每周刊载相关系列报道。当反日的因素被狂热地煽动起来后，日本人的姓名和角色就被墨西哥人所取代，但在影片里，他们
145 仍然穿着日本军服[31]。最终这部电影演变成了对两个中立国的诽谤。

《芝加哥论坛报》曾引用莱比锡《最新消息》(*Neueste Nachrichten*)的一篇文章说，德国人可以心满意足地看着美国和墨西哥的紧张关系了，因为乔纳森（Jonathan）① 在咽下这个苦果时，必须停止成为约翰牛（John Bull）② 的忠实仆人。

《论坛报》恰当地观察道：

> 如果美国不得不将全部精力投入到征服墨西哥这样的事业上，就不会有那么多美国军火出口国外了。[32]

亨利·福特（Henry Ford）③ 著名的小册子《〈芝加哥论坛报〉的战争记录》(*The War Record of the Chicago Tribute*) 重印了这篇社论，将其与当月 21 日《论坛报》的另一篇社论并排放在一起，该社论说他们宁愿在墨西哥进行一场战争也不愿在欧洲进行。

> 如果我们赢得对墨西哥的战争，我们知道会得到什么——一个安全的大陆。实际上对我们来说它不可能失去。
>
> 如果我们最终赢得对德国的战争，我们会得到什么？如果我们知道，那真是谢天谢地了。“推翻德国军国主义”或许是最机智的回答，是的，以及其他国家的军国主义——俄国的，或者是日本的。
>
> 然而，尽管命运女神在墨西哥为我们准备了一个金苹果，在佛兰德准备了一个酸苹果，然而威尔逊先生为“人类”而不是为美国着想，希望我们去品尝后者。他可能会实现他的愿望。

《论坛报》所提到的这种政策的结果对同盟国十分有利，因此在美
146 国的德国代表和德国人的朋友广泛宣传这种说法，当然这并不意味着

---

① 指美国人。

② 英国或英国人的绰号，拟人化用语。

③ 亨利·福特（1863—1947），美国汽车大王。1915 年至 1916 年自费率领一个和平代表团赴欧洲，试图结束战事而未获成功。

发表这些言论的人本身是亲德的。

当交战国在一个中立国家拥有大量侨民时，在紧急情况下可以发动和利用这些因素积极为其服务。一个被俘的德国特工冯·德戈尔茨（Von der Goltz）在《1917 年我作为德国秘密特工的冒险经历》（*My adventures as a German Secret Agent in* 1917）一书中认为德国的宣传者拥有异常精明的计划。

他们的计划是诋毁德裔美国人，好让美国人的敌意迫使他们重新回到德国政府的怀抱。

> 我偶然得知，大战前两年的许多有关德国试图攻占加拿大以及德裔美国人串通各种阴谋的传闻，都出自冯·帕蓬（Von Papon）① 上尉和他的军队同僚之手……德国想以充分的证据向世界证明所有的德国后裔都坚决支持德国。正因如此，一些子虚乌有的有关德国人行动的谣言到处流传——德国人在缅因州的森林里集中，飞机飞过加拿大上空。由于反德报纸曾经轻率地攻击德裔美国人是叛徒，德国特工为了达到自己的目的利用并煽动了这些攻击。
>
> 但是德国做得有些过头了，被其计划显而易见的成功冲昏了头。他们的主要特工冯·帕蓬、博伊-埃德（Boy-Ed）② 和冯·林特伦（Von Rintelen，1915 年 1 月开始工作）在涉及机密的问题上变得粗心大意起来，在计划中大胆地暴露了自己，或许是故意最后显示一下他们的力量。结果众所周知。他们行动的暴露进一步连累了德裔美国人，但正是这些行动的暴露使许多德裔美国人认识到了他们所受影响的真实情况。通过这些事实，德国在美国的宣传最糟糕的部分遭到了致命一击。[33] 147

冯·德戈尔茨的叙述没有得到其他任何证据的支持，一个职业间谍的证词总是理所当然地会受到怀疑。人们有理由相信这是为了煽动德裔美国人反对心狠手辣、试图背叛他们的德国政府编造出来的（所

① 冯·帕蓬（1879—1969），德国特工。1913 年以陆军武官身份派到美国，随即与海军武官博伊-埃德着手建立间谍网，组织破坏者，目标是阻止美国对欧洲协约国的经济援助，1915 年行动暴露被召回。

② 博伊-埃德（1872—1943），德国特工。1911 年以海军武官身份派到美国，与冯·帕蓬一同从事间谍活动，1917 年行动暴露被召回。

引用的最后一段似乎就是出于这一目的），但无可置疑的是，在某些情况下，冯·德戈尔茨认为的出自其上级的这种策略是会奏效的。

盟国之间的情感控制在一定程度上是维持相互之间真诚的问题。促进交战国与中立国之间友好关系的问题包括两个方面。交战国中关于中立者和战争的谈论往往会在中立国得到解读。因此在 1915 年那些关键的日子里，法国一位公众人物有关意大利正在等待“得到胜利者的解救”的说法使意大利人脆弱的感情受到了伤害。为了维护与中立国的友谊，交战国的意见必须受到监督和控制。

W. H. 佩奇大使注意到：

> 内阁已经指示书报检查官尽可能谨慎地压制任何对美国不利
> 148 的评论，他采取这一行动是因为公众反对政府的情绪正不断滋长。[34]

1871 年，俾斯麦得知德国军方贴出公报说一些炮弹击中了巴黎著名的卢森堡花园（Luxembourg Gardens）后勃然大怒，下令以后所有的公报都要交给他审阅，以删除可能在国外招致攻击德国的材料。[35]俾斯麦对国内批评英国向法国舰队提供煤的社论也进行了压制，认为这样的斥责只会影响外交安排。[36]他的上司是一个精明的老绅士，意识到了中立意见的重要性，但俾斯麦经常我行我素，甚至与军方人士作对[37]。

到目前为止，我们的讨论主要与维护友谊这个主题有关。下面我们就从争取美国支持的主要竞争者采取的方法进行一个总结。通过 1918 年至 1919 年的参议院调查，以及伯恩斯托夫大使和其他人的记录，德国人的方法已众所周知。听证会的题目本身就是一个成功的暗
149 示：“酿造业、烈酒利益集团与德国对布尔什维克的宣传”，报告有厚厚的三大卷。听证会 1918 年 9 月 27 日才开始，在战时宣传中并没有留下浓墨重彩。1918 年 2 月和 4 月举行的听证会主要涉及“德裔美国人联盟”的问题。[38]这些听证会可谓一石三鸟：酿酒商、德国人和布尔什维克。“反酒馆联盟”、司法部、军事情报局和海军情报局都积极促成调查的进行。

前殖民事务大臣德恩堡（Dernburg）① 博士在战争爆发时被派到美

① 即贝纳德·德恩堡（1865—1937），德国政界人士。1906 年至 1910 年任殖民事务大臣，一战期间赴美负责对美宣传，1919 年至 1920 年任财政大臣。

国促成一笔对德国的贷款。美国政府曾警告不要借钱给任何一方，因此不可能得到令人满意的结果。德恩堡博士同时也是德国红十字会的代表，他便开始为这项工作筹集资金。他还承担起了向美国公众解释德国对大战的态度的工作，并在纽约成立了一个新闻局。对于他是顺便来承担这些工作，还是因为发现很难重返德国就以此打发时间，有不同的说法。在纽约，他得到了汉堡—美国航运公司（Hamburg-Amerika line）的 M. B. 克劳森（M. B. Claussen）的帮助。日本参战后，横滨总领事馆的译员也加入了该局，他们发布德国新闻服务社的每日公告，后来该局的活动还扩展到了制作宣传手册。由于这些努力， 150
他们得到了威廉·贝亚德·黑尔的帮助。后来他们还加入了战时图片和电影宣传。梅希伦堡（Mechlenburg）博士和普拉格先生（Herr Plage）从日本返回途中在美国滞留了一段时间，将他们的部门都交给德恩堡博士来管理。德恩堡博士得到了由他挑选的阿尔贝特、格哈特(Gerhardt)、菲尔（Fuehr）、几个美国记者和商人组成的委员会的支持，他们每月召开一到两次会议讨论宣传政策。德恩堡博士在美国一直呆到"卢西塔尼亚"号事件发生，事发后他在克里夫兰发表公开演说为击沉该船辩护，理由是它携带武器。一时群情激愤，因此必须做出某种牺牲，于是德恩堡成了替罪羊，他回到了德国。从此以后，伯恩斯托夫大使尽力避免德国人在美国过于公开地进行宣传，而情愿通过美国公民开展工作。

德国得到了"德裔美国人联盟"的热情合作，该联盟在全美的德国人聚集地——圣路易斯、芝加哥、辛辛那提、密尔沃基——都组织有序。美国还有无数德国社会俱乐部和团体。"战争同盟"（Kriegsbund）由曾在德军服役的老兵组成；还有几个参加过 1870 年普法战争的老兵协会；"日内瓦协会"（Geneva Society）是由德国裔侍者组成的一个特殊组织；"特纳协会"（Turner Societies）和各种各样的慈善组织在各德国人社区都非常活跃。

路德派教会是德国的一笔宝贵的财富，因为该会在美国共有6 000个教区，300 万教友。他们经常用德语做礼拜，许多传教士都在德国接 151
受过训练。

德国向所有国籍的人陈情呼吁他们反对协约国。"美国真相协会"是挑唆爱尔兰裔人的工具。犹太人对沙皇制度有着根深蒂固的反感，许多犹太人都支持德国，他们的报纸经常刊登下面这样的文章：

与尼古拉（Nicholas）① 为伍就必然成为恶棍。在比肯斯菲尔德（Beaconsfield）② 年代，英国与俄国保持距离，没有发生屠杀犹太人的事件，无论是穷人还是富人。现在，当英国成为尼古拉的盟友后，就必然像尼古拉一样作恶，就必然制造屠杀，煽动反对犹太人。

战争爆发后，我立即应征（加入了法国军队），但当我抵达里昂的军营时，却吃惊地发现我和其他许多犹太人被编入了一个完全由罪犯组成的军团。我们处处受到侮辱，得到的是冰凉的黑咖啡和干面包。我们提出抗议时被告知我们是肮脏的犹太人，我们到这来只是吃，没有别的事情可做。我因为绝食而病倒了，当我请求中士将我送到医院时，他就开始打我，等等。[39]

关于德国争取黑人，围绕种族问题在美国国内煽动分裂的努力，莱斯特（Lester）上尉向委员会作证说：

在阿尔贝特局，有一个独立的部门负责处理美国的种族问题，其中最主要的是黑人问题。

152 该局通过报纸经销、交换和那些所谓的剪报社搜集美国每一项私刑记录，有色人种对白人的每一次攻击，或者是每一条报道所谓镇压有色人种的新闻。

他们将这些材料组织成宣传文章，发送给相应报纸的主编，即白人报纸以及有色人种报纸的主编。

实地考察工作由一个叫冯·赖斯维茨（Von Reiswitz）的人负责，据我所知他以前是个领事，曾在芝加哥呆过。

他的总部，如果说他有总部的话，在新奥尔良及其附近。所有对黑人宣传工作都是由冯·埃克哈特（Von Eckhardt）在墨西哥完成的，我用“所有”是说指挥者在墨西哥。从事对黑人宣传工作的是墨西哥人、混血儿和被带到墨西哥城接受指令，又被送回美国的人。对黑人宣传工作的浪潮起源于墨西哥边境东部，主要席卷了得克萨斯、路易斯安那、阿肯色、密西西比、亚拉巴马、

① 指沙皇尼古拉二世（1868—1918）。1894 年至 1917 年在位，后被处决。

② 即本杰明·迪斯累里（1804—1881），英国首相、保守党领袖、作家。其政府推行殖民主义扩张政策，发动侵略阿富汗及南非的战争。

> 佐治亚等州，而在这场运动中，像南、北卡罗来纳，田纳西这样的州只能算是郊区。
>
> 宣传的目的是持续不断地在形形色色的白人和黑人之间挑起事端，这是第一要义。
>
> 德国人还尝试通过不计其数的说理论证赢得有色人种对德国事业的支持。据我们所知他们的宣传采取这种方式：已经受到资助或想得到资助的黑人领袖在各种各样的地方社区或通过信件——我不是指那些伟大的黑人领袖，而是指散布在各地的小人物——告诉黑人，在德国黑人与白人是平等的，在欧洲也没有肤色的界限。他们展示假定真实的声明，以便据此声称如果德国赢得这场战争，南部有色人种的权利将与白人平等。这是最主要的论证，他们还不断地在私刑问题上大做文章。[40] 153

德国人还通过控制美国“外文报纸协会”，接触每个可能被收买的外语群体。

旨在团结所有在德国大学学习过的人的“德国大学联盟”成立于1915年，目的是“与各种力量合作，增强对德国人以及他们的目标和理想的关注，为他们争取公平竞争环境和应有的尊重”。在其职员和理事中可以找到冯·克伦策（von Klenze）、威廉·R·谢泼德（William R. Shepherd）（哥伦比亚大学）、卡尔·L·舒尔茨（Carl L. Schurz）、冯·马赫（von Mach）和许多其他知名学者和公众人物的名字。他们召开会议，阅读并分发报纸，还得到了像莫里茨·J·博恩（Moritz J. Bonn）这样的访问学者的合作。这是德、美知识分子之间的一个直接的交流渠道。[41]

德国人还积极争取美国受过职业训练的人的支持，内格尔（Nagel）的有关美国中立政策的小册子通过“美国真相协会”散发给了5万名律师。[42]

他们还通过在巴尔的摩成立的“美国妇女争取恪守中立联盟”争取妇女的支持。工人们也通过“劳工全国和平理事会”（Labour's National Peace Council）（1915）受到了特别关注。他们与酿酒利益集团过从甚密，因为后者对即将到来的禁酒运动忧心忡忡。德国宣传人员 154
有时利用酿酒商的担忧进行宣传，提出组织这样一场运动，将其转变为一支支持德国的力量。

针对全体公众的所有诉求方式都充分运用了各种可能的渠道。德恩堡—阿尔贝特局赞助出版了有关战争各个阶段的书籍，对德国事业有益的每本书的发行都有诸多便利条件，这些书包括：

《英国或德国》(*England or Germany*)，弗兰克·哈里斯(Frank Harris)著。

《兴登堡向伦敦进军》(*Hindenburg's March into London*)，L. G. 雷蒙德-霍华德（L. G. Redmond-Howard）著，《约翰·雷蒙德生平》(*Life of John Redmond*）一书作者。

《和平与美国》(*Peace and America*)，胡戈·明斯特贝格(Hugo Münsterberg）著，哈佛大学出版社。

《美国与大战的关系》(*America's Relations to the Great War*)，[英] 约翰·W·伯吉斯 (John W. Burgess) 著，哥伦比亚大学出版社。

《现代德国的缔造》(*The Making of Modern Germany*)，费迪南德·谢维尔（Ferdinand Schevill）著，芝加哥大学出版社。

《英国》(*England*)，爱德华·迈耶（Eduard Meyer）著，柏林大学出版社。

《比利时与德国：荷兰人的观点》(*Belgium and Germany, A Dutch View*)，J. H. 拉伯顿（J. H. Labberton）博士著。

《战时正义》(*Justice in War Time*）贝特兰·罗素（Bertrand Russell）著。

《战时德国幕后》(*Behind the Scenes of Warring Germany*)，爱德华·莱尔·福克斯（Edward Lyell Fox）著。[43]

德国人为了影响大都市的受众、供给一份可以引用其文章的报纸而收买了《纽约邮报》(*New York Mail*)。德国人还使用了不计其数的漫画、小册子和照片进行宣传，通过轮船公司的办公室将其分发出去。[44]

记录德国士兵正忙于给比利时和法国儿童喂饭的影片传到了美国，
155 加上了诸如“野蛮人正在喂饥饿者”、“野蛮人看起来是这样的吗?”之类的标题。

英国在美国的宣传主管不失时机地总结了他的宣传方法[45]：

事实上从英国与同盟国的战争爆发的那一天起，我就负责对美国的宣传。不言而喻，我的部门的工作范围是非常广泛的，开展的活动也多种多样，其中包括每周向英国内阁汇报美国的舆论状况，与美国报纸驻英国的长期记者经常进行接触。我还经常安排英国重要的公众人物接受美国报纸的采访，阐述我们的立场。这些名人包括劳合·乔治(现任首相)、格雷子爵、贝尔福先生、博纳·劳(Bonar Law)①先生、坎特伯雷大主教、爱德华·卡森（Edward Carson）爵士、罗伯特·塞西尔勋爵（Lord Robert Cecil）②、沃尔特·朗西曼（Walter Runciman）③ 先生（大法官）、奥斯汀·张伯伦先生、克罗默勋爵（Lord Cromer）④、威尔·克鲁克斯（Will Crooks）⑤、寇松勋爵（Lord Curzon）⑥、格拉德斯通勋爵（Lord Gladstone）⑦、霍尔丹勋爵（Lord Haldane）⑧、亨利·詹姆斯（Henry James）⑨ 先生、约翰·雷蒙德（John Redmond）⑩ 先生、塞尔弗里奇（Selfridge）⑪ 先生、赞格威尔（Zangwill）⑫ 先生、汉弗莱·沃德夫人（Mrs. Humphrey Ward）⑬ 等 100 多人。

---

① 博纳·劳（1858—1923），英国保守党领袖、首相。曾任战时联合政府的殖民地事务大臣、下院领袖、财政大臣，力主保护关税，坚决反对爱尔兰自治。

② 罗伯特·塞西尔勋爵（1864—1958），英国政治家。1919 年国际联盟盟约起草人之一，获 1937 年诺贝尔和平奖。

③ 沃尔特·朗西曼（1847—1937），英国船东、政治家。1914 年至 1919 年为自由党下院议员。

④ 克罗默勋爵，即伊夫林·巴林（1841—1917），英国军官和外交家，曾任英国驻埃及代表和特命全权总领事。

⑤ 威尔·克鲁克斯（1882—1921），英国劳工政治家。1903—1906、1906—1910、1910—1918 任下院议员。

⑥ 寇松勋爵（1859—1925），英国驻印度总督，后任外交大臣。在解决中东问题、签订洛桑条约中起过重要作用。

⑦ 即赫伯特·J·格拉德斯通（1854—1930），英国政治家，W. E. 格拉德斯通的小儿子。1905 年至 1910 年任负责内政事务的国务大臣，1910 年至 1914 年任南非联邦首任总督兼高级专员。

⑧ 霍尔丹勋爵（1856—1928），英国律师。曾任王室法律顾问，在陆军大臣任内整编英国陆军，组建帝国总参谋部和本土防卫预备队。

⑨ 亨利·詹姆斯（1843—1916），美国小说家、评论家。晚年入英国籍，主要作品有长篇小说《一个妇女的画像》等。

⑩ 约翰·雷蒙德（1856—1918），爱尔兰民族主义党领袖，英国下院议员，毕生致力于爱尔兰自治运动。

⑪ 即哈里·G·塞尔弗里奇（1858—1947），生于美国的英国商人。1909 年开办有 130 个商品门类的牛津街商店，有资产 90 万英镑。

⑫ 赞格威尔（1864—1926），英国剧作家和小说家。曾参加犹太复国主义运动，作品反映犹太移民生活，有长篇小说《犹太区的儿童》、《犹太区的梦想》及剧本《熔炉》等。

⑬ 汉弗莱·沃德夫人（1851—1920），英国女小说家。作品多写真人真事，以宣扬宗教，旨在为人服务的长篇小说《罗伯特·埃尔斯梅尔》闻名。

> 除此之外，我们还向美国比较小的州的 360 家报纸提供英国报纸，每周回顾评论战事。我们通过陆军和海军的电影以及访问、文章、小册子等方式与平民建立了联系。我们给美国的评论家回信，这些信刊登在他们所在州的主要报纸上，并会被附近及其他州的报纸转载。我们宣传鼓动很多人写文章，并充分利用秘密朋友的友好服务与帮助。我们经常能从美国的重要人物那里得到报告，并通过私人通信与美国各个行业有影响的知名人士建立联系，
> 156 从大专院校的校长、教授，科技工作者到各个领域的人。我们请求我们的朋友和联络员安排美国公民发表谈话、辩论和演讲，但不鼓励英国人到美国宣传参战。除了与个人私下保持密切的联系外，我们还将我们的文件和宣传品寄到众多公共图书馆、基督教青年会社团、大学、学院、历史社团、俱乐部和报社。
>
> 不言而喻，我们的工作是极端困难和复杂的，但幸运的是我在美国的结交面比较广，而且我荣幸地得知许多美国人读过我的书，对我没有任何偏见……
>
> ……我们应该记住为国际团结做出过卓越贡献的“朝圣者协会”(Society of Pilgrims)，在促进两国人民之间的相互了解上发挥了重要作用。在伦敦莱肯菲尔德勋爵（Lord Leconfield）家成立的美国官员俱乐部（American Officer's Club）由康诺特公爵(Duke of Connaught）殿下担任主席，该俱乐部已经做了并正在做大量有益的工作。我们还应该记住是哈里·布里顿（Harry Brittain）先生卓越领导下的“朝圣者协会”在詹姆斯·M·贝克阁下1916 年访问英格兰时负责照顾他，给了他如此好的机会为两国的团结事业做出贡献。我高兴而自豪地认为我与这些安排也有一定关系，促成了“朝圣者协会”将贝克先生纳入旗下。[46]

吉尔伯特·帕克（Gilbert Parker）① 对其宣传方法的简要叙述主要强调了利用个人作为施加影响的渠道，影响力经由商人、记者、教
157 授、工人分别传递给他们的同行。在那些场景的背后，在那些消息、图片和演讲的背后，涌动着一股强大的人际影响流。人们私下里对战争的讨论比公开场合多得多。那些怀疑者被友谊或者奉承、理性或者

① 吉尔伯特·帕克（1862—1932），英国多产小说家。1900 年至 1918 年为下院议员，一战中任战时宣传局对美宣传主管。

羞辱征服，将自己的热情溶入到了日益增长的协约国感情浪潮中。1914 年 9 月 10 日爱德华·格雷爵士给西奥多·罗斯福的一封信从侧面印证了这一方法：

> 亲爱的罗斯福，J. M. 巴里（J. M. Barrie）① 和 A. E. W. 梅森（A. E. W. Mason）② 将前往美国，他们的书你肯定读过一些。据我所知，他们此行的目的不是去做演说或讲演，而是去会见人，尤其是那些与大学有联系的人，向他们解释英国有关这场战争的情况，以及我们对相关问题的看法。[47]

美国人在内部而不是与外国人在为英国的事业公开交锋。在美国，没有像德恩堡那样张扬得令人厌恶的英国人。社交游说、私人谈话和偶尔的小冲突铸就了美英之间最坚固的链条。所有国家都发现在美国为其事业进行宣传最有效的载体是那些有贵族头衔的外国人，他们没有发表任何公开出版的言论，只是私下里偶尔谈到这场战争。单靠贵族荣耀的照射就足以温暖许多忠诚的共和主义者的内心，唤起他们对能够制造出如此高贵、优雅、友善的国家的热情。一家重要报纸的所有者的妻子是一个伯爵的女佣人；一个参议员的妻子通过巴结一个公 158
爵提高了社交地位。侯爵、伯爵、男爵到处参与这场有趣的社交游戏。所有这些在老练的欧洲人眼中永远是个笑话，他们巧妙地利用了纽约、费城、波士顿、华盛顿和芝加哥无数女主人的野心。

在对中立国或同盟国的宣传中，最重要的人物通常是驻该国首都的官方代表。他应该是什么类型的人物，应该运用什么样的技巧？没有人能够取得像独立战争期间出使巴黎的富兰克林（Franklin）那样辉煌的成就。一个叫弗朗西斯·P·勒诺（Francis P. Renaut）的法国人这样描述他：

> （富兰克林）赴任之前就有一定的名气，他不仅能防止其崇拜者理想破灭，而且能燃起他们的激情。对于一些人来说，他是捕

① J. M. 巴里（1860—1937），英国小说家和剧作家。曾任英国作家协会主席，主要作品有长篇小说《小牧师》和塑造英雄儿童形象的剧本《波得·潘》等。

② A. E. W. 梅森（1865—1948），英国小说家。1906 年至 1910 年任自由党议员，1914 年至 1918 年任职于情报机构。

> 捉住闪电的科学家，对于另一些人来说，他是一个和蔼的哲学家，还有一些人把他看做专制的死敌和公民自由的热情捍卫者。对于所有的人来说，他是一个自然、简单的人，一位老者，一个朴实地诠释着普通美德的一家之父。在一个卢梭（Rousseau）的言论深入每个有教养者内心的时代，人们是很难不被一个在孙子威廉·坦普尔·富兰克林（William Temple Franklin）的搀扶下，前来捍卫自己祖国的值得尊敬的老绅士的壮举感动。在生活中他很少以政治家的面目出现，哪怕是最微小的细节都令巴黎人为之着迷：住在帕西（Passy）时的平易近人，拜访王宫不兴师动众，富有哲理的谈话，与伏尔泰（Voltaire）和重农主义者的关系。[48]

159 最后一句话道出了富兰克林成功的原因：他是一个非政治人物，他的个人魅力扩展到了他的所有附属物上。

一个备受置疑的选择的例子是任命伊莱休·鲁特阁下为美国在俄宣传使命的负责人。毫无疑问，作为国际事务的学生和管理者，他的外交技巧十分出众，但实际情况是他在革命的俄国备受攻击。正如罗宾斯上校所说：

> 你或许知道他在本国曾经攻击过一个非常重要的公众人物，你或许知道这一攻击的结果，可能是最犀利的社论配上漫画连续刊登了几个星期，把鲁特先生描述为特权的爪牙、华尔街的看门狗诸如此类的东西。这些都刊登在公开的出版物上。可能德国在美国的代表在他被任命后马上将这些资料收集起来传到俄国。这些社论出现在俄国的小册子里，被翻译成俄文，漫画和说明也转换成了相应的俄文。因此即使是对美国友好的报纸也说："民主国家的伟大总统怎么可能派一个据我们所知将大部分时间用在尝试将美国变为财阀统治乐土的人，到俄国——革命的俄国——来帮助将整个世界变成民主的乐土呢？"[49]

如果这个关于维系友谊的技巧的综合分析是正确的，那就表明跨盟国宣传的主题是为了共同事业而付出艰苦努力，每个支持性的宣传主题都应该保留并加强。对于中立国的处理归结起来就是引导中立国
160 意识到在击败敌人方面他与你有共同的利益。除了把敌人描述为危险、起妨碍作用、卑鄙，把自己描述为起保护作用、有益且正直外，还必

须对最终的胜利充满信心。争取中立国支持最聪明的方法是将中立国引入某种形式的公开合作。如果其他一切都失败了，诉诸和平主义以及努力煽动与另外一个中立国的矛盾或许可以避免强烈的敌对情绪。在所有可利用的方法中，个人影响的运用尤为重要，通常的做法是利用中立者在中立国发表演讲。

【注释】

[1] 关于意大利局势，见 C. E. 梅里亚姆（C. E. Merriam）：《美国在意大利的宣传造势》（“American Publicity in Italy”），载《美国政治科学评论》（*American Political Science Review*），1919（11）。

[2] 见斯蒂德：《弹指三十年》，第 2 卷，135 页。

[3] 安德烈·塔迪厄（André Tardieu）：《巴黎和约真相》（*The Truth About the Treaty*），240 页。

[4] E. L. 伯内斯（E. L. Bernays）：《为公众舆论定型》（*Crystallizing Public Opinion*），24～27 页。

[5] 见 F. W. 哈尔西（F. W. Halsey ）编辑：《贝尔福、维维亚尼和霞飞；日本帝国使团》（*Balfour, Viviani and Joffre; The Imperial Japanese Mission*），华盛顿，1918；《美国向俄国人民发出的讯息：美国赴俄国特别外交使团成员在 1917 年的演说》（*America's message to the Russian People. Addresses by the Members of the Special Diplomatic Mission of the United States to Russia in the Year* 1917），波士顿，1918；勒内·维维亚尼（René Viviani）：《法国使团在美国》（*La Mission FranÇaise en Amérique*），巴黎，1917。

[6] 第 66 届国会，第 1 次会议，《参议院 62 号文件》（*Sen. Doc. No.* 62）。3：775，下同。

[7] 将俄国留在战争中的一个宣传奇招是组织大批俄国妇女羞辱男人们，以让他们去与德国战斗。

[8] 帕拉洛格（Palæologue）：《大使回忆录》（*An Ambassador's Memoirs*），第 1 卷，103 页。

[9] 前引帕拉洛格书，第 2 卷，108 页。

[10] 尼古拉（Nicolai）：《世界大战中的通讯社、报刊和公众舆论》（*Nachrichtendienst, Presse, und Volksstimmung im Welktrieg*），59 页。

[11]《高卢人报》（*Le Gaulois*），1914 年 10 月 19 日。

[12] 1914 年 8 月 8 日。

[13]《奇怪的人民》（*Queer People*），63 页。如果国际形势的危机关头需要，这段话可以用来对战后英国的反应进行诽谤中伤。

[14] S·艾弗·斯蒂芬 [S. Ivor Stephen（Szinnyey）]：《中立？公众舆论的痛

苦：从一个美国角度看》（*Neutrality? The crucifixion of Public Opinion. From an American Point of View*），芝加哥，1916，18页。这本书是关于德国宣传诸个主题的一个宝库。

[15] 前引斯蒂芬书，171页。

[16] 又见H. L. 戈登（H. L. Gordon）：《美国面临的危险》（*The Peril of the United States*）；鲁道夫·克罗诺（Rudolf Cronau）：《我们需要第三次独立战争吗?》（*Do we need a Third War for Independence?*）。

[17] 见安德烈·谢拉达姆（André Chéradame）：《泛日耳曼阴谋败露》（*The Pan-German Plot Unmasked*，纽约，1916）。米尔德丽德·S·韦特海默（Mildred S. Wertheimer）在1924年将"泛日耳曼联盟"（*The Pan-German League*）恢复到适当的规模。罗兰·G·厄谢尔（Roland G. Usher）就泛日耳曼主义（*Pan-Germanism*）写了一本书，于1913出版，并由于在1914年以后出现的协约国同情者而获得新生。又见他的《赢得战争》（*The Winning of the War*），纽约和伦敦，1918。

[18] 布施：《俾斯麦》，第1卷，158页，1870年9月26日。

[19] 布施：《俾斯麦》，第1卷，148页，1871年9月22日。

[20] 布施：《俾斯麦》，第1卷，406页，1871年2月4日。

[21] 例见德国外交部(Auswärtiges Amt.)：《俄国军队针对德国平民和德国战俘的暴行》(*Greueltaten russischer Truppen gegen deutsche Civil personen und deutsche Kriegsgefangene*)，1915；K. 容格(K. Jünger)和H. 瓦奥廷(Dr. H. Vaörting)：《在英国、法国和俄国的德国人的境遇》(*Die Behandlung der Deutschen in England, Frankreich und Russland*)，柏林，1915。

[22] 英文本由E. B. 舍洛克（E. B. Sherlock）翻译，纽约和伦敦，1916。

[23] 布朗里格海军少将说，由于对英国不利的一些影响，这部电影在美国放映时名字变成了《英国是如何准备就绪的》（*How Britain Prepared*），《回忆录》（*Recollections*），37页。著名导演D. W. 格里菲斯（D. W. Griffith）最近回忆说，萧伯纳1917年曾请他为其写剧本，这发生在"1917年，在我刚刚完成与英国政府拍摄一些宣传电影的工作后"（《纽约时报》1926-10-11）。萧伯纳先生的另一宣传努力也走上了歧途，当时《纽约时报》分割了他的一封快信，无意中给人造成了萧伯纳正在训斥协约国的印象。萧伯纳先生本人谈起过后一事件，但他坦言对格里菲斯的拒绝没有印象。

[24] 格雷：《二十五年间》（*Twenty-Five Years*），第2卷，150页。

[25] 埃里克·费希尔·伍德（Eric Fisher Wood）：《一名情报官的笔记》（*The Note-book of an Intelligence Officer*，1917）。在15页上重新发表了他的信件。又见詹姆斯·马克·鲍德温（*James Mark Baldwin*）：《两场战争之间》（*Between Two Wars*），2卷，波士顿，1926。

[26]《参议院62号文件》，1395（酿酒和烈性酒利益集团等）。

[27]《使美三年》，89 页。

[28] 该故事在佩奇（Page）的《生平与飞鸿》（*Life and Letters*）第 1 卷 394 页中作了讲述。

[29]《意大利与世界大战》（*Italy and the World War*），209 页，下同。

[30] 前引格雷书，第 2 卷，118 页。

[31] 见《参议院 62 号文件》，（酿酒和烈性酒利益集团等）1675。

[32] 1916 年 4 月 4 日。

[33] 取材自 223～233 页。

[34]《生平与飞鸿》（*Life and Letters*），第 2 卷，51 页（1915 年 2 月 15 日）。

[35] 布施：《俾斯麦》，第 1 卷，341 页。

[36] 布施：《俾斯麦》，第 1 卷，42 页。

[37] 德皇威廉一世（Kaiser Wilhelm I）在一份日期为 1875 年 5 月 16 日的文件的边页上作了如下有趣的批注："打一场胜仗，在这片国土的每一个角落里，有思想的人都会对发动者报以同情。同时，非正义战争也必然受到公众舆论的谴责。这也是我们（德意志）民族在 1870 年战争中热情高涨的原因。那些拿起武器的非正义者将受到公众舆论的抨击，他将失去盟友。没有仁慈的中立国（*neutres bienveillants*），没有绝对的中立者，只有绝对的敌人。"（"Um glückliche Kriege zu führen，muss dem Angreifenden die Sympathie aller edelgesinnten Menschen u. Läder zur Seite stehen，und dem，der ungerecht den Krieg zuträgt，die öffentliche Stimme den Stein werfen. Dies war das Geheimnis des Enthusiasmus in Deutschland 1870! Wer ungerechtfertigt zu den Waffen greift，wird die öffenliche Stimme gegen sich haben，er wird keinen Alliierten finden，keine *neutres bienveillants*，ja überhaupt wohl keine Neutralen，wohl aber Gegner finden.")

[38] 听证会是在司法部委员会专门小组面前进行的，最重要的报告是三卷本的《参议院 62 号文件》，第 65 届国会，第 2 次会议，1919 年。"对布尔什维克"宣传没有出现在第一卷的标题中。

[39]《真相》（*Wahrheit*）（纽约）剪报，《参议院 62 号文件》，1825，下同。

[40]《参议院 62 号文件》，（酿酒和烈性酒利益集团等），1785。

[41] 见《参议院 62 号文件》，1372。下同。

[42]《参议院 62 号文件》，1424。

[43] 更全的名单见《参议院 62 号文件》，1410。下同。

[44] 关于该德国系统的其他信息见刘易斯·梅尔维尔（Lewis Melville）：《德国宣传社团》（*German Propaganda Societies*），载《季度评论》（*Quarterly Review*），230 期（1918 年）：70～88 页。

[45] 吉尔伯特·帕克爵士（Sir Gilbert Parker）：《美国与战争》（*The United States and the War*），载《哈泼斯杂志》（*Harper's Magazine*），136 期（1918 年）：521～531 页，摘录。

[46] 英国没有公开估计花在美国人身上的钱的数目，而是将其与其他类型的宣传混在一起。大战最后4个月，他们在瓦解德国的士气和实现其他宣传目标上花费了155 000美元（31 360英镑4先令）。

[47] 格雷：《二十五年间》，第2卷，143页。

[48] 《美国独立战争期间的宣传策略》（*La politique de propaganda des Américains durant la Guerre d'Indépendance*）第1卷，52页。

[49]《参议院62号文件》，（酿酒和烈性酒利益集团等）3：819。

第七章　瓦解敌方斗志

通过消除或者转移敌人对一个交战国的仇恨，宣传很有可能成为直接瓦解敌人斗志的武器。

从某种程度上说，这一点可以通过一场简单的反刺激运动得以实现。《阿登公报》(*Gazette des Ardennes*)是德国人专门为居住在被占领区的法国人创办的，形形色色可以用来打击敌人士气的主题不时出现在其专栏文章中。《公报》在战争期间受到马尔尚教授的全面审视，以在可能的情况下证明其态度是否与巴黎的《红帽》(*Bonnet Rouge*)一致。他以《战争期间德国对法国的攻势》(*L'offensive des Allemands, en France, Pendant la guerre*)为名出版报告，成为1917年那次著名审判①中为《红帽》辩护的证据的一部分。该报告主要由上述两份报纸分门别类的摘要组成，是到目前为止对某一阶段的战时宣传研究中最系统的一个。这一部分的

① 1917年《红帽》被发现接受德国的资助，经理、资助人和工作人员均被捕，接受一个参议院特别委员会的调查审判。

论述将根据这本汇编物，并补充其他材料。在大多数情况下，引文都对照原文进行了核实。

162 《公报》断然否认德国曾经图谋进攻法国，并对这种歪曲德国的宣传哀叹不已。在想象德国战前及战争爆发后在法国安插大量特工人员时，莱昂·都德（Léon Daudet）① 先生和克列孟梭（Clemenceau）② 是患了“间谍恐惧症”（spionnitis）。[1]

《公报》保护德皇和军人免受协约国的诽谤中伤。威廉二世总是被视为一股强大的和平力量，正是他使欧洲避免了在摩洛哥问题上的战争。像著名历史学家J·霍兰·罗斯（J. Holland Rose）③，法国作家、社会党爱国者马塞尔·桑巴（Marcel Sembat）这样的人以及各地思维正常的人都深知他的和平精神。他善良、爱好和平、和蔼，在家庭关系上温情脉脉，而且富有领导才能，总是心平气和。[2]

所有描述德国人暴行的文章都是恶毒的谎言。占领法国北部的德国士兵对儿童非常友好，1915 年 12 月 1 日的《公报》刊登了一个德国士兵正在给一个亲昵地坐在他膝盖上的法国儿童喂饭的照片[3]，法国儿童非常怀念“德国兵叔叔”[4]。来自被占领地区的法国人以及在德国控制下的法国囚犯的信公开出版，以证明德国占领军的友善和考虑周
163 到[5]。只要有德国士兵的地方，就随处可见德国人对于音乐、宗教和道德规范不可扼制的热爱。

根据少数令人遗憾的个人事件就推断出整个军队的残忍和肆意破坏是十分恶毒的，这种个人事件在任何军队都有可能发生，但在纪律严明的德国军队发生的几率更小。众所周知，由于战争的需要，有时会采取一些在和平时期可以避免的行动，但因此歪曲事实将其变成对整个国家的谴责是十分荒谬的[6]。一些被认为是德国人破坏的教堂实际上从来没有遭到破坏，其中许多是被敌人非法使用。

上面所引用的是通过否认进行防守的例子，另一种防守方式是承认并为自己辩护，U 潜艇问题的处理就是例证。《公报》反复解释说，潜艇只是对英国无耻而非法封锁的一个回应，并无他意。

---

① 莱昂·都德（1867—1942），法国作家，新闻工作者。爱国主义作家阿尔方斯·都德之子，曾与夏尔·莫拉合办保王派报纸《法兰西行动报》，宣扬民族沙文主义。

② 克列孟梭（1841—1929），法国新闻记者、政治家。1906—1909、1917—1920 任第三共和国总理，有“老虎”之称，参加并操纵巴黎和会，力主削弱德国，反对苏俄。

③ J·霍兰·罗斯（1855—1942），英国历史学家。曾任《剑桥大英帝国国史》共同主编，著有拿破仑和小皮特等人的传记。

在不忽视任何刺激形式的同时，反刺激的运用也有一定的效果，但其功效肯定不能与巧妙的转移宣传所产生的影响相媲美。要削弱敌人对当前对手的仇恨，就必须将其转移到一个新的独立目标，与这个新目标相比，现在的对手就显得无足轻重了。这操作起来非常困难，因此比较可取的是先进行一定的准备工作，以削弱可能妨碍这一策略成功的各种抵抗力量。

爱国主义对于交战国的热情是一种巨大的鼓舞，但是一旦战争变 164
得让人疲惫不堪，和平时期的意识形态抬头，反爱国主义的宣传就有机会得逞。《公报》发表了一些文章谴责爱国主义将一个国家引入不必要的屠杀趋势[7]；宣扬仇恨的爱国主义是不道德的，毒害人们的思想无异于犯罪[8]；应该避免战争精神，因为毫无疑问它具有反宗教反伦理的特性[9]。

破坏性操作必须对准的另一个支撑力量是人们对于政府诚实的信任度。如果能够使人们对政府和主战派的宣传产生怀疑，就等于拥有了制造分裂的潜在武器。德国人抱怨说，他们是无知的学究、不负责任的政客、撒谎的小道消息传播者共同诬蔑下的牺牲品。

但是，艰苦繁重的准备阶段的工作主题就是不停地老调重弹：你们的事业是没有任何希望的，你们的鲜血在白白流淌。现在法国宣传部门的领导一针见血地批评了战争初期德国占领比利时和法国北部时，英国的宣传夸大协约国军队数量的做法。只有当局势处于僵持状态或进一步恶化时，只有当沮丧情绪到处弥漫时，这种宣传才能奏效。1918 年英国人从军事意义上发起攻势时，他们同时在德军战壕里留下了明确标有
其胜果的地图，这使人们想起了德国领导人曾经向其人民和军队描绘的 165
虚假前景。英国人在一家德文报纸上发表了一篇声明，它悲叹道：

几个星期前，似乎我们的军队已经非常接近自己的目标了，击败敌军，和平来临，但这是怎样的一种变化！

预言被广泛传播，一种写着如下说法的纸片在德军战壕随处可见：

今天我们撤退，明年我们就会被消灭。

当 1918 年德国将军拿出公开证据，提醒警惕协约国的宣传入侵时，协约国的小册子制作者们向德国人解释说，这是他们的领导者想

对他们隐瞒真相。有关德国政府最终愿意达成和平的谣言到处传播，成为德国已是强弩之末的另一个证据。

美国人也加入了对德直接宣传，尤其是对德国军队宣传的阵营，他们将大部分精力用在宣传美国的力量上。一种画有一排士兵的小传单在德军前线散发，传单上的士兵数量每月随着美军人数的增加而增加。传单上说目前在法国有190万美国人，还有10倍以上的人在美国严阵以待。传单还特意强调了德军的人员伤亡和船舰损失情况。他们
166 还通过散布又一个走私者在一德国城市被捕的消息暗示德国食品及原材料的匮乏。

写有以下问题的传单也四处散发：

> 你们还会像1918年7月时那样强大吗?
>
> 你们的对手将日渐强大还是衰落?
>
> 1918年惨重的失败给你们带来了你们的领袖所承诺的胜利与和平吗?
>
> 你们仍然对最后的胜利抱有希望吗?
>
> 你们想在一项毫无希望的事业中放弃自己的生命吗?[10]

另一个与预言同样极其重要的主题是：士兵及其在国内亲属所遭受的贫穷。法国特制的一种传单描述了德国国内的贫困和悲惨状况，这种名为《德国来信》(*Briefe aus Deutschland*)的传单是专门用来在德国士兵中散发的。在1917年卡波雷托惨败之前对意大利人士气卓有成效的打击中，貌似来自国内的、恳求他们放下武器重返家园的呼吁书被寄给了意大利士兵。

家庭的欢乐也在法国人编辑的《军邮》(*Die Feldpost*，另一种针对德国军队的传单）中得到了巧妙的暗示，他们以回顾和平时期与家人共度圣诞节时的欢乐的方式庆祝了1915年的圣诞节[11]。平民生活的愉悦还被强化战争疲惫的宣传作品进行了描述。

167 另一种强调贫困与匮乏的方式是像美国那样宣传敌人的相对富裕与奢侈。一种完全模仿了德国官方的战地明信片的卡片上写道：

> 将你的家庭地址写在这张明信片上，如果你被美军俘虏，将其交给第一个询问你的军官，他会负责将其寄送出去，使你的家人对你的情况放心。

反面写着：

> 不要为我担心，战争对于我来说已经结束了。我吃得很好，美军给战俘提供与他们自己的士兵相同的食物：牛肉、白面包、土豆、蚕豆、李子、咖啡、黄油、烟草，等等。[12]

在宣传技巧上没有什么新鲜的东西，因为根据记录，当年驻扎在邦克山（Bunker Hill）① 的英国士兵中也流传着这样的传单：如果他们弃暗投明，加入美国军队，将每月发给他们 7 美元，提供大量新鲜的食品，保证他们的健康、自由、舒适和富裕，给他们一个很好的农场。[13]

上述所有准备性或附属性主题都是为了促成以新仇换旧恨的任务。下一步就集中在有望造成敌方情绪分化的特定仇恨目标上，一个可能的选择是将怀疑和仇恨转到盟友身上。

德国人的宣传尽其所能地发掘出了法国对于英国自古就有的仇恨，他们说法国是被英国利用的工具。正如温斯顿·丘吉尔最近所承认的 168
那样，英国在备战工作上进展极其缓慢，他们的目的是让法国人替他们流血[14]。事实上，他们正加紧在加来修建永久建筑以立足，任何一个学过历史的人都知道上次英国把魔爪伸向加来时，法国人花了多长时间才将其驱逐出去。

德国人宣称，事实上我们对你们构不成任何威胁，我们愿意加入你们的阵营共同对付英国。他们与你们某些卑鄙无耻的政客狼狈为奸，用你们的鲜血来破坏我们的贸易竞争。我们乐于将你们从英国的阴谋中解救出来，帮助你们削弱英国，扩展你们的殖民地范围。我们两个国家合作就可以控制欧洲，而控制了欧洲就等于控制了整个世界。同时，我们还能将你们从俄国的魔爪下解救出来，他们的沙皇正利用法国帮助其攫取君士坦丁堡（Constantinople）②[15]。

反过来，协约国也竭尽全力在奥匈帝国和德国之间制造不和。有关奥匈帝国正单方面进行和平谈判的谣言在西线的德国士兵中流传，目的是激起他们对奥地利的仇恨，表明他们为之做出巨大牺牲的事业毫无希望可言。有关奥地利人和匈牙利人食物充足的报道在德国也激

---

① 美国地名，位于查尔斯顿半岛。1775 年 6 月 17 日，爆发了美国独立战争的第一场大规模战斗，爱国军队以弱胜强，士气大振。

② 历史地名，1930 年改名伊斯坦布尔，土耳其首都。

169 起了巨大的仇恨，因为德国食品严重短缺。另一方面，奥地利被嘲讽为普鲁士的奴隶，并被哄骗说如果他们改变立场，就可能牺牲德国对其进行领土补偿。

盟友并不是惟一可以转移仇恨的对象，政府或者统治阶层也可以充当这一角色。如果能使统治者、统治集团或阶层足够可憎，革命就会爆发，而在革命中对外部敌人的憎恨留下的空间就非常小了。

在过去的这次大战中每个交战国都参与了在国外煽动分裂和革命的危险活动，而无视一次成功的革命可能带来的震荡。人们有理由相信早在 1915 年德国就试图煽动颠覆俄国，他们把革命的阅读材料送到了那些有可能最终通过交换或释放返回俄国的战俘手中[16]。著名的载有列宁和其他 40 人的密封车厢事件发生在 1917 年①。

协约国也有意识地尝试根除德国的皇帝和帝制。法国在德国散发的一种传单上有一幅德皇和他强壮的儿子的照片，在战争中他们毫发无损。传单的反面矗立着许多木十字架，标出了他忠诚的德国臣民们最后的安息地。[17]另一份传单上德皇和他的将军大臣们围坐在桌旁，
170 悠闲地喝着啤酒交谈着，反面则描绘了前线战壕里爆炸的情景，许多尸体被撕成了碎片。[18]

流亡国外的德国共和主义者被召集起来或主动站出来讨论德皇对战争应承担的责任。1918 年春天的大攻势溃败之后，威尔逊的宣传在德国达到了高潮，他的演讲四处传播。他们成功地给德国人造成了这样的印象：一个共和政体的德国将会从西方民主国家那里得到温和的和平。他们还注意用红油墨印刷威尔逊的演讲中在德国被禁的所有段落。[19]

英国则通过新闻暗示德国即将到来的革命骚乱，指出柏林最近已经采取了秘密的防范措施，总司令部已下令采取措施准备镇压罢工。被镇压的每一个社会党人的集会在西线都得到了广泛宣传。下面这条精心策划的来自斯德哥尔摩的新闻报道传递了革命的信息：

> 驻斯德哥尔摩的德国公使要求瑞典外交部没收 7 月 14 日的《战时纽约先驱杂志》(*New York Herald Magazine of the War*)，因为其头版刊登了一幅德国皇帝的照片，下面写着：“战后我们该
> 171 如何处置德皇？”据说司法部长已下令没收这些有问题的杂志。[20]

① 为了颠覆亲协约国的俄国临时政府，德国 1917 年 4 月允许列宁及其同志乘坐在密封的车厢里，从瑞士穿过德国回到了彼得格勒，列宁随即发表了著名的“四月提纲”。

尽管在这场较量中德国最终败下阵来，他们仍竭力通过革命打击协约国的士气。他们通过《阿登公报》和其他可以利用的渠道，努力把战争的责任推到普恩加莱和他的同僚身上。他们说，是这个集团疯狂的复仇欲望导致他们与比利时军事和外交界进行非法谈判；导致他们在应该给国内提供社会福利时，却去资助俄国修筑战略铁路；导致他们拒绝阻挠泛斯拉夫主义（Pan-Slavism）① 的宣传；导致他们在德国参战之前破坏比利时的中立状态。

对于协约国散布的国际理想主义论调，德国给予了毁灭性的反击。他们充分利用其有限的资源将协约国签订的秘密条约公之于世，充满理想主义的协约国已经将整个世界瓜分完毕：斯德哥尔摩被许诺给了俄国；英国得到了其在波斯势力影响范围以北的中立地区；意大利人得到了特伦蒂诺（Trentino）和德里雅斯特（Trieste），加上斯拉夫领土上的戈里齐（Gorizi）、格拉迪斯卡（Gradisca）、伊斯特里亚（Istria）、达尔马提亚（Dalmatia）②和发罗拉（Valona）③。他们还被许诺控制居住在勃伦纳山口（Brenner Pass）④ 地区的 20 万日耳曼人，这些日耳曼人从 14 世纪就成为了奥地利的臣民。亚得里亚海的重要港口［阜姆（Fiume）除外］也悉数落入他们手中，或者被中立化。他们还攫取了希腊的多德卡尼斯群岛（Dodekanese Islands）和小亚细亚的 172
一些地区，并有可能获得非洲的殖民地。罗马尼亚得到了塞尔维亚人、匈牙利人、鲁塞尼亚人（Ruthenians）⑤ 和其他斯拉夫民族居住的地区。法国给予俄国在波兰的自由行动权，以换取其在西线阿尔萨斯—洛林、萨尔河和莱茵河左岸地区的行动自由权。除此之外，土耳其帝国和德国的殖民地也被切割瓜分掉。

这些条约的披露不仅在协约国之间制造了麻烦，因为这些秘密条约显示协约国向一些弱小的国家做出的承诺自相矛盾，而且对工党的士气产生了直接影响，协约国的欺骗伎俩的曝光导致了前面提到的

① 19 世纪鼓吹并敦促斯拉夫各民族在政治和文化上联盟的思潮。1848 年在布拉格召开第一次泛斯拉夫大会，赞成由奥地利保护斯拉夫民族。沙俄把自己打扮成斯拉夫民族的“解放者”，打着泛斯拉夫主义的招牌，向奥地利、土耳其和中国等地扩张。

② 今属克罗地亚。

③ 今属阿尔巴尼亚。

④ 位于阿尔卑斯山脉东段，奥地利和意大利两国边境上。

⑤ 鲁塞尼亚为中欧一地区，现大部分在乌克兰境内，1918 年属奥匈帝国领土，1939 年被捷克斯洛伐克占领，1945 年割让给苏联。

反响[21]。

德国人对国家团结的破坏更进一步。他们通过呼吁注意前线卖淫嫖娼的泛滥程度刺激国内的妻子们。根据格罗博士的记录，早在1915年7月，一些阐述这一主题的匿名小册子就在法国流传。[22]

他们还不遗余力地煽动前线的士兵对后方政客、商人和官员的所谓暴行的愤怒。1916年11月5日的《公报》暗指士兵在国内的妻子们觉得赋税太重无法承担。众所周知，法国政府应对从摩洛哥招募黑人
173 参战负责，《公报》抓住时机刊登了一封含有如下评论的信件：

> 那些肮脏的摩洛哥人处处留种，像安南①人一样。[23]

法国人复制并传播了出自《老实人》(*Simplicissimus*)② 的一幅漫画：一个德国男教师问一名瘦骨嶙峋的学生，为什么被诅咒受到严厉惩罚的人被称为贫穷的罪人？回答是：

> "因为富有的罪人从来不会受到严厉惩罚。"[24]

在卡波雷托事件之前，德国当局鼓励奥地利人与意大利军队和睦相处。出于这一目的，他们还小心翼翼地利用一些曾在俄国前线受共产主义或社会主义影响的奥地利共产党员。有时德国的和平主义者获准到国外游历，尽管在国内他们的宣传鼓动受到了最严厉的限制。

德国还充分利用法国国内每一个可能的裂缝，煽动政党与政党，农民与城市人，外省人与巴黎人，工人与雇主，军队与国家，军队与政府以及立法机关与行政部门之间的对立情绪。[25]

我们已经谈到了反同盟与反政府的宣传，但还应注意第三种重要的可能性，即反国家的宣传。过去的这次大战证明，当交战国是一个异质的国家时，煽动脱离国家是如何有效。早在战争初期协约国就开
174 始谈论民族自决问题。1914年8月16日，沙皇宣布他建议给予统一的波兰以自主权。1916年春，天文学家、飞行员斯特凡尼克(Stefanik)③提

---

① 越南的旧称。

② 德国小说家格里梅尔斯豪森（1625—1676）撰写的关于流浪汉的冒险事迹的小说。

③ 斯特凡尼克（1880—1919），斯洛伐克天文学家、飞行员、爱国者、政治活动家。签署捷克斯洛伐克独立宣言的三巨头之一，1919年驾驶飞机失事身亡。

出在意大利人对面的奥军战线投放马萨里克（Masaryk）① 起草的捷克宣言。[26]

俄国早已通过飞机在战线内部投放一面印有捷克国家城堡的金币，但直到1917年7月《科孚宣言》(Declaration of Corfu)② 发布之后，针对奥匈帝国的宣传攻势才开始发挥出最大的杀伤力。根据这个宣言，“作为塞尔维亚人、克罗地亚人和斯洛文尼亚人的授权代表”，帕希奇（Pashitch）和特伦比奇（Trumbitch）意识到，我们的人民有“自己组成一个独立的民族国家”的要求；国名定为“塞尔维亚人、克罗地亚人和斯洛文尼亚人王国”；对国旗和王冠进行统一，但仍可自由使用各自的塞尔维亚、克罗地亚和斯洛文尼亚旗帜和标志；保护东正教徒、天主教徒和穆斯林的自由；宣布亚得里亚海必须成为“自由公海”，以及“王国将包括所有人民居住稠密的领土，在没有危及共同体根本利益的情况下不能被分割”。

即使在相对较晚的时候，分割奥匈帝国的政策也因协约国之间的许多因素遭到反对。1916年10月19日发行的由塞顿-沃森、马萨里克、斯蒂德和其他一些人创办的《新欧洲》（*New Europe*）力图改变英国政府不愿大胆站出来支持分割政策的状况。协约国政府因为参与了1915年将意大利拖入战争的交易而左右为难，当时南斯拉夫的野心还没有完全成形。意大利人得到的保证与南斯拉夫的统一完全相悖，他们非常愿意紧紧抓住这些条约的优势。与维持同势力不断扩张的塞尔维亚之间成问题的友谊相比，他们更愿意吞并之，他们担心四分五裂的奥地利会加入德国。伦敦《泰晤士报》的威克姆·斯蒂德是支持塞尔维亚宣传机构的活跃分子，他对犹太人的金融公司非常重视，希望保持构成泛日耳曼主义经济框架的德国人—犹太人金融系统，希望增强任何反对分割奥匈帝国的力量。天主教阶层也同样反对完全推翻欧洲现存最大的罗马政策。英国社会对奥地利人怜爱有加，因为他们将家园保存得如此完好，他们的射术是如此精良，他们又是如此温文尔雅。[27] 175

事实上，直到1917年10月卡波雷托溃败后斯拉夫人和意大利人才得以达成一致，促使协约国的宣传承担起最终的使命。即使这样，

---

① 马萨里克（1850—1937），捷克斯洛伐克共和国的主要缔造者、首任总统。曾任布拉格捷克大学哲学教授。

② 1917年，塞尔维亚王国总理帕希奇与“南斯拉夫委员会”代表特伦比奇在克基拉岛协商，会后发表《科孚宣言》，声明愿意战后在塞尔维亚的黑乔治王朝领导下，共组联合王国。

直到1918年3月“罗马协定”(Pact of Rome)签订以后，才为过去的这次大战期间最伟大的宣传功绩之一——受哈布斯堡王朝（Hapsburg）①压迫的国家代表大会4月在罗马的召开完全扫清了道路。1918年10月
176 26日，12个国家的代表在费城召开会议，决心从他们以前的统治者手里夺回自由。会议的主持者是已经被协约国政府承认的捷克斯洛伐克国民议会主席马萨里克教授。由于马萨里克的知名度，以及在俄国和法国的捷克斯洛伐克军团在公众心目中留下的深刻印象，大多数报刊都把在独立厅举行的这次集会称为捷克斯洛伐克大会。与会的所有代表庄严地签署了《独立宣言》，这一事件在美国和欧洲受到了广泛欢迎。[28]

协约国宣传的另一大手笔是鼓励犹太复国主义。1917年11月，当时的英国外交大臣贝尔福先生承诺英国政府支持在巴勒斯坦建立犹太人的民族家园。这为有效地争取德国的犹太人提供了材料，并附带引起了参战的美国犹太人的浓厚兴趣。鲁登道夫将军认为，《贝尔福宣言》是协约国在战时宣传方面做得最聪明的一次，他对德国没有首先想到这一招哀叹不已。②

而同盟国煽动分裂的努力却以失败告终。早在1915年春天，奥地利就试图分裂俄国。1915年4月10日，部长会议主席戈列梅金(Goremykin)③ 告诉法国大使：

177

> 奥地利正竭力在乌克兰人中发动一场民族运动。你肯定知道有一个“解放维也纳”的乌克兰人的组织，他们在瑞士出版宣传手册和地图。我得到了一些，这些材料显示他们正紧锣密鼓地进行宣传活动。[29]

德国试图煽动爱尔兰人对英格兰的不满，并在北非、埃及和印度制造麻烦。他们还试图通过鼓励“瓦龙人运动”（Walloon movement）

---

① 欧洲最古老的王室家族，其成员从1273年到1918年当过神圣罗马帝国、西班牙、奥地利、奥匈帝国的皇帝或国王。

② 1917年11月，英国外交大臣贝尔福致信英国“犹太复国主义者联盟”副主席罗斯柴尔德，宣称“英国政府赞成在巴勒斯坦为犹太人建民族之家，并将为此尽最大努力”。此信后来被称为《贝尔福宣言》。

③ 戈列梅金（1839—1917），俄国政治家，态度保守，1906、1914—1916两度担任首相，1917年二月革命后被捕，后被谋杀。

来分裂比利时，但却收效甚微①。

大战期间还开展了几个实际上违背了民族自主原则的运动。其中一个是奥地利新闻服务机构的一个成员的奇思妙想。他碰巧在被占领的意大利领土上，无意中听到了一次模模糊糊的谈话。他发现，那是乌迪内省的几个村庄所说的一种名为弗留尔语（Friul）的方言，便写了一篇文章为弗留尔语的使用者争取自主权。此举在意大利激起了新闻界的一场愤怒的声讨运动。

对敌宣传的一个重要因素是创造传递暗示给敌人的方式和手段。有人提议详细描述过去的这次大战中用于达到该目的的一些更加专业化的工具，而不是在考虑一般战术问题时对其一带而过。

交战国首先尝试通过在中立报纸中夹入插页穿透对手的战线。为 178
了达到这一目的，他们购买了瑞士和其他中立国的报纸。与此同时，交战国还开始发明直接的传输途径和手段。

法国从 1915 年 10 月开始出版一种定期期刊，在敌方的士兵中传播。这种期刊有好几种叫法：《军邮》，《德意志人民战争报》（*kriegsblötter für das deutsche volk*）和《自由德语》（*Das freie deutsche wort*）。他们还大量利用书籍和不定期的小册子。为了宣传德国对这场战争应负的责任，他们四处散发《我控诉》的微缩版本。同样还他们出版了由赫尔曼·费尔瑙（Herman Fernau）博士、米伦（Muehlen）博士和利赫诺夫斯基亲王（Prince Lichnowsky）撰写的各种各样的书。赫尔曼·勒泽迈尔（Hermann Rosemeier）博士编撰的几本热情洋溢的小册子也到处分发，他在 1914 年 9 月飞行前曾主编过柏林《晨邮报》（*Morgenpost*）。[30]

不定期出版的《战火》（*Die Kriegsfackel*）专门讨论战争罪恶问题。[31]《德国通信》（*Briefe aus Deutschland*）和《对祖国的问候》（*Grüsse an die heimat*）也不定期出版，前者主要刊登有关德国国内情况的书信和新闻，后者则主要由德国战俘证实自己在法国受到优待的信件组成。法国还分别在 1916 年 8 月 29 日和 1917 年 10 月 16 日仿造 179
了大量《斯特拉斯堡邮报》（*Strassburger Post*），该报是著名的日耳曼化的喉舌。此举的主要目的是鼓励阿尔萨斯和洛林内部支持法国的力量，其中充斥着对德国政府的冷嘲热讽。有关英国图谋占领加来的著名故事是这样处理的：

---

① 瓦龙人，主要居住在比利时东南和南部以及邻近的某些法国地区的一个民族。

> 我们能够证实这条几乎令人难人置信的消息（法国已经把加来租借给英国99年）。我们的记者采访了在瑞士的一名法国高级官员（副官），来自博凯尔（Beaucaire）附近的他泪流满面、神情沮丧地承认亲眼“目睹”了加来市和英国政府达成了协议。租金定为每月22.5万英镑，每月1日预先支付。每次一收到这笔钱，加来市市长就将其分给市民。照明、街道清洁以及为防止结冰而不得不在人行道撒沙的费用由租用者承担，所有者承担维修费用。任何一方都可以在提前9个月打招呼的情况下终止合同。——在背信弃义的阿尔比恩面前看着法国自取其辱坠入的深渊！如果加来的市民幻想英勇的德国人米歇尔（Michel）打算将他们从英国这个店主国家的魔爪下解救出来，那纯粹是在自欺欺人……我们早已经试过了，毫无疑问我们不会重蹈覆辙。[32]

1917年7月，法国还伪造了许多《法兰克福日报》（*Frankfurter Zeitung*），并复制、模仿了德国用来宣传战时贷款的传单。由西格弗里德·巴尔德（Siegfried Balder）和其他一群人起草的共和主义宣传材
180 料被运送到了前线。法国还印制了特别的小册子为其要求阿尔萨斯和洛林的主权辩解。

除此之外，法国还出版了《祖国之声》（*la voix du pays*）在被占领的领土上以及阿尔萨斯和洛林的居民中散发。他们还在巴伐利亚发表特别呼吁以煽动南部与北部之间的对立。法国尽其所能地将宣传材料通过瑞士的邮政服务寄送到德国。他们利用一家瑞士出版社印制宣传材料，越过边境偷运到德国。一个聪明的代理商将食品卖给德国时在纸箱里塞进了大量协约国的宣传材料。

1916年英国陆军部成立了一个军事情报机构，又称军情七局二处（M. I. 7. b）[33]，新工作人员为了向被占领地区的居民表明他们的事业并未失败，创办了《空中信使报》（*Le Courrier de l'Air*）。这份报纸甚至进入了德国境内，使德国当局勃然大怒。它从1917年4月6日不间断地出版到1918年1月25日，此后曾由于德国军方下令军事法庭审判任何散发“煽动性材料”的飞行人员并对其施以重罚而中断了一段时间。这一威胁发出后得到贯彻实施。《信使报》停刊至新的传播方式完善后，才在1918年3月7日重新出版。

181 斯特里特（Street）少校在下面的文章中追溯了更完善的传播方式的发展过程：

撒播纸片本质上并不比撒播钢块更困难，但这两种投掷物所要到达的目的地不同，想要产生的效果也不同。炮弹要达到最大效果就应该在人群当中爆炸；传单则相反，其散布的范围应尽可能广泛，因此应该避免落入训练有素的部队中，而应落在单个哨兵的控制范围之内，这样他就不会受战友的影响，也不会被其他东西分散注意力。传单若是落入了一群人手中很可能被当作笑话，但若落在了一个人手中，他则会纯粹出于无聊而浏览它，并有可能被引诱相信传单上所说的有道理。只要宣传能引起人们对为其进行斗争的信念哪怕一丁点儿的怀疑，那它的任务就已完成大半。

协约国和同盟国都曾试验用迫击炮发射宣传材料。在大多数情况下，它的原理是：用少量的炸药制作炸弹，以便它一到达敌方前线的上空，就能在惊魂未定的敌人头顶释放出一阵传单雨。但这个系统有明显的缺陷：迫击炮是并不普及的武器，而且它招致的报复效果可能远远大于造成的破坏。可以预见，这种武器最脆弱的一点在于，它可能招致敌人对使用如此直接的方法对其恶语相向的抱怨，即使不抱怨，无论如何也会对使用如此明显的诡计冷嘲热讽。一会儿说是“无稽之谈”，一会儿又通过同样的武器之口滔滔不绝地宣传四海之内皆兄弟，或其他和平学说，这种有关一支军队的不一致说法使生活无法忍受。迫击炮成为宣传材料发射器后不久，就被飞机取代了。

后一种武器起初似乎符合各方面的要求。它可以在任何合适 182
的高度散发大量的传单，由于传单的下落需要一段时间，因此其到达地与飞机的航程没有明显的联系。一张不知从何处吹进战壕的传单自然比明显是由致命的机械工具发射出的传单能产生更大的效果。而且，飞机具有更大的穿透力，它既可以在战壕上空散发传单，也可以到宿营地和铁道卸载点散发。这方面的优势是双重的：一方面传单可以在更广阔的区域被发现和拾起，另一方面在前线后方的人有更多的闲暇时间和兴趣深思传单上的内容。但是数量有限的飞机还有许多其他的用途。有人举出充足的理由说明如果飞机可以在敌人的领空飞行，那么最好是用来投掷炸弹而不是宣传材料。有人甚至说，对敌人最有效的宣传是炸弹，大量的炸弹。就莱茵地区来说这一观点是正确的，但对于伦敦就不行了。无论如何人们认为用飞机这种昂贵的飞行器来散发传单太奢侈了。

下一个点子是使用观察气球，它可以趁风吹向敌人前线时携带大量的传单散发出去。除了气球乘坐者通常忙于执行观察任务而无暇顾及散发传单之外，观察气球还有许多劣势。对观察气球进行的更聪明而巧妙的改进是载人风筝的复兴。当风向适宜时，风筝就从某个合适的地点起飞，一个载有一大捆传单的“追随者”在风筝紧绷的弦上移动。“追随者”上装有一个自动发射装置，它在预定的高度发挥作用，将传单散发出去，“追随者”则落到地面装载新的传单。当这个装置不装东西时，还是一个有趣的玩具。

183 直到1916年末，这种不受控制的气球才被认真考虑作为宣传工具。其操作方法早就清楚了：将要散发的传单装在气球上，在适宜的风向下将其发出去，你的目的就达到了。困难在于如何在1 000英里①左右的范围内预测气球的降落点。由于炮兵部队的紧急需要，气象学在战时得到突飞猛进的发展，使得气球能够得到科学的应用。“流星”以各种气象专家的身份配属在各部队，最终能够测量任何高度任何地点的风速和风向。剩下的就很简单了，不受控制的气球很快就发展成为一种简单而可靠的发射工具。你将气球带到指定的地点，比如战线以后10英里，你知道你的气球会升到比如说6 000英尺②的高空，在那个高度将携带的传单发射出去。“流星”测出那个地点那个高度的风速是每小时20英里，风向是西南。气球东北40英里的地方是敌人的一个集中营。将气球装满要散发的传单，将发射设定在不到两个小时，为传单下落过程中的飘浮预留一段时间，你的目的就达到了。

……气球是用纸做成的，涂上一种抗爆剂，使它们得以装满氢气。

在法国，宣传气球小队的装备包括两辆用来运输氢气瓶、气球和传单的三吨卡车，以及必需的官员和几个工作人员。他们选择了某些发射站，以便在从北经西向南的任何风向下都能达到预定的目标。

连接方式是解决整个气球使用问题的关键，如果运用巧妙，那也很简单。找一段在任何烟草店里都可以买到的点烟斗用的橙色编织火绒，将一头固定在气球上。在成捆的传单上系上棉布标

---

① 1英里约合1 609.34米。

② 1英尺约合0.3米。

签，就像政府机关文件那样，每个标签的一头要拉紧，到未固定的另一头的距离要与火绒长度相等，长度要经过计算。火绒燃烧的速度可以通过实验来确定，比如说 5 分钟 1 英寸①。如果目标是每小时 20 英里，气球到达目标需要 40 分钟。然后从火绒的一头开始，每隔 6 到 10 英寸的短距离插入一个标签。 184

气球一放开，就将火绒的一端定位在一支点燃的香烟上，接着就开始燃烧。

在 1918 年夏秋的绝大部分时间里，风向对协约国十分有利，当时他们的宣传覆盖了最大的面积，宣传材料在德国的战线以后 150 英里的区域内散发。到 8 月份他们每天可以散发 10 万张传单，这意味着平均每月散发 400 万到 500 万张传单。

协约国在传单散发问题上比德国解决得好，但德国宣传的一个绝招是在《阿登公报》上刊登战俘名单，这样被占领地区的人们就可以名正言顺地阅读一份明显支持德国的报纸了。

协约国成立了一个秘密新闻机构，向比利时人提供协约国方面的消息，它同时对鼓舞己方的士气，并渗透到最近的德国人群中也产生了重要影响[34]。

对于瓦解敌人斗志问题的回顾说明，最重要的主题是胜利的不可能性。一个失去信心的国家会背叛他的盟友或统治阶层，并因少数民族的脱离而失败。

【注释】

[1]《公报》(*Gazette*)，1917 年 7 月 2 日，引自《法兰克福日报》(*Frankfurter Zeitung*)，马尔尚书，97 页。

[2]《公报》，1917 年 11 月 17 日，马尔尚书，143 页。

[3] 复制件见汉西（Hansi）和托内莱（Tonnelet）：《穿越敌境》（*A Travers les Lignes Ennemies*），145 页对面。

[4]《公报》，1916 年 8 月 13 日，马尔尚书，25 页。

[5]《公报》，同上。

[6]《公报》，1916 年 6 月 7 日，马尔尚书，190 页。

[7]《公报》，1916 年 9 月 23 日，马尔尚书，85 页。

[8]《公报》，1916 年 1 月 9 日，马尔尚书，15 页。

---

① 1 英寸约合 2.54 厘米。

[9]《公报》，1917 年 7 月 3 日，马尔尚书，27 页。

[10] 希伯·布兰肯霍恩 (Heber Blankenhorn) 在《我的宣传历险》(*My Adventures in Propaganda*) 中描述了这场美国人的战役。

[11] 汉西和托内莱书，24 页对面，图 4。

[12] 复制于布兰肯霍恩书，78 页。

[13] C. K. 博尔顿 (C. K. Bolton)：《华盛顿麾下列兵》(*The Private Soldier under Washington*)，引自萨蒙 (Salmon)：《报纸与历史学家》(*The Newspaper and the Historian*)，340 页。

[14]《公报》，1916 年 9 月 7 日，马尔尚书，49 页。

[15]《公报》，1917 年 4 月 26 日，马尔尚书，47 页。

[16] 一个在红十字会的安排下被允许参观这些战俘营的俄国人对此进行了控诉。

[17] 复制件见汉西和托内莱书，136 页。

[18] 复制件见汉西和托内莱书，160 页。

[19] 见汉西和托内莱书，152 页。

[20] 此事与相关例证见坎贝尔的《克鲁馆的秘密》(*Secrets of Crewe House*)。

[21] 见本书 62 页。

[22] 格罗：《大战中的假新闻》，第 2 卷，151 页。

[23]《公报》1917 年 4 月 29 日。

[24] 见汉西和托内莱书，28 页。

[25] 马尔尚书，第 2 部。

[26] 斯蒂德：《弹指三十年》，第 2 卷，102 页。

[27] 斯蒂德书，第 2 卷，129 页。

[28] 关于这一事件进程的叙述见煽动期刊。1918 年 11 月一期的《捷克斯洛伐克评论》(*Czecho-Slovak Review*) 对此进行了简述。

[29] 帕拉洛格：《大使回忆录》，第 1 卷，327 页。

[30]《战争前的历史》(*Die Vorgeschichte des Krieges: Deutsches Volk, wach' auf!*)，见汉西和托内莱书，56 页对面。

[31] 见汉西和托内莱书，38 页对面。

[32] 汉西和托内莱书，60 页。

[33] C. J. C. 斯特里特 (C. J. C. Street) 少校：《战线背后的宣传》(*Propaganda Behind the Lines*)，见《科恩希尔杂志》(*Cornhill Magazine*)，第三系列，47 卷(1919 年)，488～499 页。

[34] 关于《自由比利时报》(*La libre Belgique*) 的故事，见让·马萨特 (Jean Massart)：《比利时的秘密报刊》(*The Secret Press of Belgium*)。

第八章　宣传条件与方法概述 185

成功的宣传有赖于在适宜的条件下对各种方法的巧妙运用。方法是宣传者可以控制的东西，条件是他必须适应这些东西。一个宣传者可以改变其活动的组织，修改其发出的一系列建议，用一种传播工具替代另一种，但他必须适应传统的偏见，适应国际生活的某些客观事实，适应社会的普遍紧张程度。在这项研究的过程中，宣传条件和方法已经直接或间接提及，现在是将其用更系统的方法整合起来的时候了。

宣传的成就受整个国家及其每个组成群体传统偏见的影响。与美国深厚的传统友谊是法国的一大优势，这种友谊是从独立战争期间斗争中的殖民地人民对法国的援助所心存的感激中延续下来的。德国寄希望于他们的侨民和爱尔兰—犹太集团的支持。英国则可以依赖一种深沉而普遍的共同情感，这种普通的情感在那些更加显眼但并不深奥的态度面前经常被忽视。186

宣传者总是有可能冒犯一些根深蒂固的偏见。德国抓住比利时游击队员的所谓暴行向全世界及德国公众辩解自己的行动。但是，当普鲁士人散布天主教神父敦促教区居民听从他们的命令，用各种手法杀害入侵者的小道消息时，却在国内造就了对立势力。天主教徒站出来驳斥了这些谣言。他们曾在1900年组织了“天主教报刊中央新闻协会”（Zentralauskunftstelle der katholischen Presse），1913年在法兰克福改组为“天主教神父权利保护协会”（Rechts-chutzstelle für das katholische Geistlichkeit）。1906年，另一个名为“德国天主教神父协会”（Priesterverein Pax für das katholische Deutschland）的机构在科隆成立。这两个机构开始嘲讽和反驳普鲁士人关于比利时对天主教徒施加暴行的描述。在国外，协约国也抓住这些质疑德国有关比利时的传言[1]。

这样的偏见时刻束缚着宣传者的手脚，他们的自由还进一步受到国家之间通讯网络的限制。英国手中控制着美国与欧洲之间的电报通信，这产生了深远的影响。德国曾徒劳地试图用无线通讯来抵消这一不利因素，但却收效甚微。任何了解美国对外态度历史的人在1914年都可
187 以预见到英国的立场极有可能影响美国，因为美国的舆论经常像一叶轻舟，无助而无意识地追随在英国军舰的后面漂浮。内战以后美利坚民族就成了俄国热情的朋友，他们买下了“西沃德的冰盒”（Seward's ice box）① 作为报答内战期间沙皇道义支持的礼物。在随后的日子里，美国很少与俄国有直接接触，但美国人的友谊却转变成了强烈的敌视。理由很简单：美国依靠英国新闻界提供新闻，而英国与俄国有冲突。

两个国家在社会风俗习惯上也客观存在着相同与不同之处，这些都不能视而不见。毕竟英国、法国和比利时的基本政治制度比德国民主，而且美国人说的读的都是英语，而不是德语。美国人都知道莎士比亚，却不知道歌德，他们认为指挥滑铁卢战役取胜的是威灵顿（Wellington）② 公爵而不是布吕歇尔（Blücher）③。美国人的基本生活方式更加英国化，而不是德国化[2]。

人群之间经常的相互渗透也使随意控制情感十分困难。美国各个不同移民群体的风俗习惯和竞争力也影响了美国人的态度和他们对国家起源的看法。许多在独立战争爆发时返回祖国的俄国人将冒烟的住

---

① 指阿拉斯加，由美国国务卿西沃德（1801—1872）在任内从俄国买进。

② 威灵顿（1769—1852），英国陆军元帅、首相，以在滑铁卢战役中指挥英、普联军击败拿破仑而闻名，有“铁公爵”之称。

③ 布吕歇尔（1742—1819），普鲁士陆军元帅，在滑铁卢之战中对击败拿破仑起了关键作用。

房和钢铁厂 24 小时轮班制的神话也带了回来。当美国的宣传者宣扬美 188
国民主制度的优点时，听众总会提出一些令人尴尬的问题。

人群相互渗透的一种方式是安排入侵者到被占领地区的居民家住宿，这一点在战时尤为重要。外国军队的占领可能在当局与居民之间制造各种各样的摩擦，这时战争中大量存在的令人苦恼的事件尤其普遍。德国人占领比利时后，为调解与平民的冲突而弄得焦头烂额。协约国能够在发生的每一件事上大做文章，并杜撰出许多根本没有的事情。而德国只能老调重弹地就俄国占领东普鲁士时制造的恐怖进行还击，但这太遥远了，无法激起美国人的同情与支持。

两个国家之间的某个经济特性可能存在重要的联系纽带。国际政治中普遍认可的一个原则是当一个国家贷款给另一个国家时，如果第三方威胁到该国的偿还能力，他很有可能出手援助其债务人。持中立态度时曾贷款给协约国的美国可能出于对协约国事业感情上的偏爱（摩根商行起源于英国，并与之有密切联系）而将其进一步向前发展。一旦与协约国结盟，同情的纽带便在金钱的联结下得到了加强，结果证明了债权人受制于债务人这一公理。

战争期间，竞争各方的相对军事力量是具有决定意义的因素。大 189
规模的撤退行动不可能永远隐瞒，长期的屈辱会撒播不和与失败主义的种子。德国的宣传者们无法制造出新的希望取代 1918 年仲夏幻想的破灭。诉诸武力使其声誉丧失殆尽，破坏了公众对其最起码的信任。格雷子爵曾就战时如何容易夸大外交的角色发表了精辟的见解，他所说的也适用于作为外交工具之一的宣传。最重要的战线是军事战线。

> 关于马恩河（Marne）战役①，即使在外人看来，与其说是一场伟大的胜利，不如说是挽救了巴黎；与其说扭转了对德国有利的趋势，不如说减缓了德国的进攻。接下来是第一次伊普尔（Ypres）战役②，在这场战役中英法战线差点再次崩溃。1915 年，协约国没有任何大规模的胜利足以抵消俄国大溃败所造成的凄惨印象。德国 1916 年在凡尔登（Verdun）失败了，但法国也损失惨

① 马恩河为法国东北部的一条河流。1914 年 9 月上旬，德军同英法联军在马恩河流经的巴黎南部举行会战，联军最终顶住了德国的进攻，德军伤亡约 80 万人，英法联军伤亡 108 万人。

② 1914 年 10 月，德军为突破英法联军在比利时佛兰德地区的防线向伊普尔发动了强大攻势，双方互有胜负，联军相互协调最终抵住了德国的进攻。

> 重①。这一年与其说是协约国的胜利年不如说是德国的失败年，除了布鲁西洛夫攻势（Brusiloff offensive）② 之外。这将罗马尼亚拖入了战争，甚至布鲁西洛夫在奥地利战线撕开的突破口也很快完全弥补了。战争期间，协约国在欧洲的外交工作实际上是出力不讨好。[3]

前面的段落列举了一些将国家联系起来并制约宣传成败的纽带，这些在很大程度上都是显在的，任何人仔细观察都能感知到，如通讯网络、风俗习惯的异同、人际渗透、经济纽带、相对军事力量等等。
190 下面我们将讨论一个毫无疑问存在，但却既不容易描述也不容易解释的限制因素：紧张程度。

紧张程度是指一种适应或不适应的状态，可描述为公共焦虑、神经质、易怒、不安、不满或紧张。面对紧张程度高的群体时，宣传者会发现用平时只能点燃篝火的小火柴就能引发一仓库炸药。[4]

将来肯定有可能将基本的生物和心理过程与这些现象联系起来，但在目前，这一领域的争论都是推测。然而各心理学派似乎都认同战争是一种影响的方式，它为释放被压抑的冲动，并使其通过直接的方式外显出来提供了巨大的空间。因此人们一般认为，宣传者能够依靠非常原始而强大的同盟者煽动起宣传对象对敌人的战时仇恨。生理或心理类型的影响也有可能比其他类型的影响更容易对宣传者发出的交战刺激做出反应。

或许进一步的研究能够证明克拉克·威斯勒（Clark Wissler）③ 的
191 假设：在一个群体的文化生活中，存在着明确的心理倾向导致扩张的特殊情况。这位人类学家写道：

> 当一个群体找到对某个重要文化问题的新的解决办法时，就会非常狂热地向外传播这一想法，并受冲动驱使开始一个征服时代，强迫别人承认它的优点。[5]

---

① 1916 年 2 月至 12 月，德军和法军在法国凡尔登地区展开激战，双方参战兵力众多、伤亡惨重，德军损失 43.3 万人，法军损失 54.3 万人。

② 1916 年夏，俄军在阿列克谢·布鲁西洛夫上将的率领下对奥地利人发动的攻势，突破了德奥军阵地，创造了在漫长战线上以一点为主同时突破多点的新经验。

③ 克拉克·威斯勒（1870—1947），美国人类学家，提出文化区域的观念，曾任美国自然博物馆馆长，著有《北美平原的印第安人》、《人类与文化》、《社会人类学》等。

他还说，在政治控制区域之外的物质文化区域扩张很有可能制造刺激物，导致其尝试扩大政治区域以与之相适应。[6]

当然，有理由相信，与农业化的人相比，对工业化的人进行宣传的宣传者面对的是一个更加紧张、流动性更大的人群。工业主义显然增大了由压迫布下的秘密地雷的危险性，因为它既导致了机器操作的单调乏味，也导致了次要刺激的兴奋。苛刻的机器节奏和铿锵声与广告牌、橱窗展示、电影、杂耍和炫目的报纸装饰都是工业化生活的典型代表，他们为个人目标的实现提供巨大而令人困惑的可能性。舞台已经搭建好了：

> 由最荒谬的谣言、最残暴的仇恨诉求和对血的兽欲培育起来的粗俗爱国主义通过城市拥挤的生活迅速蔓延，并通过它对感官渴望的满足到处推销自己。沙文主义的特征与其说是个人参与冲突的野蛮欲望，不如说是神经质幻想的感觉。[7]

识字能力与报纸都是机器时代的产物。报纸依靠广告生存，广告与发行量紧密相关，而发行量则依靠激动。“报纸的卖点是什么?”北岩子爵的一位前副手这样回答： 192

> 首选答案是“战争”，战争不仅制造大量新闻，而且制造对新闻的需求。人们对于战争以及所有相关事物的迷恋是如此根深蒂固，以至于……报纸只能打着“一场大战”的招牌使其发行量攀升。[8]

这就解释了为什么新闻界在危机时刻喜欢加重公众的焦虑。

以上就是决定宣传成败的一般因素。成功的宣传依赖于传统的偏见、国家之间的客观联系和公众应激性的变化程度。无论宣传者在人员组织、建议选择和传播工具运用方面的技巧多么娴熟，如果缺乏有利的社会力量的帮助，其操作技巧将毫无用武之地。

宣传者对其命运的控制程度还部分取决于他所采用的组织方法。许多机构都或多或少地参与战时宣传工作：外交部、外交和领事人员、陆军部、参谋部、野战司令部和国内行政机关的主要服务部门。由于宣传本来就不可能完全垄断在一个机构手中，因此必须通过迂回曲折的协调，而不是专有代表的简单行动达到团结一致。在大战中各国都 193

力图通过三种主要协调方式中的一种来减少相互冲突、比例失调和重复等危险。这三种方式是记者招待会（德国）；宣传主管委员会，每人负责宣传工作的一个主要分支（英国）；以各主要部门名义运作的单个宣传主管（美国）。由于非军事部门和军事部门之间的摩擦，德国只有例行的记者招待会和偶尔的协调工作。法国除了派到某些重要国家的特派员外，还依靠其现有的政府机构。英国最终被迫成立了一个接近部长级的宣传主管委员会，每个主管负责宣传的一个重要分支，如对敌、对内、对同盟国或对中立国。通过争取有声望的人来领导每个重要部门，政策本身可以经常得到改进。北岩敦促内阁修正了对意大利人和南斯拉夫人的政策，结果验证了政策与宣传应齐头并进的道理。美国通过成立一个由主要部门（国务院、陆军部和海军部）领导按职务组成的委员会，并由一个认真而有进取心的人负责实际工作解决了组织问题。大权集中在克里尔的手中是情有可原的，因为美国对国内
194 和国外的宣传都相对比较简单。而面临复杂的国外问题的英国如果完全集权则可能妨碍及时的调整。

战争的经过似乎证明，每个重要宣传机构的领导者都应该是与那些决策者拥有同样声望的人。工作人员应该从报业从业人员——而不是从业主、受欢迎的作家、新型宣传职业的成员中挑选。

这场战争充分证明，宣传机构与立法机关之间的关系是个棘手的问题。一个民主政府的行政部门可能滥用宣传部门的权力为某一党派、个人或阶层谋私利。它可以通过刺激舆论支持自己的政策而预先约束立法机关。行政部门还可能利用宣传部门散布虚假的事实，立法机关意识到这一切后会用不当的措辞攻击行政部门，从而影响公众对其领导者的信任。在这个问题上最好的协调方式不是法规与条例，而是培育非正式的了解和沟通渠道。通过这些渠道，国会议员可以更近距离地接触宣传机构的实际情况。如果事态恶化，他们能够也应该提出抗议。但他们的评论应该建立在确凿的事实基础上，而不是单纯的怀疑。正是因为没能消除立法者和行政人员之间的隔阂，公共信息委员才会在美国国会受到屈辱而不公正的批评。当然，民主政府在战争中毫无
195 疑问必须承担动员思想以及人力、物力的任务，无论面临着多么复杂的困难。

宣传组织的一般形式是变化不定的，宣传者可以根据自己的宣传目的进行调整。然而，宣传者面临的主要问题在于选择最适合激起所需反应的社会建议。在这一点上他首先受宽泛的宣传战略目标的制约。

宣传有四个主要目标：

1. 煽动对敌人的仇恨。
2. 保持与盟国的友好关系。
3. 保持与中立国的友谊，在可能的情况下争取他们的合作。
4. 瓦解敌人的斗志。

在这项研究前面的章节已经分析过为达到每个目标所运用的诉求方式的一般理论，这里可对其进行一个简要的总结。

要想煽动起人们对敌人的仇恨，就要把对立国家描述为危险而凶残的侵略者，将敌人描述为实现整个国家及其每个组成部分的珍贵理想与梦想的绊脚石。通过详细阐述战争目的，使敌人的毁灭者角色暴露无遗。将对立国家描述为恶魔，它违背了整个群体的所有道德标准，侮辱了集体的自尊。仇恨的维持需要持续不断地直接描述敌人的危险、破坏性和穷凶极恶直至最终胜利。

为保持与盟国的友好关系，最重要的是我们在战争进程中付出艰苦卓绝的努力和衷心认同盟友崇高的战争目标。这一点可以通过展示自己的尊重与敬意，通过国内宣传的所有主题得到支持。

要想赢得中立国的友谊，就要引导中立国认识到他可以从击败我 196
们的敌人这件事中获益。除了一般的策略之外，还要吸引中立国在一些非军事活动上积极合作。如果其他诉求都失败了，就通过描述战争的恐怖、敌人不愿意和解来强化和平主义，或者在两个中立国之间挑起事端。

要想瓦解敌人的斗志，就要用新仇代替旧恨。直接的反刺激可使仇恨的边缘在某种程度上模糊化，但是转移仇恨主要依靠散布沮丧情绪和煽动失败主义。这样就为反对同盟国、统治阶级以及少数民族反对国家统一的激烈运动铺平了道路。

上面这些主题贯穿了世界大战的每一场宣传战役，但其中的一些主题在某个交战国那里得到了更加有效的利用。英国在宣扬人道主义战争目的方面出奇地成功。德国由于强调这是一场德国文明的战争，对人道主义理想轻描淡写而在国外招致了强烈的不满和怀疑。英国将这场战争说成是保护国际法，保证条约能够得到批准的战争，他们是以民主的名义与一个专制的军国主义怪物进行斗争。英国公众早就在谈论这是一场结束战争的战争了，而德国的政客们很久以后才知道这

197 个词。事实上，贝特曼-霍尔韦格苍白无力、磕磕绊绊的宣言似乎更像是一个缺乏想象力的灵魂牵强的让步，而不是一个坚定的领导者发表的政治纲领。威尔逊的措辞触及了全世界强大力量的想象力。在言辞的较量中，德国是在用纸板与钢板相抗衡。

德国人永远也无法消除他们给人们留下的侵略者的第一印象，这在很大程度上要归咎于他们愚蠢的诉求。他们在美国没完没了地谈论"包围"（Einkreisung），但在那里被包围的危险只是一种理论假设，在美国最近的传统中没有对应物。他们从来没有像创造了"波茨坦理事会"（Potsdam Council）神话的协约国那样将敌人的侵略性戏剧化。他们从来没有成功摆脱这样的想法：这是一场由对侄子①的成功怀恨在心的自负而放荡的叔叔②策划的战争。他们没能将这场外交游戏人性化和戏剧化，总是固守着那些在美国缺乏煽动力的外交行话和德国口号。

德国的宣传在很大程度上被证明是自作自受。令人震惊的是德国负责宣传的官员竟然动用一切手段散布消息指责比利时人在进行狙击。德皇甚至向威尔逊总统公开提出抗议。事实是比利时人进行狙击的报告赢得了美国人的敬佩，这似乎证明了弱小的比利时人是多么英勇无畏。因为美国公众是平民公众，他们知道比利时的弱小和德国的强大，
198 每当处于劣势的一方主动出击时他们都会为之欢呼。

德国拙劣的宣传还应部分归咎于军事思维对其产生的影响。对于士兵来说，一个平民向穿着制服的人开枪是绝对不可原谅的。他有一套严格的伦理规范，是出于他的人身安全考虑决定的。他对一个穿着制服的人和没穿制服的人分别可以做什么区分得非常严格。这些基本的区分在像美国这样军事训练是偶尔为之而非惯例的国家公众心目中是模糊的，几乎没有任何意义。美国漫画家曾用一个德国人因他正在痛击的小家伙用弹弓击出的卵石打中了他而暴跳如雷的漫画来讽刺德国人的强大、粗俗，这体现了他们的平民意识。前面已经提到了德国在处理卡维尔事件上的失败，这个事件典型地反映了从平民角度无法理解的军事思维。

德国如果明智的话，应该任命一个由知名的中立者组成的陪审团

---

① 指威廉二世（1859—1941），普鲁士国王，德意志帝国皇帝，推行侵略政策，挑起第一次世界大战，战后被迫退位，逃亡荷兰。

② 指爱德华七世（1841—1910），大不列颠和爱尔兰国王，维多利亚女王之子，讲究穿着，性喜交际，到欧洲各国旅游，促进相互了解，改善英法关系。

调查比利时人民的福利状况，并向全世界公布其调查报告，而不是抱怨比利时的狙击手。事实上，德国从来没有消除布赖斯报告所带来的消极影响。

在开战的最初几个星期里，德国没有采取任何防范措施。他们声称，德军是不可战胜的，还预测了具体的获胜日期[9]。他们没有宣扬 199
对东普鲁士的入侵，他们穿过比利时和法国北部的行军似乎与任何突然袭击理论都相抵触。

法国的宣传清晰而简单。其退伙士兵讲述了一个关于已经为战争做好准备的人的貌似真实的故事（在早期假新闻的乌云散去之后）。法国的主要宣传就是简单的恶魔崇拜。德国人从来就没有推广过像“德国兵”（Hun）、“德国佬”（Boche）这样的绰号，他们对仇恨的笨拙说教和对“一派谎言”（All-lies）的轻蔑指称相比之下既无力也招人反感。法国有像“人性”和“民主”这样能在国外唤起巨大共鸣的词汇。

这里对影响方面没有过多关注，影响经常被称为“对于行为的宣传”，通常指的是对一些孤立暴行的宣传，目的是给人留下强烈的印象。向敌方城市投放炸弹更多是出于宣传目的，而不是直接的军事或战略目的。据称，长期处于恐惧重压下的平民士气会崩溃，这与对恐怖的宣传以及其他恐怖行为同样被认为能制造沮丧和失败主义情绪。

由于在过去的这次大战中所谈论的恐怖大多纯粹是对敌人的宣传，这种公开行为的效果就可根据该宣传产生的影响来判断。总体而言，它的主要结果是坚定了人们保卫自己的决心。

这或许是不可靠的，但有个故事或许能给我们一些启发：一个德国飞行员拒绝再在伦敦上空投掷炸弹，因为他参战并不是想成为英国军队的新兵招募员。平民对突袭已经习以为常，就像伦敦人对齐柏林 200
飞艇的突袭那样，幽默与讽刺减轻了磨难。伦敦的商店为各式各样“齐柏林晚会”的附属品做广告，据称有一家甚至提供一条“齐柏林睡衣”的特殊生产线。

协约国打击士气的宣传在1918年之前对德国的影响非常有限。事实上，英国早期在徒劳的自我吹嘘上浪费了很多精力，而当时德国军队实际上正向着他们胜利进军。美国对德国的宣传基本上是打击士气，煽动革命。英国承担了分裂奥匈帝国军队的绝大部分宣传任务，他们取得了显著的成绩。与在中立国的宣传相比，这种宣传的成败更依赖于敌对国内部的紧张与压力的存在。

前面的段落比较了一些主要的战时宣传战略，重述了为达到四个宣传目标如何选择强有力的诉求方式的一般理论。宣传者还将一些次要的战术标准运用到每个建议当中，战术标准可概述如下：

1. 引起特定群体的兴趣。
2. 抵消不利的观点。
3. 在实现战略目标之前避免有可能招致反驳的谎言。

201 有效宣传的诉求对象应该是宽泛的，不能忽视一个国家内部的任何忠诚：新教徒、天主教徒、犹太人、工人、金融家、农场主、商人、城市居民、农民、运动员和哲学家、实干家和学者、男女老少。国家内部任何可能的裂缝都可以直接或间接的方式进行诉求[10]。

R. J. R. S. 里福德（R. J. R. S. Wreford）准确地描述了这一过程，他说一个专业的宣传者

> 必须确定哪些公众最有可能是，或者成为他所代表利益的支持者；接着他必须从这些利益中选出最适于迎合这些公众偏好的方面；然后他必须以一种富有吸引力的方式将这些方面呈现出来。[11]

宣传材料必须既能吸引那些最平庸的人，也能吸引那些最敏锐的情报人员。就大战期间所做出的赤裸裸的胜利预言来说，可以预见他们会给最迷信和易轻信的阶层带来安慰，但那些老练的人会对其不屑一顾。稳妥的做法是将赤裸的预言与精心设计的预言结合起来发布，以使那些能够对后者做出反应的人不会因为前者而对其敬而远之，他们仅仅会保持冷漠和居高临下的态度。一个以德皇每次看到英国国旗都要吐三口痰的习惯来揭示其好战欲的荒诞故事可能无法赢得贝尔格
202 莱维亚（Belgravia）① 人，无论它在波普勒（Poplar）是多么流行。但一部由训练有素的学者精心编撰的学术著作就能捍卫同一普遍主题，并使聪明的公众满意。过去的这次大战期间英国宣传的优势很大程度上在于其惊人的灵活性。1917 年记者阿瑟·布拉德（Arthur Bullard）就此发表了评论，他写道：

---

① 英国伦敦一富人住宅区。

引来第一批志愿者的诉求是“流血的比利时”，是像优秀运动员一样强壮的强者保护弱者的责任。然后尝试通过引用德皇所谓侮辱性言辞“弱小可鄙的英国军队”的海报激起民族自豪感。他们还用假定的入侵危险来恐吓人们。过了一段时间，又展出被称为“纸屑”(Scrap of paper) 的著名条约的图片，每一条注释都引起了反响，从对“杀婴者”的愤怒到对作为国际关系基础誓言的忠诚。但到目前为止最大的反响来自对民主理想的诉求，这个问题介于普遍规则和军事独裁之间。[12]

每条建议对一个特定群体都必须有生动的诉求，但有些建议必须经过特别设计以抵消不利的观点。这就将我们带到了有效宣传的第二个战术标准，该标准出现在实施战争影响的过程中。当一个政府着手影响其疆域内的人群时，它通常在战争进程中能够控制越洋电报、电报、电话、新闻界、邮政和无线通讯服务。但心理上的疆域永远不能与地理上的疆域重合，草率的压制永远不可能取得彻底胜利。政府应 203
学会抵消而不是隐瞒不利的观点。

这一技巧很大程度上是对强调的控制。报纸可以通过给一条新闻加上不显著的标题、放在不起眼的位置、并入另一篇报道、省略细节、反驳作者或“目击者”、引用对其论断提出质疑的话或其他相关方式将其淡化。反之，可以将有利的观点放在显要的位置，加上醒目的标题，进行单独处理，添加详尽的细节、令人印象深刻的证据以及无休无止的重复。

在实践中，抵消重要报道最简单的方式是补偿策略。宣称敌人从未取得任何战果的做法是愚蠢的。但是，有关敌人取胜的沮丧消息应该用与此同时的胜利消息来抵消。温斯顿·丘吉尔在英国海军部就经常使用这一策略。

他会将一条坏消息隐瞒一段时间，一有好消息就将其一同发出去以抵消其负面影响。我不得不承认这一招经常奏效。[13]

当美国准备开始承担扰乱人心的任务时，德国新闻界则大肆宣传俄国的溃败。

补偿策略有时采取的方式是指出敌人的境况和国内公众一样糟糕。大战期间，有一次，柏林的食品部门宣布将在某一天分发 50 克鲜猪

204 油，但由于外界情况的干扰而没能兑现。有关敌人由于U潜艇战役而遭受巨大猪油损失的统治数字的发布多少减轻了人们的失望情绪。

反宣传材料最便利的源泉是敌对国内部的对立新闻界。德国新闻界以转载法国激进报刊文章的方式迎接福煦（Foch）① 就任总司令。这些文章把福煦的任命解释为最后的救命稻草，承认拙劣的指挥导致了前线目前的困境。

不利的情报可以通过断然否认来抵消，但当令人担忧的消息来自国外时，否认这种防守方式本身并不能奏效。通过承认和辩解进行防守通常更有效，尤其是以反攻的形式进行时。对于前线的某些损失，可以通过故弄玄虚地暗示这是一个将敌人引出供给基地，诱入陷阱的伟大计划来进行掩盖。对于使用毒气，可以通过攻击敌人所使用的残酷、无人性、非法的战争方式来进行辩解。

对可能造成不利影响事件的发生，应该事先给公众打预防针。应该采取预防措施，对即将做出几乎可以肯定是不友好结论的权威性进行诽谤。德国人对调查比利时暴行的专门小组不屑一顾，在结果发布之前对他们的诚实性和调查方法进行了污蔑。

205 通过公开一个令人担忧的问题，紧接着列出几个事实，然后是最糟糕的情况，可以使公众平静地化解坏消息，从而避免恐慌，因为预计将来的过程在公众心目中制造了某种反应的稳定。

当建议实施一项可能招致反对的政策时，激起对所要采取政策的需求是有可能的。这是间接主动，或者如一个学习宣传的比利时学生[14]为其取的名字：*initiative éventée*（被激起的主动）。他在德国和俄国的布列斯特—利托夫斯克（Brest Litovsk）谈判②进程中观察了其运作。德国各左翼政党对这种彻头彻尾的兼并政策有很多反对意见，因此政府行事非常谨慎。当《科隆人民报》（*Kölnische Volkszeitung*）刊登报道说英国正与俄国谈判以获取占领里加湾岛屿的权利后，德国迅速出现了许多自发的社论，要求帝国政府立即采取行动阻止可恶的英国。德国政府拿下了那些岛屿。

还可以通过转移公众注意力来抵消坏消息和不利批评的影响。转

---

① 福煦（1851—1929），法国元帅，曾任高级军事学院院长，第一次世界大战时任法国参谋总长，协约国军总司令，著有《战争原理》等。

② 十月革命胜利后布尔什维克为停止与德国的战争而发起的谈判，谈判持续了好几个月，1918年3月3日签订和约，俄国放弃了波兰和波罗的海沿岸诸省以及芬兰、乌克兰和高加索部分地区。

移注意力是通过激起与不利的注意力焦点无关的轰动事件实现的，在战争低落时期，《德国》(*Deutschland*) 的到来在德国就达到了这一目的。

第三个常规战术标准已经出现在了我们的分析中，它主要涉及宣传与真相的关系。宣传中所运用的建议应该在多大程度上遵循严格真 206
实的标准呢？

无论研究哪里的实际宣传，都会发现有很大的虚假成分在里面。从给报道署上虚假的日期、刊登未经证实的谣言、刊登旨在传递暗示的否认到“策划”事件。世界大战期间的一大骗局是将 1905 年犹太人大屠杀的照片经过修饰以后作为敌人暴行的新证据。类似的事件还有 1915 年 8 月 20 日伦敦《每日镜报》刊登了三个德国军官的照片，他们手里拿着各式各样的容器，标题是《三个德国骑兵满载金银战利品而归》，战利品是他们在波兰掠夺的。这实际上是一张经过篡改的照片，它出自 1914 年 6 月 9 日的《柏林地方新闻报》(*Berliner Lokalanzeiger*)，展现的是在格吕内瓦尔德 (Grünewald) 骑兵比赛中的获胜者，军官们手里拿着奖杯和奖品，小标题是：

> 格吕内瓦尔德的骑兵比赛。左起：普里格 (Prieger) 中尉，第二名；冯·伊根-克里格 (v. Egan-Krieger) 中尉，第三名；冯·赫德 (v. Herder) 中尉，冠军。
>
> (Vom Armee-Jagdrennen in Grünewald. Von links: Lt. Prieger, Zweiter: Lt. v. Egan-Krieger. Dritter: Lt. v. Herder. Sieger.)[15]

坎贝尔·斯图尔特爵士在从胜利迎来和平的有利地位上回顾英国的宣传时写道：“只有真实的说法”可以用在宣传中。这从实践来看是一个不切实际的定理，大战期间彻头彻尾捏造大量材料并不罕见，此 207
类事情最好的例子之一便是著名的尸体故事。两个被俘的摄影师偶然来到了英国陆军情报局局长 J. V. 查特里斯 (J. V. Charters)① 准将的办公桌前，其中一个人展示了前线后方被拖去埋葬的德国士兵尸体的照片，另一个人展示了通往肥皂厂路上的死马照片。得知中国人对其祖先的尊敬以及中国对德国态度的不确定后，查特里斯别出心裁地交换了两张照片的标题，将编辑好的材料送到上海发表。“通往肥皂厂路

① 应为 J. V. Charteris (1877—1946)。

上的德国人尸体”迅速在欧洲和美国传播开来，散布了对德国所有事物的厌恶和鄙视。[16]

这当然是一个彻头彻尾的谎言，但却是合情合理的，在战争期间无法完全反驳它。在战争期间，肯定会出现大量恐惧，他们在每一方生根发芽，一粒富有刺激性真相的种子就可以开花结果。事实上，一个并没有故意捏造事实的英国老兵、文人将自己的亲身经历结合，就更加证实了这种描述的真实性。第一次听到这个故事后不久，他就参加了在贝利库尔（Bellicourt）① 的激烈战斗。一颗英国炮弹摧毁了德国的一个战地厨房，当他去检查破坏情况时所看到的一切为“死尸工厂”提供了线索。

208 一个非常简单的例子。在那之前很久，炮弹就打进了我们的厨房，将炊事员和食物混为一团。[17]

关于真相与宣传的真理似乎是：在宣传的政治目的达到之前，运用可能被某些不可隐瞒的事件反驳的材料是不明智的。承诺将在最近某个具体的日期取得胜利的做法也是愚蠢的，因为预测可能被某些事件改变，从而导致沮丧与怀疑的恶果。稳妥的做法是断言最后的胜利肯定能实现，尽管任何训练有素的情报人员都不会认为这些说法已经过证实，因为在达到政治目标的希望实现或完全破灭之前，不可能反驳这样的论断。

显然，对同一群体或相互之间联系密切的群体进行宣传时必须避免上下文自相矛盾。通过其官方机构告诉新教徒这场战争是一场新教徒的圣战，同时鼓励天主教徒将这场战争看做一场伟大的天主教运动，相对来说危险性要小得多。但如果面对相同的受众将这两种诉求混合起来就十分荒谬了。每个特定的群体都倾向于按照自己的理解重构战争，宣传者的任务通常是促进，而不是编造。

上面重述的三个战术原则，可以总结如下：

1. 应该散布肯定会引起特定群体兴趣的建议。
209 2. 应该选择能够抵消无法隐瞒的不利消息的建议。
3. 应该利用那些在宣传目标实现之前不可能被反驳的建议，

---

① 法国地名。

需要特别指出的是，在对相同公众的上下文中必须避免自相矛盾。

根据这些标准，有效地选择宣传材料必须以准确的预测为先决条件，不仅预测这些材料发布后的直接结果，还包括可能引起的逆反。如果能设计预先试验的方法，宣传者就更接近纽约一家报纸曾经讨论的全知了。该报写道：

> 对于训练有素的宣传者，公众心理就是一个将言语和思想像酸性物质一样投入其中的水池，事先知道会发生什么反应。像洛克菲勒学会（Rockefeller Institute）的洛布（Loeb）① 教授那样，仅仅在碗里加入一小滴化学药品，就能使上千只甲壳动物停止漫无目的的游荡，迅猛地冲向光源的方向。[18]

到目前为止，我们对宣传方法的考察已经涉及了组织的方法和出于战略或战术考虑选择建议的标准，剩下的问题就是在可利用的各种传播工具中进行选择。建议可以以语言、文字、图画[19]或音乐的形式出现，传递刺激的载体的形式变化是无穷无尽的。对于宣传者来说最 210
明智的方法是培养把自己想象成宣传对象的习惯，以挖掘所有可能引起他们注意的途径。从这个角度来考虑坐在有轨电车里的人们，他们或许会受车内张贴的布告、沿途张贴板上的海报、所阅读的报纸、无意中听到的谈话、公开或私下塞到他们手里的传单、电车停靠点的街头示威游行以及其他意见载体的影响。

可以施加影响的机会是无穷尽的。人们在街上行走或者坐在小汽车、电车、地铁、高架铁路、轮船、电气或蒸汽火车里；人们聚集在影院、教堂、演讲厅、饭馆、运动场、音乐会、理发店、美容院、咖啡馆和商店里；人们工作在办公室、仓库、磨坊、工厂和交通工具里。审视每个群体的习惯模式可以发现一整套活动路线和聚集中心，这些都可以被用来散布他们感兴趣的事实和观点。

促使宣传者试验每个特定情况的内在可能性的思维习惯具有极端的重要性，任何关于某个特定刺激传输系统相对价值的附带意见都无

---

① 即雅克·洛布（1859—1924），美籍德裔生物学家，在人工孤雌生殖实验研究中证明受精卵分裂时受化学因素控制，认为生命现象可用物理和化学规律解释，提出蛋白质的胶体行为学说。

法与之相比。建议的形式是基本而有限的，但可能的机会和载体却是211 无限的。有关广告技巧的文献上充满了不同颜色、尺寸、形状和视角的室外海报所产生效果的准确信息。所有这些对宣传工作者都是必不可少的，但更重要的是获取并保持一种关于控制问题的视角，这种视角运用广泛而相当灵活的分析范畴。主要的问题是：那些目标刺激对象正在做什么？可以分割出多少独立的机会？可以插入多少口头、书面、图片、音乐或演示性建议？什么载体可以将其传递到宣传对象的经验世界？

为了说明比较常用的宣传工具，或许可以引用克里尔先生对公共信息委员会的工作总结：

> 委员会用几种语言出版了30多本小册子，在美国国内散发了7 500多万份，在国外也散发了几百万份。安排了蓝色恶魔（法国士兵）、潘兴①的老兵和比利时人的巡回演讲，并在许多社区举行了群众集会，召开了45次战争会议。指派了75 000名“四分钟人”（The Four Minute Man）② 演讲者的志愿服务，他们共在5 200个社区发表了755 190次演讲。
>
> 在志愿人员和几百名翻译的帮助下，委员会向美国的外文报纸提供了精选的文章；为美国国家展览会策划战争展览；组织了一系列协约国之间的战争展览；并从全国的报纸、期刊、汽车和户外广告上赢得了价值几百万美元的免费广告位置。
>
> 由志愿者创作的1 438幅画被用来制作海报、陈列在橱窗里的
> 212 广告牌和类似材料。委员会创办了一份发行量为10万份的日报供官方使用，还为新闻界提供信息服务和辛迪加特稿，并提供可供全国报纸使用的一般资料和供工人报刊、宗教报刊和妇女报刊专用的特殊资料。像《潘兴的远征斗士》（*Pershing's Crusaders*）、《美国的回答》（*America's Answer*）、《在四面旗帜下》（*Under Four Flags*）这样的电影在美国取得了很好的商业效益，在国外也很有效。
>
> 委员会共发行了20万张立体感投影幻灯片，还准备了大量照

---

① 潘兴（1860—1948），美国将军，第一次世界大战时指挥在欧洲的美国远征军，战后升为美国第一位五星上将，任陆军参谋长。

② 为公共信息委员会在电影院和公共场所作长度为4分钟演讲的宣传人员。

片，每天有700张有关军事活动的照片通过检查。越洋电报、电报和无线通信设备都为官方新闻机构所利用。他们还为国外的报纸建立了特别的邮件和照片服务，在国外开办阅览室，给学校和图书馆提供必备设施，以显要的方式展出照片。

委员会派代表团到全世界各重要地区实地督察美国的宣传工作。

这些工作共花掉纳税人4 912 553美元，赢得了2 825 670.23美元用于开支。[20]

如前面所述，将宣传材料渗透到敌对国家的问题在过去的这次大战中通过一个巧妙的设备——不受控制的气球得到了解决。在运用了相邻中立国的新闻界、固定气球、飞机之后，这种传输方式最终得到了完善和更新换代。协约国借助于当时盛行的西风，在德国的前线布下了印刷弹幕。

英国对美宣传的成功经验之一，就是将一些重量级的人物作为传递意见的工具。任何可以接近的途径都不能轻易忽视，但是必须影响非个人机构背后的力量，这可以通过个人接触很好地处理。精明的英 213
国人主要通过美国人开展工作，他们的任何特工都不会遇到德恩伯格博士所遭受的那种不成熟的耻辱和羞愧。

我们对宣传条件和方法的简要总结到这里就结束了，一言以蔽之，成功依赖于在适宜的条件下对各种手段（组织、建议、设备）的灵活运用。

【注释】

[1] 阿尔贝特·赫尔维格（Albert Hellwig）：《比利时游击战心理学》（*Zur Psychologie des Belgischen Franktireurkrieges*），见《普鲁士年鉴》（*Preuss. Jahrb.*），合订本，174：361～388页。

[2] 有关要点详见莫里茨·博恩（Moritz Bonn）教授在《作为敌人的美国》（*Amerika als Feind*）中的精到解释。

[3] 格雷爵士：《二十五年间》，第2卷，165页。

[4] 有关个体心理学中的紧张程度概念，详见皮埃尔·雅内（Pierre Janet）在《心理学契约》（*Traité de psychologie*）（迪马编辑）第1卷中的经典文章。将释放压抑的概念运用到战争中可在个别心理学家如欧内斯特·琼斯（Ernest Jones）和乔治·帕特里克（George Patrick）的《精神分析和松弛心理学随笔》（*Essays in Psycho-analysis and The Psychology of Relaxation*）中找到。

[5]《人与文化》(*Man and Culture*), 339 页。

[6] 同上, 174 页。

[7] 约翰・A・霍布森 (John A. Hobson):《沙文主义心理学》(*The Psychology of Jingoism*), 第 1 章, 伦敦, 1900。

[8] 肯尼迪・琼斯 (Kennedy Jones):《舰队街与唐宁街》(*Fleet Street and Downing Street*), 108 页。

[9] 他们的宣传工作开始得相当晚, 丧失了许多有利时机, 原因就在于他们对军事胜利估计得过早。

[10] 例证详见第六章对立陶宛宣传的描述。

[11]《宣传的善与恶》(*Propaganda Good and Evil*), 载《19 世纪及以后》(*19th Century and After*), 第 93 期 (1923 年), 514～524 页。他恰当地将宣传定义为"对感兴趣的事实和意见的传播"。

[12]《动员美国》(*Mobolizing America*), 44 页。

[13] 布朗里格 (Brownrigg):《海军新闻检查官的唐突》(*Indiscretions of a Naval Censor*), 13 页。

[14] 他目前担任公职。

[15] 费迪南德・阿芬那留斯 (Ferdinand Avenarius) 在《图片中的欺诈》(*Bild als Verleumder*) 一书中披露了大战期间几个类似的篡改, 该书的战后扩充版名为《世界幻象的力量》(*Die Mächte im Weltwahn*)。法国一本名为《形象欺骗》(*L'imposture par l'image*) 的书对此作出了回应。

[16] 见 1925 年 10 月 20 日的《纽约时报》。能干的记者威尔・欧文竭力试图证实大战中的暴行传闻, 他描述了有关德国士兵将比利时婴儿的手砍下来当作纪念品带走的好几种说法, 发现这些都未经证实, 是根本不可能的。海军上将西姆斯 (Sims) 曾直截了当地宣称有关潜艇指挥官暴行的报告除一例以外, 其他纯粹都是编造的。

[17] C. E. 蒙塔古 (C. E. Montague):《消除幻想》(*Disenchantment*), 93 页。

[18] 纽约《论坛报》(*Tribune*), 1918－07－12, 引自陆军情报局的《宣传的军事和法律方面》一书, 93 页。斯特恩-鲁巴特 (Stern-Rubarth) 在其五项原则中提到了"对可能出现的反作用的测试"("*Prüfung der möglicher Rückwirkung* ")。见其《宣传作为政治工具》(*Propaganda als politisches Instrument*)。

[19] L. M. 萨蒙 (L. M. Salmon) 在《报纸与历史学家》(*The Newspaper and the Historian*) 中回顾了大战中的讽刺画、漫画和插图作品, 尤其是在 381 页及以后。卡尔・迪米特 (Karl Demeter) 在《政治与历史文库》(*Archiv f. Politik u. Geschichte*), 1925 (4), 214～231 页论述了协约国的电影宣传。

[20] 引自乔治・克里尔:《我们如何为美国做广告》(*How We Advertised America*)。

第九章　宣传成果

在迅速回顾了战时宣传的手段和条件之后，我们就可以对其结果进行一个评价。过去的这次大战的历史表明，现代战争必须在三个战线展开：军事战线、经济战线和宣传战线。经济封锁扼制敌人，宣传迷惑敌人，军事力量给予敌人最后一击。与其他形式的攻击武器配合运用，宣传可以耗尽敌方军事和平民力量，为士兵与坦克的武力威慑铺平道路。经济封锁缓慢地榨干一个国家的生命力，其能否获得最大效果取决于斗争能否延长。宣传同样也是一种主动而有效的武器，它的主要功能是通过强化沮丧、幻灭和挑拨离间来摧毁敌人的意志力。正如美国军事情报局对宣传作用的描述：宣传

> 攻击整个军队的根基，造成其脱离根基的危险，并阻止增援、补给品、弹药、装备、食品和慰问品的流动，最重要的是，削弱在艰苦与残酷的战争中支撑着远离家乡的军队的精神支柱。

“人们怎么想军队就怎么打”，这是英国将军阿

普林（Applin）的名言。或许可以进一步扩展为军队怎么想就怎么打，正如乔治·威廉·柯蒂斯（George William Curtis）所说："思想就是子弹。"[1]

215 在已过去的大战的那些著名的胜利中，宣传都发挥了重要的并且可能是决定性的作用。与其他攻击武器一样，宣传也蕴藏着惊人的价值。在1917年卡波雷托痛击意大利人之前的那场足智多谋的宣传攻势中，同盟国充分认识到了这一点。意大利人的意志被击垮了，他们的战线也就随之破裂并崩溃了。作为回应，协约国在1918年也赢得了一场显著的胜利，他们通过在敌对国家的军队中散布沮丧情绪，迫使奥匈帝国在4月到6月间推迟了对意大利的进攻。叛军炸毁了前线后方的弹药临时堆集处，破坏了整个军事计划。

这次大战中最重大的胜利之一，是德国将俄国排除在竞争行列之外。德国竭尽全力完成在二次革命中培育的分裂。他们允许著名的"密封车厢"将列宁和他的40名同事从瑞士穿越德国送到俄国。无情的共产党人接受来自各个方面的帮助完成了他们的事业，却全然漠视美国红十字会和协约国集团的特别宣传服务机构的出色工作。

但大战的最大胜利是以牺牲德国为代价的。德国的士气依赖多次掌握在他们手中并且即将到来的胜利的希望。无情的经济封锁使他们紧张到了极点，他们对于1918年春夏的伟大希望也化为灰烬，德国军
216 队和德国人民已经准备洗耳恭听威尔逊先生充满诱惑力的声音了。

如果说军事战线上最伟大的总司令是福煦，那么宣传战线上最伟大的统帅就是威尔逊。他那清晰有力并体现了各个时代所有人抱负的不朽言辞在德国四处流传。他对各地的独裁专制宣战，并严格遵守他对德国人民和德国统治者的区分。他的演讲是对起义持续不断的煽动。他和列宁是那个时代最出色的革命者。整个战争期间，他的宣言在那些具有民主思想的少数派心目中赢得了无比的信任和尊敬。这些少数派希望改变战前德国的阶级歧视和特权状况，当1918年厄运的乌云笼罩着天空时，大量同胞在贫穷与绝望的挤压下加入了他们的行列，急切地寻找预示着安稳与和平的天堂。他们既不求助于克列孟梭——强硬、冷酷的劫掠成性者，镇静得像一颗复仇的良心，会撕裂已经倒下的对手的心肝；也不指望劳合·乔治——机智、多变、不可靠；而是求助于白宫里这个远离小人物惯有的激情的神秘人物。他用忧伤的诗句描述了一个更美好的世界：这里应该没有任何战争，应该用民主国家人民

的手足之情埋葬祖先遗留下来的积怨，共同向着一个友谊与和解的世界进军。德国人在最绝望的时刻，把希望寄托在了这个曾在多年的停顿与交战状态中，在德国上上下下遭到无情嘲笑与讽刺的人身上。 217

最终，真的是一个政治家站出来引导整个世界的人民走上友好与和平之路吗？一个伟大的预言家最终超越仇恨与敌意给烦乱的世界带来相互理解了吗？这个粗俗玩笑的笑柄在充满饥饿、不安、不祥之兆和幻觉的最后几个月一下子变成了救世主。人们抓住救命稻草，看到了以前被他们当作迂腐的傻瓜的解救者。

在世界历史上，威尔逊在宣传中所展示出的无与伦比的技巧，是无人能望其项背的。从来没有一个政治家能像他那样把话说到人们的内心深处。在短短的几个月里，他体现了理想主义者对更加美好的世界的信仰，以及失败者对和平最后孤注一掷的希望。他被抬高到了声望与权力的颠峰，他的名字被世界上最偏僻角落的人们用不同的口音尊敬地念叨着。

威尔逊主义有多少辞藻华丽的自我表现成分，又有多少是冷静思考的硕果，在过去的这次大战淡出人们的记忆之前会一直争论下去。从宣传的角度来看，这是一场无与伦比的表演，因为威尔逊制作了慢性毒药，热心的人们将其注入了摇摆不定者的血管，直至协约国军队以摧枯拉朽之力使他们臣服。尽管威尔逊在国外煽动了分裂，在国内 218
他却促进了团结，使一个拥有 1 亿人口、由不同的甚至是相互对立的人种组成的泱泱大国，“为了将整个世界变成民主的乐土”融合成了一个战斗的整体。他雄辩的魅力减轻了中美和南美国家对美国这个北美大国的怀疑，将其中大多数国家都拉拢到了协约国一边参战。

在捷克、斯洛伐克、罗马尼亚、克罗地亚、波兰和意大利，针对摇摇欲坠的哈布斯堡王朝的分裂宣传成功地制造了分裂并导致了最后的脱离。1917 年的《贝尔福宣言》加速了犹太人同情心的逆转。

宣传的胜利有些是在招募新成员的战场上取得的，在争夺盟友的较量中，德国成功地笼络了保加利亚和土耳其，但协约国赢得了美国、意大利、罗马尼亚、希腊和一批较小的国家。除了西班牙和瑞典对德国表示同情外，德国基本上孤立无援。整个世界的拳头都对准了日耳曼人。在对美国的宣传竞争中，英国、法国与德国进行了殊死较量后才取得了胜利。法国人以其简单的诉求方式而令人钦佩，他们借助于拉斐特的圣名，乞求民主之神，谩骂德国人，并褒扬加入法国阵营的美国人。英国人没有多少传统的情感可以利用，却有更多的东西需要澄清，但是他们拥有强大的海底电报资产以及在大庭广众之下公开而不是秘密工作的良好意识。无论是英国人还是法国人，都没有受到一个撕碎他们所有的优雅矫饰的军事—外交计划的严重破坏。[2]

219

在长时间等待之后，现在可以列出一长串未实现或实现了目标的宣传攻势的名单了。并不是所有煽动失败、革命、分裂或保持友谊的宣传都能获得成功。毕竟，印度、埃及、爱尔兰和摩洛哥并没有响应德国宣传机构的刺激，站出来成为摆脱英国人和法国人控制的一员；奥匈帝国、德国、保加利亚和土耳其没有能将团结坚持到 4 年之久；法国、英国和大多数协约国成员挺过了所有的失败沮丧走向了胜利，尽管在 1916 年至 1917 年德国发动了危险的和平攻势。但是在将这些负面结果作为宣传失败的证据之前必须记住，宣传不仅仅是一种进攻的武器，它还是一种强有力的防守武器。宣传既可以维系团结也可以毁灭它。事实上，宣传存在于每个竞争激烈的战区的两个方面，尽管这种武器的确切效果在很大程度上都是推测出来的，但却是一种绝对不能被忽视的武器。

战败国自然会夸大宣传的影响。意大利在卡波雷托惨败后就寻求

220

以抱怨德国可怕而阴险的宣传来挽回颜面。[3]鲁登道夫则用大量篇幅解释他是如何没有输掉这场战争的，以及那些外来的、激进的乌合之众如何在战线后方崩溃，使得德军陷入一种真空之中，最终与胜利无缘。

尤其困难的是将宣传的影响同与它紧密相连的控制手段区分开，当 1917 年的尼韦尔攻势(Nivelle offensive)① 淹没在血海中时，至少 12 个军团受到了叛乱示威的影响。士兵们被其同胞残忍的大屠杀激怒，纷纷开始启程回家。是贝当(Pétain)② 将军卓有成效的工作恢复了前线应有的激情，挫败了不祥的仇恨转移，这种转移有可能使法国军队背叛其领导者，消除对敌人的仇恨。他所依赖的手段只有一种，那就是宣传。[4]

但是，即使在考虑了这些限制因素并彻底去除了所有过高的估计之后，事实仍然是：宣传是现代社会最强有力的工具之一。[5]宣传取得现在这样显著的地位是对改变了社会本质的环境变化综合体的回应。原始的小型部落可以通过敲打手鼓和激烈的舞蹈旋律将异质的成员融

221

合成战斗的整体。在纵酒狂欢的物质享受中，年轻人被带到了战争的

---

① 英法联军于 1917 年 4 月到 5 月在西线对德实施的进攻作战，法军严重受挫，引起士兵不满和部队骚动，法军总司令尼韦尔被撤职。

② 贝当（1856—1951），法国元帅，战时曾指挥凡尔登战役，二战期间任维希政府首脑，战后因通敌罪被法国法庭判处死刑，后改判无期徒刑。

沸点，男女老少被卷入了部落目标的引力中。

在大型社会中，战舞的熔炉已不可能熔化个人的随意，必须有一种新的、更加巧妙的工具将成千上万，甚至上百万的人融合成一个具有共同的仇恨、意志与希望的集合体。必须用新的火焰烧光意见分歧的弊病，锻造参战热情的钢板。这种统一社会的新型锤子和铁砧的名字就是宣传。必须用演讲代替钻头，用印刷品代替舞蹈。战舞存在于文学作品中和现代世界的边缘地带，而战争宣传则在世界各国首都和行政区呼吸冒烟。

宣传是对现代世界的理性认可。一个能够识字、阅读、受过教育的世界愿意在争论与新闻的基础上兴旺发达。这个世界已经发达到能使用印刷术的程度，习惯于印刷的现代人应该由报纸决定其存废。所有传播知识的工具都普及伪理性诉求的符号和形式。宣传之狼毫不犹豫地披上了羊皮。现时所有口若悬河的人们——作家、记者、编辑、传道士、演说家、教师、政客——都被拖入宣传服务中放大权威的声音。这一切都是以正派得体和情报陷阱的形式进行的，因为这是一个理性的时代，要求生肉经过灵活娴熟的厨师加以烹饪与修饰。

宣传是对这个时代随意性的认可。将一个人与他的上司联结在一 222
起的个人忠诚与情感早就不复存在了，君主专制与阶级特权也已寿终正寝，个人偶像崇拜被当作民主的官方宗教。这是一个分化的世界，个人想法比以前有更广阔的施展空间，这就需要比以前付出更艰苦的努力来实现合作与团结。对于随意的最新注解就是宣传。如果大众想摆脱铁链的束缚，就必须接受银链。如果他们不能热爱、尊敬和服从，就别指望逃脱诱惑。

宣传是对现代社会的广阔性、理性和随意性的本能反应。它是新的社会发动机，由于权力被切割分散，通过幻觉比通过强权能获得更多的权力。它拥有新生事物的所有声望，能够激起受困者的所有仇恨。说明宣传的运作机制就是揭示社会行为的秘密原动力，就是将我们盛行的有关主权、民主、诚实和个人意见神圣性的学说置于最尖锐的批评之下。对于宣传的研究将使许多隐晦的东西暴露在大庭广众之下，直到世界上不可能再有一个阿纳托尔·法朗士（Anatole France）① 发

---

① 阿纳托尔·法朗士（1844—1924），法国小说家，文艺评论家。关心社会问题，1921年加入法国共产党，同年获诺贝尔文学奖，主要作品有《希尔维特·波纳尔的罪行》、《现代史话》等。

表这样充满真知灼见的评论："民主国家（事实上所有的社会）是由一个看不见的工程师控制的。"

【注释】

[1]《宣传的军事和法律方面》，引言。

[2] 当然，在过去的这次战争之前的许多战争已经证明了在中立国进行宣传的重要性。美国内战期间，林肯总统想尽一切办法刺激英国工人支持北方的情绪，他派亨利·沃德·比彻（Henry Ward Beecher）和 100 多名代表到英格兰请求支持反对奴隶制一方的事业。其最有效也是最具创意的做法是派一艘满载着食物的船去缓解城市的苦难。

[3] 由意大利政府任命的卡波雷托惨败特别调查委员会的报告现在已经丢失，因此不能对整个事件做出完整的判断。

[4] 对其方法的叙述，见迈耶（Mayer）的《指挥心理学》(*La psychologie du commandement*)。一般而言，关于道德和军事心理的参考书目见附录参考文献。

[5] 托马斯·莫尔爵士（Sir Thomas More）预示了乌托邦对宣传的广泛运用。他记录了乌托邦里的人如何给战俘或自愿投降的敌方高级将领酬金在敌人中制造不信任，以及如何助长一个竞争对手对统治国君的野心来分裂敌人。

参考文献

列举一大串被引用的印刷材料对于研究几乎是没有用处的。因此，这里所附的是关于一般问题的一系列带有重要特色的文献。

一、战争期间和战后影响国际态度的技巧
THE TECHNIQUE OF INFLUENCING INTERNATIONAL ATTITUDES, DURING AND SINCE THE WAR

Angoff, Charles, "The Higher Learning goes to War," *American Mercury*, June, 1927, XI: 177～191.

Baudrillart, Mgr. Alfred, *Notre Propaganda*, Paris, 1916.

Baudrillart, Mgr. Alfred, *Une campagne franÇaise*, Paris, 1917.

Baschwitz, Kurt, *Der Massenwahn*, München, 1924.

Bernstorff, Count, *My Three Years in America*, New York, 1920.

Blankenhorn, Heber, *Adventures in Propaganda*, Boston, 1919.

Brownrigg, Rear-Admiral Sir Douglas, *Indiscretions of the Naval Censor*, London, 1920.

Busch, Moritz, *Bismarck*, New York, 1898.

"Cincinnatus," *Der Krieg der Worte*. Stuttgart, Berlin, 1916.

Cook, Sir Edward Tyas, *The Press in War-time, with some account of the Official Press Bureau*. London, 1920.

Creel, George, *How We Advertised America*, New York, 1920.

Démartial, Georges, *La guerre de* 1914. *Comment on mobilisa les consciences*. Paris, 1922.

Demeter, Karl, "Die Filmspropaganda der Entente im Weltkriege," *Archiv f. Politik und Geschichte*, 4(1925):214～231.

Drouilly, J. Germain et Guérinon, E., *Les chefs-d'ceuvre de la propagande allemande*. Nancy, Paris, Strasbourg, 1919.

Got, A., "La littérature pangermaniste d'après-guerre," *Mercure de France*, 167 ; 403～421, October 15th, 1923.

Graux, Dr. L., *Les fausses nouvelles de la grande guerre*. Paris, 1919. 5 tomes.

Hallays, André, *L'opinion allemande pendant la guerre*, 1914～1918, Paris, 1919.

Haas, Albert, *Die Propaganda im Ausland*. Weimar, 1916.

Hansi (Johann Jacob Waitz) et E. Tonnelet, *A travers les lignes ennemies. Trois années d'offensive contre le moral allemand*. Paris, 1922.

Hartmann, Peter, *Franz¡sische Kulturarbeit am Rhein*. Leipzig, 1921.

Kerkhof, Karl, *Der Krieg gegen die deutsche Wissenschaft*. Charlottenburg, 1922.

Lasswell Harold D., "The Status of Research on International Propaganda and Opinion," *Proceedings of the American Sociological Society*. Chicago, 1926.

Ludendorff, General, *Meine Erinnerungen*. Berlin, 1919.

Marchand, Louis, *L'offensive morale des Allemands en France pendant la guerre*. Paris, 1920.

Melville, Lewis, "German Propaganda Societies," *Quarterly Review*,

230 (1918) :70～88.

Merriam, Charles E. , "American Publicity in Italy," *American Political Science Review*. November, 1919.

Military Intelligence Branch, Executive Division, General Staff, U. S. A. , *Propaganda in its Military and Legal Aspects*. Washington, 1919.

Mühsam, Kurt, *Wie wir belogen wurden. Die amtliche Irreführung im Weltkrieg*. Berlin, 1920.

Parker, Sir Gilbert, "The United States and the War," *Harper's Magazine*, 136 (1918): 521～531.

Prezzolini, Guiseppe, *Dopo Caporetto*, Roma, 1919.

Rivaud, A. , "La propagande allemande," *Revue des sciences politiques*, July-September, 1922.

Rühlmann, Paul M. , *Kulturpropaganda*. Charlottenburg, 1919.

Schönemann, F. , *Die Kunst der Massenbeeinflussung in den Vereinigten Staaten von Amerika*. Stuttgart, 1924.

Steed, Henry Wickham, *Through Thirty Years*. New York, 1924. 2 vols.

Street, Major C. J. C. , "Propaganda Behind the Lines," *Cornhill Magazine*, 3d. Series, 47 (1919): 488～499.

Stuart, Campbell, *Secrets of Crewe House. The Story of a Famous Campaign*. London, 1920.

Stuelpnagal, Otto v. , *Die Nachkriegs-Propaganda der Alliierten gegen Deutschland*. Berlin, 1922.

Whitehouse, Vira B. , *A Year as a Government Agent*. New York, 1920.

Wiehler, *Deutsche Wirtschaftspropaganda im Weltkrieg*. Berlin, 1922.

Daily Extracts from the Foreign Press (June, 1915—).

Daily Digest of the Foreign Press (March 20th, 1916—).

Daily Review of the Foreign Press (March 23rd, 1916—).

Brewing and Liquor Interests and German (and Bolshevist) Propaganda. Hearings before a sub-committee on the Judiciary of the U. S. Senate, 65th Congress, 2nd Sess. , Washington, 191. 3 vols.

The National German-American Alliance. Hearings before a sub-committee of the committee on the Judiciary. U. S. Senate, 65th Congress, 2nd Sess., Washington, 1918.

二、对公众舆论和宣传的总体研究
GENERAL STUDIES OF PUBLIC OPINION AND PROPAGANDA

Adler, Georg, *Die Bedeutung der Illusionen für Politik und soziales Leben*, Jena, 1904.

Allport, F. H., and Hartman, D. A., "The Measurement and Motivation of a typical Opinion in a Certain Group," *American Political Science Review*, XIX, No. 4, November, 1925, 735～760.

Angell, Norman (Lane), *The Public Mind*, New York, 1927.

Bauer, Wilhelm, *Die öffentliche Meinung und ihre geschichtlichen Grudlagen*. Tübingen, 1914.

Bernays, E. L., *Crystallizing Public Opinion*. New York, 1923.

Birnbaum, Alfred, *Das Wesen der Propaganda. Eine Psychol. Studie*, Berlin, 1920.

Bogardus, E. S., "Analysing Changes in Public Opinion," *Journal of Applied Sociology*, IX, 5, May-June, 1925, 372～381; also *Proceedings of the American Sociological Society*, 1926.

Chassieriaud, R., *La formation de l'opinion publique*. Paris, 1914.

Christensen, A., *Politics and Crowd-Morality*, New York, 1915.

Conway, M., *The Crowd in Peace and War*. New York, 1915.

Deherme, Georges, *Les forces à régler. Le nombre et l'opinion publique*. Paris, 1919.

Dodge, R., "Psychology of Propaganda," Religious Education, 15: 241～252, October, 1920.

Eltzbacher, *Die Presse als Werkzeug der auswärtigen Politik*. Jena, 1918.

Fluegge, G., "Zur Psychologie der Massen," *Preuss. Jahrb.*, 1921, 183, 345～369.

Gersdord, Karl v., *Ueber den Begriff und das Wesen der öffentichen Meinung*. 1846.

Giffith, C. R., "A Comment upon the Psychology of the Audience,"

Psychol. Monog., 1921, 30 (No. 136), 36～47.

Hayes, E. C., "The Formation of Public Opinion," *Journal of Applied Sociology*, 10: 6～9, September, 1925.

Hendrich, Franz Josias von, *Ueber den Geist des Zeitalters und die Gewalt der öffentlichen Meinung*, 1797.

Higham, C. F., *Looking Forward. Mass Education through Publicity*. London, 1920.

Holtzendorff, Franz v., *Wesen und Wert der öffentlichen Meinung*. München, 1880.

King, Clyde L., "Public Opinion as viewed by Eminent Political Theorists," *U. of Pennsylvania Public Lectures*, Philadelphia, 1916.

Kracauer, S., "Die Gruppe als Ideenträger," *Archiv f. Sozialw*, 49 (1922): 594～622.

Kraus, Herbert, "Prolegomena zum Begriff der öffentlichen Meinung," *Festschrift*. Franz von Liszt, Berlin, 1911, 148～167.

Kulke, Eduard, *Zur Entwicklungsgeschichte der Meinungen*, Leipzig, 1891.

Kydd, Samuel, *A Sketch of the Growth of Public Opinion*, London, 1888.

Le Bon, *The Crowd* (12th edition), London, 1920.

——*Les opinions et les croyances*, Paris, 1911.

Lee, Ivy L., *Publicity*, New York, 1925.

Lippmann, W., *Public Opinion*. New York, 1922.

Lippmann, W., *The Phantom Public*. New York, 1925.

Lipsky, Abram, *Man the Puppet*. New York, 1925.

Long, John C., *Public Relations*, New York, 1924.

Lowell, A. L., *Public Opinion in War and Peace*. Cambridge, 1923.

Lumley, F. E., "Propaganda," Chapter Ⅷ, in *Means of Social Control*. New York, 1925.

Mackinnon, W. A., *History of Civilization and Public Opinion*, third edition, 2 vols., London, 1849.

(Mackinnon, W. A.), *On the Rise, Progress and Present State of Public Opinion in Great Britain and other parts of the World*, London, 1828.

Martin, E. D. , *The Behavior of Crowds*, New York, 1920.

Millioud, M. , "La propagation des idées," *Revue Philosophique*, 69 ; 580～600 ; 70 : 168～191.

Moysset, Henri, *L'opinion publique*. Lyon, 1910.

Papon, Jean Pierre, *De l'action de l'opinion sur le gouvernement*, 1788.

Park, R. E. , *Masse und Publikum*, Bern, 1904.

Pieper, Karl, *Die Propaganda. Ihre Entstehung u. religiöse Bedeutung*, Aachen, 1922.

Plenge, Johann, Deutsche Propaganda, *Die Lehre von d. Propaganda als prakt. Gesellschaft. Mit e. Nachw. von Ludwig Raselius*, Bremen 1922.

Quiett, G. C. , and Casey, R. , *Principles of Publicity*, New York, 1926.

Riis, R. W. , and Bonner, C. W. , *Publicity*, New York, 1926.

Ross, E. A. , *Social Control*, New York, 1901.

Rossi, P. , *Le suggesteur et la foule*, *psychologie du meneur*, Paris, 1904.

Sagaret, J. , "L'opinion," *Révue Philosophique*, LXXXⅥ (1918): 19～38.

Salmon, L. M. , *The Newspaper and Authority*. New York, 1923. *Newspaper and the Historian*. New York, 1923.

Schultze-Pfaelzer, Gerhard, *Propaganda*, *Agitation*, *Reklame. Eine Theorie des gesammten Werbewesens*. Berlin, 1923.

Schwertfeger, Bernhard, "Propaganda," Handbuch der Politik, Ⅴ (1922): 470～474.

Shepherd, W. J. , "Public Opinion," *American Journal of Sociology*, XⅤ (1909), 32～60.

Sighele, S. , *Psychologie des Auflaufs und der Massenverbrechen*, Leipzig, 1897.

Stern-Rubarth, Edgar, *Die Propaganda als politisches Instrument*. Berlin, 1921.

Strong, E. K. , "Control of Propaganda as a Psychological Problem," *Scientific Monthly*, 14: 234～252, March, 1922.

Szirtes, Artur, *Zur Psychologie der öffentlichen Meinung*. Wien and

Leipzig, 1921.

Tarde, G., *L'opinion et la foule*, Paris, 1901.

Thiébault, Dieudonné, *Traité sur l'esprit public*, Paris, An Ⅵ.

Thurstone, L. L., "The Method of Paired Comparisons for Social Values," *Journal of Abnormal and Social Psychology*, XXI, 4, January-March, 1927. (First of a series of papers dealing with the technique of measuring opinions.)

Tönnies, F., *Kritik der öffentlichen Meinung*. Berlin, 1922.

Wallas, Graham, *Human Nature and Politics*. London, 1908.

Wallas, Graham, *The Great Society*, New York, 1914.

Weeks, A. D., *Control of the Social Mind*. New York. 1923.

Wilder, R. H., and Buell, K. L., *Publicity*, New York, 1923.

三、对舆论与国际政治的专门性历史研究
SPECIAL HISTORICAL STUDIES OF OPINION IN INTERNATIONAL POLITICS

Alzona, Encarnacion, *French Contemporary Opinion of the Russian Revolution of* 1905. Col. U. Studies, No. 228, Vol. C, 1921.

Angell, Norman (Ralph Lane), *Patriotism under Three Flags*, London, 1903.

Ebbinghaus, Therese, *Napolen, England und die Presse* (1800—1803), München u. Berlin, 1914.

Gazley, John G., *American Opinion of German Unification*, 1848—1871. Col. U. Studies, No. 267, Vol. CXXI, New York, 1926.

Martin, B. Kingsley, *The Triumph of Lord Palmerston*, London, 1924.

Périvier, A., *Napolén journaliste*, Paris, 1918.

Price, Maurice T., *Christian Missions and Oriental Civilization*, Shanghai, 1924.

Raymond, Dora N., *Contemporary British Opinion during the Franco-Prussian War*. Col. U. Studies, No. 227, Vol. C, 1927.

Thompson, Geo. Carslake, *Public Opinion and Lord Beacons-field*, 1875—1880, two vols., London, 1886.

四、道德与军事心理学
MORAL AND MILITARY PSYCHOLOGY

Andrews，L. C.，*Leadership，Military Training*. Philadelphia，1918.

Andrews，L. C.，*Military Manpower*. New York，1920.

Campeano，M.，*Essai de psychologie militaire individuelle et collective*. Paris，1902.

Gallishaw，J.，and W. Lynch，*The Man in the Ranks*. New York，1917.

Gavet，André，*L'Art de commander*. Nancy，1921.

Goddard，H. C.，*Morale*. New York，1918.

Gulick，L. H.，*Morals and Morale*. New York，1919.

Hall，G. S.，*Morale*. New York，1920.

Hocking，W. E.，*Morale and its Enemies*. New Haven，1918.

House，F. N.，*Industrial Morale*. Chicago，1924 (Thesis).

Mayer，Lieut.，La psychologie du commandement. Paris，1923.

Maxwell，W. N.，*A Psychological Retrospect of the Great War*. New York，1923.

Miller，A. H.，*Leadership*. New York，1920.

Munson，E. L.，*The Management of Men*. New York，1921.

Peterson，J.，*Psychology of Handling Men in the Army*. Minneapolis，1919.

Rohan，Henri，duc de，*Le parfait capitaine*. Paris，1744.

Terman，L. M.，"Psychology and Pedagogy of Leadership，" *Pedagogical Review*，XI：113～51.

Ziehen，A.，*Die Psychologie grosser Heerführer*. Leipzig，1916.

索　　引

（所注页码为英文原书页码，即本书边码）

译校后记

当年本人写的博士论文也是以战时新闻传播为主题的，一大遗憾便是没有读到拉斯韦尔的这本著作。现在与两位译者一起交出中文版，也算是为传播学经典的引进做了一件事。

如译者序中所言，拉斯韦尔 24 岁时写的这本书，本身并不好译。法文部分感谢海南出版社万胜编审的译笔，德文部分的翻译则得到了多位友人的帮助。解放军南京政治学院祁阿红教授英语造诣精深，为我们顺利破解了中文版 82 页上的德皇数字（666 之谜），并修改了有关译文。在此一并表示谢意。

本书的两名译者张洁和田青分工如下：张洁译导言和一至四章，田青译五至九章。文中注释主要由本人所加，索引由本人编译。尽管如此，由于国别多样，背景复杂，年代较久，文中有些信息的解读仍然不完全。

我们三人的合作始终是非常愉快的。更令人高兴的是，在完成译事后，两位年轻人已分别于 2003 年夏秋季前往美国佐治亚州立大学和北京大学攻读传播学博士学位。

展江

当代世界学术名著·第一批书目

心灵与世界	[美]约翰·麦克道威尔
科学与文化	[美]约瑟夫·阿伽西
从逻辑的观点看	[美]W.V.O.蒯因
自然科学的哲学	[美]卡尔·G·亨普尔
单一的现代性	[美] F.R.詹姆逊
本然的观点	[美]托马斯·内格尔
宗教的意义与终结	[加]威尔弗雷德·坎特韦尔·史密斯
帝国与传播	[加]哈罗德·伊尼斯
传播的偏向	[加]哈罗德·伊尼斯
世界大战中的宣传技巧	[美]哈罗德·D·拉斯韦尔
一个自由而负责的新闻界	[美]新闻自由委员会
机器新娘——工业人的民俗	[加]马歇尔·麦克卢汉
报纸的良知——新闻事业的原则和问题案例讲义	[美]利昂·纳尔逊·弗林特
传播与社会影响	[法]加布里埃尔·塔尔德
模仿律	[法]加布里埃尔·塔尔德
传媒的四种理论	[美]威尔伯·施拉姆 等
传播学简史	[法]阿芒·马特拉 等
受众分析	丹尼斯·麦奎尔
写作的零度	[法]罗兰·巴尔特
符号学原理	[法]罗兰·巴尔特
符号学历险	[法]罗兰·巴尔特
人的自我寻求	[美]罗洛·梅
存在——精神病学和心理学的新方向	[美]罗洛·梅
存在心理学——一种整合的临床观	[美]罗洛·梅
个人形成论——我的心理治疗观	[美]卡尔·R·罗杰斯
当事人中心治疗——实践、运用和理论	[美]卡尔·R·罗杰斯

万物简史	[美]肯・威尔伯
动机与人格(第三版)	[美]亚伯拉罕・马斯洛
历史与意志:毛泽东思想的哲学透视	[美]魏斐德
中国的共产主义与毛泽东的崛起	[美]本杰明・I・史华慈
毛泽东的思想	[美]斯图尔特・R・施拉姆
仪式过程——结构与反结构	维克多・特纳
人类学、发展与后现代挑战	凯蒂・加德纳,大卫・刘易斯
结构人类学	[法]克洛德・列维-斯特劳斯
野性的思维	[法]克洛德・列维-斯特劳斯
面具之道	[法]克洛德・列维-斯特劳斯
嫉妒的制陶女	[法]克洛德・列维-斯特劳斯
社会科学方法论	[德]马克斯・韦伯
无快乐的经济——人类获得满足的心理学	[美]提勃尔・西托夫斯基
不确定状况下的判断:启发式和偏差	[美]丹尼尔・卡尼曼 等
话语和社会心理学——超越态度与行为	[英]乔纳森・波特 等
社会网络分析发展史——一项科学社会学的研究	[美]林顿・C・弗里曼
自由之声——19 世纪法国公共知识界大观	[法]米歇尔・维诺克
官僚制内幕	[美]安东尼・唐斯
公共行政的语言——官僚制、现代性和后现代性	[美]戴维・约翰・法默尔
公共行政的精神	[美]乔治・弗雷德里克森
公共行政的合法性——一种话语分析	[美]O.C.麦克斯怀特
后现代公共行政——话语指向	[美]查尔斯・J・福克斯 等
政策悖论:政治决策中的艺术(修订版)	[美]德博拉・斯通
行政法的范围	[新西]迈克尔・塔格特
法国行政法(第五版)	[英]L・赖维乐・布朗,约翰・S・贝尔
宪法解释:文本含义,原初意图与司法审查	[美]基思・E・惠廷顿

英国与美国的公法与民主	[英]保罗・P・克雷格
行政法学的结构性变革	[日]大桥洋一
权利革命之后:重塑规制国	[美]凯斯・R・桑斯坦
规制:法律形式与经济学理论	[英]安东尼・奥格斯
阿蒂亚论事故、赔偿及法律(第六版)	[澳]波得・凯恩
意大利刑法学原理(注评版)	[意]杜里奥・帕多瓦尼
刑法概说(总论)(第三版)	[日]大塚仁
刑法概说(各论)(第三版)	[日]大塚仁
英国刑事诉讼程序(第九版)	[英]约翰・斯普莱克
刑法总论(新版第 2 版)	[日]大谷实
刑法各论(新版第 2 版)	[日]大谷实
日本刑法总论	[日]西田典之
日本刑法各论(第三版)	[日]西田典之
美国刑事法院诉讼程序	[美]爱伦・豪切斯泰勒・斯黛丽,南希・弗兰克
现代条约法与实践	[英]安托尼・奥斯特
刑事责任论	[英]维克托・塔德洛斯
刑罚、责任和正义——相关批判	[英]阿伦・洛雷
政治经济学:对经济政策的解释	T.佩尔森,G.塔贝里尼
共同价值拍卖与赢者灾难	约翰・H・凯格尔,丹・莱文
以自由看待发展	阿马蒂亚・森
美国的知识生产与分配	弗里茨・马克卢普
经济学中的经验建模——设定与评价	[英]克莱夫・W・J・格兰杰
产业组织经济学(第五版)	[美]威廉・G・谢泼德,乔安娜・M・谢泼德
经济政策的制定:交易成本政治学的视角	阿维纳什・K・迪克西特
博弈论经典	[美]哈罗德・W・库恩
行为博弈——对策略互动的实验研究	[美]科林・凯莫勒
博弈学习理论	[美]朱・弗登伯格,戴维・K・莱文
利益集团与贸易政策	G.M.格罗斯曼,E.赫尔普曼
市场波动	罗伯特・希勒
零售与分销经济学	罗格・R・贝当古
世界贸易体系经济学	[美]科依勒・贝格威尔,罗伯特・W・思泰格尔

税收经济学	伯纳德·萨拉尼
经济学是如何忘记历史的:社会科学中的历史特性问题	杰弗里·M·霍奇逊
通货膨胀、失业与货币政策	罗伯特·M·索洛 等
经济增长的决定因素:跨国经验研究	[美]罗伯特·J·巴罗
全球经济中的创新与增长	[美]G.M.格罗斯曼,E.赫尔普曼
美国产业结构(第十版)	[美]沃尔特·亚当斯, 詹姆斯·W·布罗克
制度与行为经济学	[美]阿兰·斯密德
企业文化——企业生活中的礼仪与仪式	特伦斯·E·迪尔 等
组织学习(第二版)	[美]克里斯·阿吉里斯
企业文化与经营业绩	[美]约翰·P·科特 等
系统思考——适于管理者的创造性整体论	[英]迈克尔·C·杰克逊
组织学习、绩效与变革——战略人力资源开发导论	杰里·W·吉雷 等
组织文化诊断与变革	金·S·卡梅隆 等
社会网络与组织	马汀·奇达夫 等
新企业文化——重获工作场所的活力	特伦斯·E·迪尔 等
文化与组织(第二版)	霍尔特·霍夫斯泰德 等
组织文化与领导力(第四版)	埃德加·沙因
价值观管理	西蒙·多伦 等
美国会计史	加里·约翰·普雷维茨 等
实证会计理论	罗斯·瓦茨 等
组织理论:理性、自然和开放的系统	理查德·斯科特 等
管理思想史(第六版)	丹尼尔·A·雷恩
战略过程:概念、情境、案例(第四版)	亨利·明茨伯格
后《萨班斯—奥克斯利法》时代的公司治理	扎比霍拉哈·瑞扎伊
财务呈报:会计革命	威廉·比弗
当代会计研究:综述与评论	科塔里 等
管理会计研究	克里斯托弗·查普曼 等
会计和审计中的判断与决策	罗伯特·阿斯顿 等
会计经济学	约翰·B·坎宁

图书在版编目(CIP)数据

世界大战中的宣传技巧/［美］拉斯韦尔著. 张洁，田青译. 展江校.
北京：中国人民大学出版社，2003
（当代世界学术名著）

ISBN 978-7-300-04701-0
Ⅰ. 世…
Ⅱ. ①拉…②张…③田…④展…
Ⅲ. 第一次世界大战（1914～1918）-宣传工作-研究
Ⅳ. ①K143②G206

中国版本图书馆 CIP 数据核字（2003）第 041807 号

当代世界学术名著
世界大战中的宣传技巧
［美］哈罗德·D·拉斯韦尔　著
张洁　田青　译
展江　校

出版发行	中国人民大学出版社		
社　　址	北京中关村大街 31 号	**邮政编码**	100080
电　　话	010－62511242（总编室）		010－62511770（质管部）
	010－82501766（邮购部）		010－62514148（门市部）
	010－62511173（发行公司）		010－62515275（盗版举报）
网　　址	http://www.crup.com.cn		
经　　销	新华书店		
印　　刷	涿州市星河印刷有限公司		
开　　本	720 mm×1000 mm　1/16	**版　　次**	2003 年 10 月第 1 版
印　　张	13.5　插页 2	**印　　次**	2025 年 7 月第 12 次印刷
字　　数	206 000	**定　　价**	49.80 元